北京市社科基金项目（17YJC030）
北京市农林科学院乡村振兴研究中心（KJCX201913）
北京市科技计划课题（Z181100009118002）

农业多功能拓展
与业态创新研究

陈慈　陈俊红　龚晶／著

RESEARCH ON AGRICULTURAL MULTI-FUNCTION EXPANSION AND INDUSTRIAL INNOVATION

中国经济出版社
CHINA ECONOMIC PUBLISHING HOUSE
北京

图书在版编目（CIP）数据

农业多功能拓展与业态创新研究/陈慈，陈俊红，龚晶著．
—北京：中国经济出版社，2019．11
ISBN 978-7-5136-5797-6

Ⅰ．①农…　Ⅱ．①陈…　②陈…　③龚…　Ⅲ．①农业产业—
产业发展—研究—中国　Ⅳ．①F323

中国版本图书馆 CIP 数据核字（2019）第 160430 号

责任编辑　叶亲忠
责任印制　马小宾
封面设计　华子图文

出版发行　中国经济出版社
印 刷 者　北京建宏印刷有限公司
经 销 者　各地新华书店
开　　本　710mm×1000mm　1/16
印　　张　13．75
字　　数　210 千字
版　　次　2019 年 11 月第 1 版
印　　次　2019 年 11 月第 1 次
定　　价　48．00 元
广告经营许可证　京西工商广字第 8179 号

中国经济出版社　**网址** www．economyph．com　**社址** 北京市东城区安定门外大街 58 号　**邮编** 100011
本版图书如存在印装质量问题，请与本社销售中心联系调换（联系电话：010-57512564）

前　言

PREFACE

农业是人类社会存在和发展的基础。农业功能指的是农业产业在一个国家或地区所起的作用。在人类文明发展的不同阶段上，农业的功能和作用不同，表现出从单一到多样、从简单到复杂的发展趋势。农业多功能是指农业不仅能够为人类提供粮食、为工业发展提供原材料供给等生产功能外，还具有环境调节、保持生物多样性、防治自然灾害、提供农业景观等生态功能和为社会提供劳动就业和社会保障、观光休闲、维持社会稳定以及文化传承与保护等社会功能。农业的多功能性来源农业所产生的经济品和非经济品的多样性和复杂性。对农业功能的认知，由单一功能向多功能演进，是人类文明进步的结果。

传统农业社会处于生产力不发达阶段，传统农业的功能主要是生存水准之上的生产功能，农业本身所固有的其他功能未被发掘。社会生产力的发展使得人们的生存需求得到满足，人们开始重视自身的健康、精神文化需求，以及与自然界的和谐，注重环境和生活质量时，农业的多功能性显现。如今，农业价值早已不仅仅体现在经济价值层面满足人们“胃”的需求，更上升到对社会层面，主要是生态服务、生活参与等隐性价值的追求，进一步满足人们“肺”“眼”“脑”等多种需求。

业态，即产业的经营形态。由于农业功能的多样性而产生的产品与服务的多元性，与不同的经营方式、组织方式耦合在一起，通过不同方式的资源组合，便催生了形式多样的农业新业态。农业新业态的“新”，最突出的特征表现为技术的进步、多功能的拓展以及新要素价值的凸显。当前，各地大力发展的农业新业态包括休闲农业、会展农业、创意农业、生物农业、智慧农业、农产品电子商务、农业大数据应用、订单农业、社区支持农业、农村养老服务业、农产品私人定制、生态农业、工厂化农业等。种类繁多的农业新业态，其中如休闲农业、农产品电子商务等，已经成为推动我国现代农业发展的新亮点，巨大发展潜力已显端倪，有的则在积极探索之中。但也应看到，我国农业新业态虽已现多发态势，但总体上，除少量种类外，都还处于初级阶段，潜力挖掘不够，价值总量不高，迫切需要进一步培育壮大农业新业态，使其真正成为农业发展的新动能。

乡村产业振兴，不仅依赖农业主业兴，更需要农村百业旺。这就需要进一步释放农业农村的多重功能和价值。要把握城乡发展格局发生重要变化的机遇，顺应城乡居民消费拓展升级趋势，结合各地资源禀赋，深入发掘农业农村的生态涵养、休闲观光、文化体验、健康养老等多种功能和多重价值，大力培育农业农村新产业新业态，推动要素跨界配置和产业有机融合，让农村一二三产业在融合发展中实现同步升级、同步增值、同步受益。在这一背景下，研究农业多功能拓展和业态创新具有重要的理论价值和实践意义。

本书围绕深入挖掘农业多重功能和价值，加快培育农业新产业新业态，综合运用产业经济学、计量经济学等理论和方法，对农业多功能拓展和新业态培育进行研究。全书共包括十二章，第一章从理论上阐述了农业多功能的定义和层次结构，分析了农业诸功能的地位及相互关系。第二章至第四章以北京为例，分析了农业生产功能、生态功能和生活功能的演进过程。在此基础上，给出了农业由单一功能向多功能的演进过程。围绕农业多功能拓展产生的农业新业态，第六章至第八章界定了农业新业态的定义、内涵、类型，分析了农业新业态产生的动力机制，构建了农业新业态的基本理论分析框架。第九章通过对各业态发展现状的分析，给出了当前农业新业态发展的生命周期阶段特征和地域特征。第十章分析了当前农业新业态的发展成效与问题，着眼于形成创新动力与服务氛围，第十一章给出了农业新业态培育的对策建议。第十二章重点介绍了北京农业新业态发展的探索实践，可为推动农业与二三产业深度融合，培育壮大农业新产业新业态，挖掘农业新的经济增长点提供参考。

著　者

2019年7月于北京

目　录

CONTENTS

第一章　农业多功能的层次结构

一、农业多功能的由来

农业多功能的提出，其背景是在经济全球化趋势下为贸易保护主义提供理论支撑。

20 世纪 80 年代末到 90 年代初，日本率先在其“稻米”文化理念中，明确提出了农业多功能的概念，并将其作为 1999 年颁布《食物·农业·农村基本法》（《新农业基本法》）的基石，认为日本文化与水稻种植密切相关，保护日本水稻生产业就保护了日本的稻米文化。日本认为：①稻田具有保持大量水分的功能，因此可以降低洪水和山崩的风险。根据稻田的持水能力计算，日本稻田的缓冲能力相当于 5 亿立方米，大于日本最大水库库容量的 8 倍。日本稻田的保持水土和抗洪等多功能价值，每年达 46000 亿日元，比稻米产值高一半还多。②由于生产资源有限，保障食物安全必须国内生产、进口、粮食储备相结合，单纯依赖进口将削弱国内食物供给结构。因此，国内生产是食物稳定供给的基础，具有抗风险功能，应最大可能地去维持。③如果农业生产完全置于市场机制下，食物便不能得到保障。为确保农业多功能的实现，政策干预（国内支持）是必要的。

由此可见，农业的多功能体现在农业不仅生产人们必需的食物和纤维，还创造出各种各样的有形和无形价值。从日本农业多功能概念提出的目的不难看出，其以保护本国稻米文化为由，作为与美国等农产品出口国进行贸易谈判时的筹码。之后，农业多功能的提法开始出现在各国农业政策讨论中。

从国际农业发展所面临的形势来看，农业多功能的提出有其深厚的背景。由于世界农业面临着资源刚性约束、环境持续胁迫等诸多问题，随着农产品贸易全球化进程加快，农产品进口国与出口国之间的摩擦愈演愈烈。由于一些国家实施贸易壁垒和保护严重，并且带来了对国际农业贸易的扭曲，乌拉圭回合达成的协议规定世界贸易组织（WTO）各成员将国内农业的综合支持水平（AMS）降低20%，因此各国只好将过去的直接补贴转为隐性补贴，这也为农业多功能的发展提供了肥沃的土壤。20世纪90年代末在寻求农业发展新思路的引导下，欧盟提出了以农业多功能性为核心理论基础的“欧盟农业模式”，并以《2000议程》把这种模式确定了下来。

在国际上最早承认农业多功能性的是1992年联合国环境与发展会议通过的《21世纪议程》，正式采用了农业多功能性（Multi－Functionality of Agriculture，MFA）的提法，并将14章第12个计划“可持续农业和乡村发展”定义为“基于农业多功能性考虑上的农业政策、规划和综合计划”。1996年世界粮食首脑会议通过的《世界粮食安全罗马宣言》和《世界粮食首脑会议行动计划》中提出“将考虑农业的多功能特点，在高潜力和低潜力地区实施农业和乡村可持续发展政策”。1998年3月，经济合作与发展组织（OECD）在其组织召开的农业部长会议中也引入了农业多功能的概念。在随后公布的“部长会议公报”中对多功能做出了指导性定义。1999年9月，联合国粮农组织（FAO）的国际农业和土地多功能特性会议上，明确提出农业具有多功能性。

二、农业多功能的定义

1. 经济合作与发展组织（OECD）对农业多功能的定义

经济合作与发展组织长期以来对农业的非商品产出，包括农业对环境的影响及其对农村就业的贡献进行了深入研究。经合组织认为，农业的最基本功能是为社会提供食物和原料，除这个最基本的功能外，农业还具备其他各种功能，以满足社会的多种需要。农业的这种除了提供农产品之外还具有其他多种功能的特性，即为农业的多功能。

在随后公布的“部长会议公报”中对农业的多功能做出了指导性定义，农业多功能的内容有：营造风景，物种和生态多样性的保护，水、土壤和空气质量的保证，水的合理利用，保持水土，食品安全，文化遗产的保护，动物福利等。农业多功能的范围包括：农业连带生产的多种商品和非商品产出的存在；有些非商品产出具有外部性和公共物品的特性，因此这类产出没有市场或者市场运行状况很差。这个定义涵盖了各成员国承认的多功能的核心元素。

2. 联合国粮农组织（FAO）对农业多功能的定义

1999 年 9 月，联合国粮农组织专门召开了国际农业和土地多功能特性会议，明确提出农业具有多功能性。农业的多功能表现在农业基本职能是为社会提供粮食和原料，这也是农民谋生的基础；同时在可持续乡村发展范畴内，农业又具有多重目标和功能，其中包括经济、环境、社会、文化等方面。对此，需要在充分考虑各区域和各国不同情况的基础上，制定一个系统的分析框架来衡量相互联系的经济、环境、社会成本和效益；并通过分析，促进对农业不同方面相互关系进行重新认识和思考，以制定相应政策，确保农业所涉及的各个方面协调和有机结合。

3. 其他国家对农业多功能的定义

1999 年 7 月，日本出台了《粮食·农业·农村基本法》（简称《新农业基本法》）。在《新农业基本法》中对日本的农业多功能的定义是：通过农村地区的农业生产活动，提供所生产的粮食及其他农副产品以外的其他功能，如国土资源的保护、水源涵养、自然环境的保护，形成良好的自然景观以及文化的传承等，在国民生活及国民经济的稳定上发挥着重要作用，今后必须采取切实措施，充分发挥农业的多功能。

法国在 1999 年 7 月制定颁布的国家农业战略中，其主导思想就是发挥农业的多功能，即除了要生产更多、更好的一般意义上的各种农产品外，更为重要的还在于它必须能够在环境保护、国土整治、维系生态平衡和生物多样性等方面发挥它特有的作用和功能。

三、农业多功能的内涵

农业功能指的是农业产业在一个国家或地区所起的作用。农业的多功能性来源于农业所产生的经济品和非经济品的多样性和复杂性。认识农业多功能的内涵特征将有助于我们深入理解农业多功能拓展。

顾晓君在“都市农业多功能发展研究”一文中指出，农业多功能决定农业非商品产出具有联合生产、外部性和公共产品三大内涵特征。

（1）农业非商品产出的联合生产特性指的是，农业非商品产出和商品生产是相结合、不可机械地割裂开。由于农业是自然再生产和经济再生产相交织的过程，农业生产是在特定的农业资源利用方式及特定的资源环境、生态条件下的特定区域进行的；由于农业兼有地域分布特征，农业生产与农村生活密不可分，生产区域与农村生活区域重叠交叉，农业生产是农村社会生活的重要组成部分，对特定农村生活方式形成和维护、农村田园景观的形成、对相关文化和历史的形成与传承具有十分重要的作用。这个特点使农业生产在相关农产品生产的同时，必然会对农业资源、生态和环境以及农村生活、农村社会发展产生影响，具有社会、经济、环境和文化等方面的非商品产出功能。这些非商品产出功能与商品生产密切结合、不可分割。

（2）农业非商品产出的外部经济特征指的是，农业的非商品产出使得农业生产经营活动对资源、生态、环境以及农村社会经济文化发展产生的影响大大超出了生产者自身的范围，对区域甚至整个农村社区、国家乃至世界产生作用，因而农业非商品产出具有明显的经济外部性特征，不可能完全由市场来调节，是一种溢出效应。

（3）农业非商品产出的公共产品特性指的是，由于农业的非商品外部性的特性，决定了农业的非商品特性很难进行产权界定和价值量化，并在其作用范围内难以排除他人的享用，产出效果具有显著非排他性和不同程度的非竞争性。例如一定的粮食自给率带来的粮食安全保障、战略保障价值，劳动力就业保障对城乡和谐发展及社会稳定的价值，农业景观和文化传承价值等，都具有非排他性。这又使农业非商品产出具有公共产品和半公共产品的特性。

从对农业多功能特征的分析我们可以看出，农业不仅仅是一个产业经济部门，还是一个社会事业部门。农业不仅仅是经济发展的基础，还是社会发展的基础。

四、农业多功能的结构划分

1. 按商品属性划分

按商品属性，可将农业的多功能划分为物质产品功能和非物质产品功能；此外，也有文献将农业多功能划分为商品生产功能和非商品生产功能，或经济生产与非经济生产两大功能。

2. 按内容划分

按内容，可将农业的多功能划分为生产功能、生态功能、社会功能。生产功能是农业的基础功能，它的主要作用是为人类提供食物等生活消费品、为工业发展提供原材料。农业的生产功能通过经济价值的形式表现出来，它决定着农业经营实体和整个农业体系的经济地位和竞争力，其功能和价值以显型存在。农业通过自然代谢对人类活动产生的废弃物和污染物予以接纳、存贮、净化、降解、吸收，即农业具有净化空气、涵养水源、保持水土等环境调节和促进生态保护功能；此外，农业生态功能还体现在提供绿色景观和自然景观以及防灾、减灾功能。农业的社会功能主要体现在农业具有为社会提供劳动就业、维持社会稳定、保障基本生活资料供应等社会保障及观光休闲和农业农村文化传承与保护等。

3. 按性质划分

功能有显隐型之分。显型功能指现阶段已被人们所认识到或所期待的功能。隐型功能是指客观存在但目前未期待或未被认识到的功能。生产功能是最早被人类认识到的功能，其自农业开始即以显型功能的形式存在。生态功能和社会功能最初呈现隐型或半隐型状态，随着时间的推移，人类认知水平的提高，生态功能和社会功能逐渐被人类认识到，由隐型功能演化为显型功能。到目前为止，农业的生产功能、生态功能和社会功能都已演进为农业的显型功能。

农业多功能的划分见表 1-1。

表 1-1　农业多功能的划分

分类标准	具体内容
按商品属性划分	经济性产出品：生产功能 非经济性产出品：生态功能、社会功能
按内容划分	生产功能、生态功能、社会功能
按性质划分	显型功能：现阶段已被人类所认识或所期待的功能 隐型功能：客观存在但目前未期待或未被认识到的功能

进一步，就一定地域的农业而言，其具体功能由当地的经济、社会、人文发展水平、战略地位以及自然资源禀赋所决定。即农业的功能定位，在不同国家和地区，都是依据其对国民经济运行的不同作用确定的。农业为满足不同时代的需求而相应地产生不同的多功能组合。

北京的都市型现代农业，是与首都功能定位相契合的。根据北京都市型现代农业在城市中的地位和作用，按内容划分，可将北京的农业功能确定为生产功能、生态功能、社会功能、服务功能四个一级功能，每一级功能又包含若干个子功能（见表1-2）。

表1-2　北京农业多功能的层次结构

一级功能	二级功能	内涵
生产功能	生产功能	提供农业物质产品和非物质产品
	拉动功能	二产——农资生产与制造，农产品加工；三产——农产品物流（贮、运、销），会展，旅游，餐饮，金融，咨询等
生态功能	生态屏障功能	城市外来污染物的屏障，防风固沙，涵养水源
	接纳、净化功能	对城市产生的废气、污水、垃圾等，接纳并净化
	景观功能	乡村幽美、恬静的田园风光
	防灾、减灾功能	缓解气候、地质等自然灾害以及人为灾害，并提供避难空间
社会功能	生活功能	满足衣、食等生存需求，以及康体、养生、休闲、娱乐等精神需求
	就业功能	除自身就业外，还包括涉农二、三产业的就业（中国北京为1∶2,美国为1∶6）
	安定社会功能	非常时期，粮、菜、肉、蛋、奶等生活必需品的应急保障
	文化功能	哲学、伦理道德、科技、文学、艺术的源泉，对自然界及人类自我的认知，教育与科普
服务功能	城乡一体化功能	城乡统筹发展，为城市发展提供人、物、空间等资源
	区域农业一体化功能	为周边农业提供加工、科技、信息、人才、资金等服务，起示范、辐射、带动作用
	全球化功能	为世界农业发展服务，提供跨境消费

资料来源：王爱玲，文化．再论北京农业的功能——大力培育服务功能和文化功能［J］．河北农业科学，2011（7）．

严格地说，服务功能隶属于农业的社会功能，然而，考虑到首都的特殊地位，本研究将其列入一级功能。

五、农业诸功能的地位及相互关系

农业内部各功能之间不是孤立的，它们相互依存、相互渗透、相互促进，共同构成有机、和谐的农业整体功能。

从功能地位来看，生产功能处于基础地位，是农业的基础功能。生产功能为农业的其他功能奠定了基础，其为生态保护提供了可能，为社会稳定奠定了基础，为文化创造与传承创造了条件。生态功能处于保障地位，属于保障性功能。社会功能是生产功能存在的前提和必要条件，也属于农业的基础性功能。人类对于思想、观念和美好未来的诉求，驱动农业的生产功能和生态功能不断发展。

从功能的显隐型来说，生产功能是最早被人类所认知到的，从一开始即以显型功能的形式存在。农业的生态功能早期是一种隐型或半隐型的客观存在，其变化很难直观地、短时期内被人类所认知，农业社会功能最初也以隐型功能的形式存在，随着人类经济社会发展水平的提高，当人类生存需求得到满足后，其消费需求开始向质量和品质发展，人类开始重视自身的健康、精神文化需求，以及与自然界的和谐，当人类注重环境和生活质量时，农业的生态功能和社会功能由隐型演化为显型。

第二章　农业生产功能演进过程研究

北京农业经历了几千年的演进。农业一直扮演者为首都服务的角色，处于从属城市发展的地位。以 2003 年“221 行动计划”为标志，北京进入到都市型现代农业发展阶段。与之相适应，北京农业功能经历了由以粮食供应单一功能为主到城市高端农产品供应和应急安全的基本保障、首都生态宜居基础以及市民休闲之地的多功能转变。农业对于北京的价值早已不仅仅体现在经济价值层面满足人们“胃”的需求，更上升到社会层面，主要是生态服务、生活参与等隐性价值的追求，进一步满足人们“肺、眼、脑”等需求。

鉴于北京在都市农业多功能拓展发展方面的不断探索及取得的成就，本书选取北京作为研究对象，采用定性和定量分析相结合的方法，通过对北京农业多功能演进历程的梳理，给出各功能由隐型到呈现为显型的阶段划分，剖析多功能演进的外界环境条件，进而揭示农业多功能演进与社会经济发展的一般规律。

生产功能是农业最基本的功能，指通过劳动力、资金、土地等诸因素的投入，实现人与自然界物质与能量的交换。北京农业的生产功能主要体现在为城市居民进行生产，提供鲜活农副产品。现阶段，北京农业生产功能定位为首都副产品供给基地，保障市民鲜活安全农产品供应。

一、生产功能演进产品贡献分析

城市需求的变化引发北京农业生产内容和重点的变化，随着首都经济的快速发展，北京农业生产由关注温饱向高产优质高效农产品转变。

（一）产品贡献阶段划分

以 1950—2017 年北京市统计数据为基础，将北京农业的生产功能阶段划分为以粮为纲、丰富种类、关注品质、注重效益四个阶段。

1. 1960—1980 年，以粮为纲阶段，增加农业产出

三年经济困难时期，全国人民尝尽了忽视粮食是基本生产物资的苦果。1960 年 7 月，中共中央提出“农业是国民经济的基础，粮食是基础的基础”和“以粮为纲”的方针，农业生产的目的是为解决人民温饱，该政策一直持续到 20 世纪末。在这一阶段，北京农业生产的重点是粮食生产，农作制度经历了“一年一熟”“三种三收”间作套种制、“两茬平作”制，复种指数保持在 165%，农业生产条件有了很大改善。粮食总产量由 1949 年的 41. 7 万吨增加到 1980 年的 186. 0 万吨（如图 2-1 所示），粮食耕地亩产由 1949 年的 57 千克增加到 1980 年的 226 千克（如图 2-2 所示）。

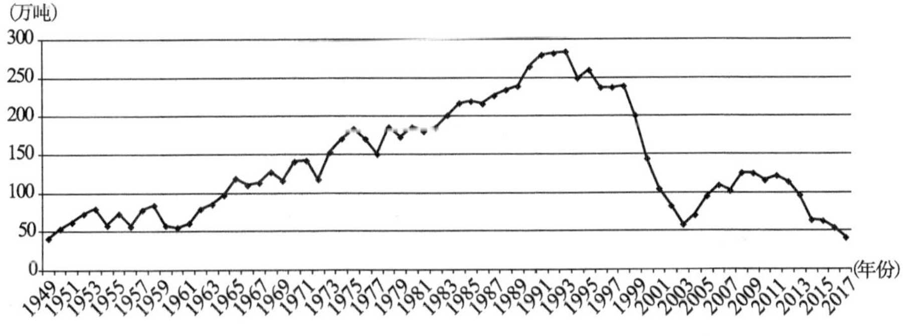

图 2-1　1949—2017 年北京粮食总产量

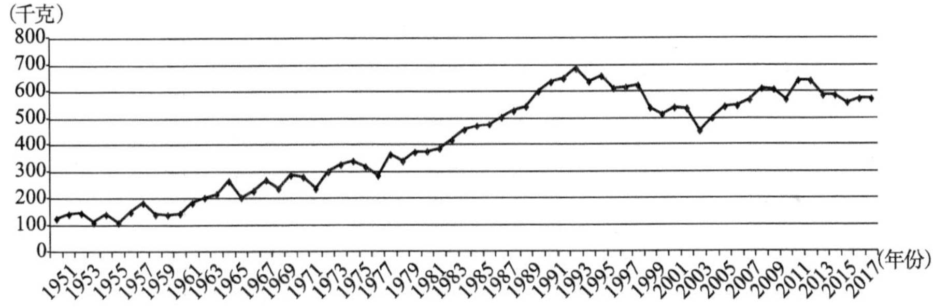

图 2-2　1949—2017 年北京粮食耕地面积亩产

2. 1980—1994 年，关注居民膳食营养

改革开放后，农村经营体制发生深刻变革。在“家庭联产承包责任制”的制度创新和农业科技不断取得突破的双重促进下，农业生产力迅速恢复并不断提高，农业生产积极性重新被调动起来。1984 年，粮食总产量达到 217 万吨，1994 年突破 250 万吨，粮食产量的增加使得生存问题得到解决并实现温饱。此时，城市副食品供不应求以及供给单一的问题显现，居民的营养问题开始凸显，农业的副食品供给功能受到重视。这一时期农业生产重点关注居民膳食营养，重点发展禽、蛋、水产品和牛奶生产。80 年代初北京着重发展蛋鸡和肉鸡生产，尤其是在 1985 年前后狠抓规模猪场和池塘养鱼。至 90 年代初，禽、蛋、奶、水产品等副食品生产规模明显扩大。图 2-3、图 2-4、图 2-5 显示了 1978—2017 年北京肉类、禽蛋、水产品产量情况。目前，北京市年禽蛋总产量维持在 15 万吨左右，水产品总产量维持在 5 万吨左右。

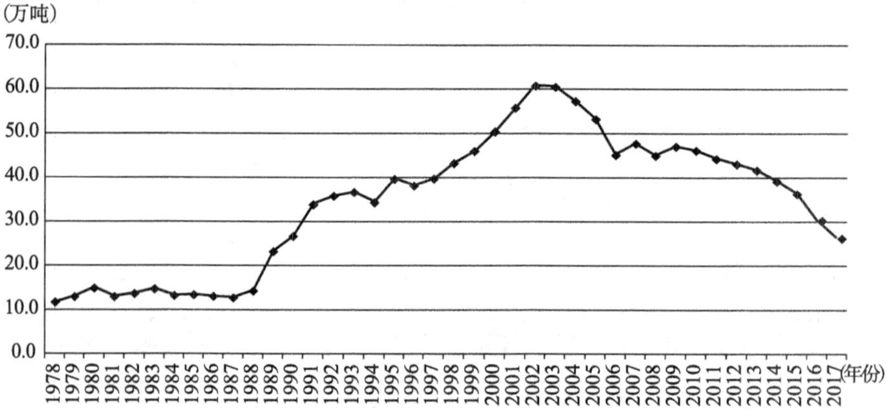

图 2-3 1978—2017 年北京肉类总产量

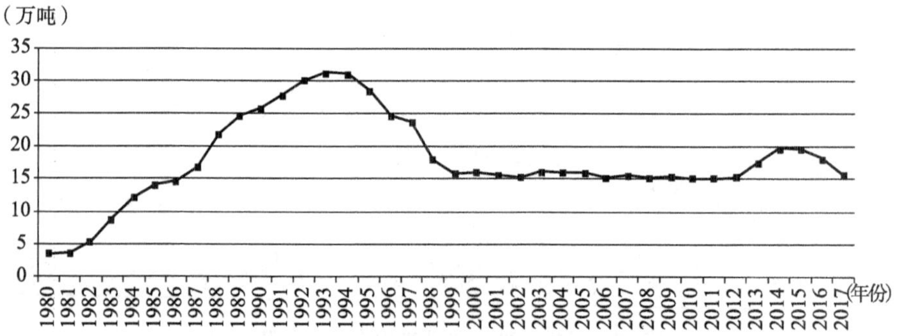

图 2-4 1978—2017 年北京禽蛋总产量

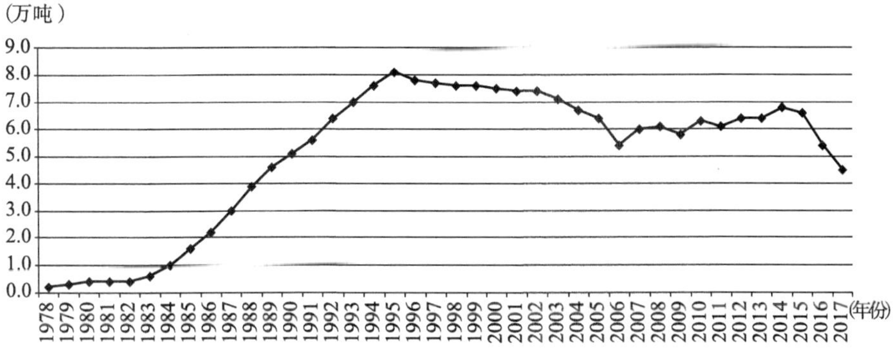

图 2-5　1978—2017 年北京水产品产量

3. 1995 年至今，高产优质高效农产品生产

粮食丰年有余，副食品生产由普遍的短缺转变为供大于求，初步形成自己的农业生产规模，人民生活水平提升，对产品需求多样化、复杂化。这时，适应市场经济的要求大力推进农业产业结构调整，着眼于高产优质高效农产品生产，重点发展设施农业、籽种产业和有机农业。

维生素与纤维素的需求开始形成热点。90 年代中期，北京在全国率先实施“菜篮子工程”。由于设施农业具有高投入高产出，资金、技术、劳动力密集型产业特征，自 1995 年北京开始扶持设施农业发展，设施农业和“菜篮子工程”成为政府满足供应、实现保障的重要抓手。设施农业播种面积由 1998 年的 17 万亩发展到 2017 年的 53. 6 万亩，设施农业年收入 54. 5 亿元，占全市种植业总产值的 41. 9%。设施农业成为郊区农民增收的支柱产业。同时，注重设施农业的提效升级，日光温室面积由 1995 年的 17000 亩增加到 2010 年的 125733 亩，5 年间规模增加了 6 倍多。而中小棚则由 1995 年的 58000 亩减少到 2010 年的 29624 亩，减少近 49%。

依托北京具有的技术、资金、人才等资源优势，发挥籽种产业高端、高效、高辐射的特征，瞄准农业科技发展的“战略高地”，大力发展籽种产业，全力打造北京作为全国种业科技创新中心、企业聚集中心、交易交流中心和种业发展综合服务平台的“三中心一平台”地位。2017 年，全市共有种业企业 463 家，其中“育繁推一体化”企业 12 家，占全国（90 家）的 13. 3%；全国十强种业企业有 3 家在北京，占全国的 30%；进出口企业 14 家，占全国的 10%；注册资本超过亿元的企业 17 家，数量、占比均居全国之首。2017 年北京种业销售额 120 亿元，约占全国的 10%；农作物种子企业总资产达到 133 亿元。生物育种技术全国领先，每年选育主要农作物品种数量约占全国年审定量的 10%，蛋种鸡、良种奶牛冻精分别占全国市场份额的 50%、35%，鲟鳇鱼种苗的年产量约占全国产量的 60%以上，集聚了中种集团、德农、奥瑞金、金色农华、联创种业等一大批有实力的民族种业企业。预计到 2020 年，北京种业销售额达到 150 亿元以上。

北京高收入人群较多，对高端农产品需求远超全国平均水平，2017 年北京城镇居民家庭人均可支配收入 62406 元，人均食品消费达到 8003 元。消费者购买力和消费能力的提高，使得居民对农产品的高端化、个性化和多样化需求增加，北京农业以“名、特、优、新”为重点，满足多层次和个性化需求。同时强化了无公害农产品、绿色食品、有机食品和地理标志农产品“三品一标”的认证，预计到 2020 年，北京市菜篮子产品“三品一标”认证覆盖率将达到 60%。北京农业生产功能演进过程分析见表 2-1。

表 2-1　北京农业生产功能演进过程分析

	以粮为纲	丰富种类	满足多层次、个性化需求
历史背景	经历三年经济困难时期，粮食是基本生存物资	生存问题得到解决并实现温饱，居民营养问题凸显，肉、蛋、奶成为消费的紧缺物资	副食品生产由普遍短缺转变为供大于求，人民生活水平提升，对产品需求多样化、复杂化；农民需要增收致富
理念	粮食是基础的基础，以粮为纲	关注膳食营养	农业产业结构调整，名、特、优、新、稀农产品生产
目标	解决温饱	满足城市居民蛋白质摄入	高产优质高效农产品生产保障市民鲜活安全农产品供应，农民增收致富，提高农业竞争力
重点产业	粮食生产	20 世纪 80 年代初着重发展蛋鸡和肉鸡，1985 年抓规模猪场和池塘养鱼	设施农业、籽种产业、有机农业等

（二）产值结构分析

改革开放后，种植业在总产值中的比重呈逐渐下降趋势，由 1978 年的 53. 59%下降为 2017 年的 42. 10%。畜牧业自 1984 年开始呈上升趋势且较为明显，一直持续到 2004 年（如图 2-6 所示）。之后，由于北京市农业空间布局调整，畜牧业产值开始呈现下降趋势。目前，北京市种植业、林业、畜牧业、渔业的产值比重为 42. 10∶19. 07∶32. 89∶3. 11。种植业产值比重下降和畜牧业产值比重的上升，说明了北京农业生产功能由单一的粮食供应为主向副食品供应转变。

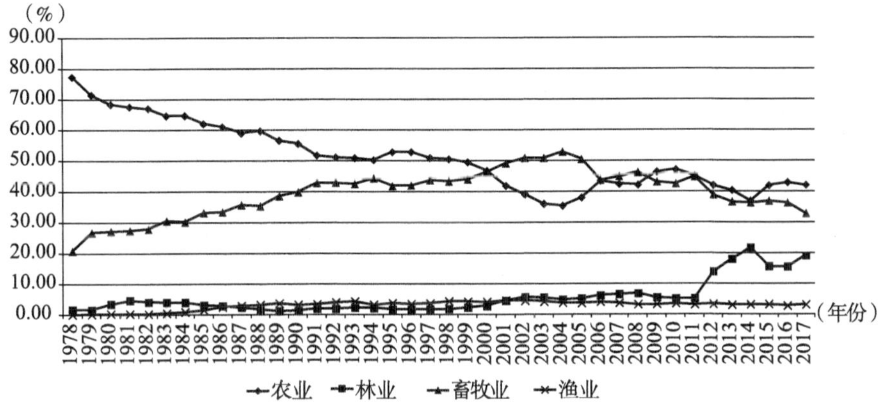

图 2-6　1978—2017 年北京农业内部各产值比重

从农业内部各子产业来看，着重分析下粮食、蔬菜以及设施农业、籽种产业的产值变化情况。粮食产值占农业总产值比重整体呈逐渐下降趋势，比重由 1978 年的 34. 94%下降为 2017 年的 2. 51%，尤其是 1995 年以后，下降趋势较为明显。自 2000 年后，粮食产值占农业总产值比重低于10%。蔬菜业自 1996 年开始超过粮食产业，成为种植业内部第一大产业。2000 年，蔬菜业产值占农业总产值比重达到最高值 26. 58%。2017 年，北京蔬菜业产值占农业总产值比重为 19. 4%。果品也保持稳步上升趋势，由 1978 年的 5. 6%上升到 2017 年的 14. 18%（如图 2-7 所示）。

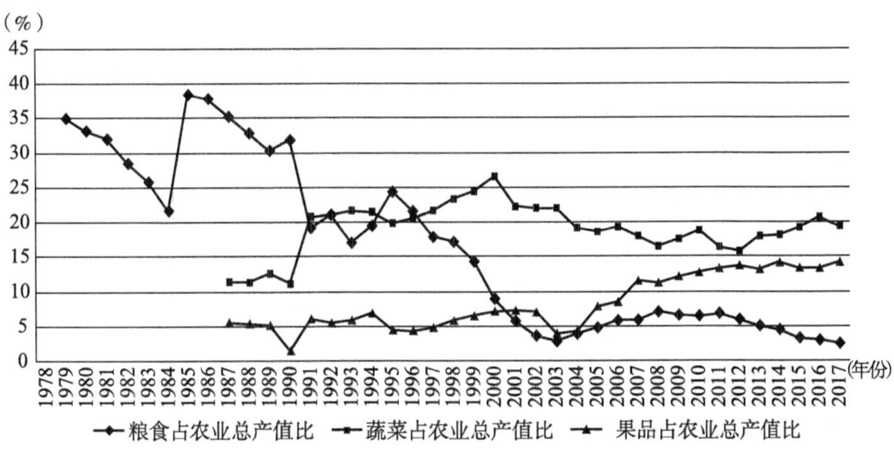

图 2-7　1978—2017 年北京粮食、蔬菜、果品占农业总产值比

设施农业是建设北京都市型现代农业的重要组成部分，是实现京郊农业增效、农民增收的重要途径，发挥着保障首都农产品供给的重要作用。北京市积极推动设施农业发展，先后下发了《关于促进设施农业发展实施细则》等一系列文件。2007—2017 年，北京设施农业播种面积由 30331 公顷发展到 35740 公顷，设施农业播种面积占农作物播种面积的比重由 2007 年的 10.28%增加到 2017 年的 28.37%。与此同时，设施农业总收入由 2005 年的 18.26 亿元，增加到 2017 年的 54.5 亿元，设施农业总收入占农业总产值的比重由 2005 年的 7.78%增加到 2017 年的 17.68%，对促进京郊农民增收起到了积极作用（见表 2-2）。

表 2-2　2005—2017 年北京设施农业发展情况

年份	设施农业播种面积（公顷）	设施农业播种面积占农作物播种面积的比重（%）	设施农业总收入（亿元）	设施农业总收入占农业总产值的比重（%）
2005			18.62	7.78
2006			21.11	8.78
2007	30331	10.28	28.12	10.33
2008	33889	10.52	28.17	9.27
2009	36203	11.31	33.91	10.77
2010	36811	11.61	40.72	12.41
2011	38006	12.54	45.58	12.55
2012	37797	13.35	51.98	13.14
2013	38763	16.02	57.30	13.58
2014	38115	19.05	51.30	12.21
2015	41088	24.17	55.50	15.07
2016	37666	24.95	54.40	16.09
2017	35740	28.37	54.50	17.68

资料来源：《北京统计年鉴》。

对于籽种产业，随着北京市大力发展籽种产业，种业产值由 2007 年的 7.7 亿元增加到 2017 年的 12.7 亿元（如图 2-8 所示）。

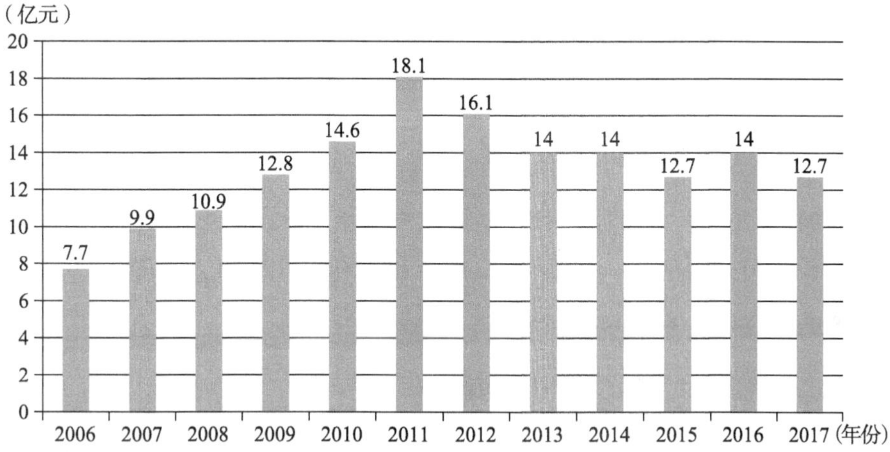

图 2-8　2006—2017 年北京种业产值情况

通过以上分析可以看出，农业作为经济社会发展的基础地位没有发生变化。农村作为首都副产品供给基地，农业生产的目的是保障市民鲜活安全农产品供应。在消费需求的强烈拉动下，北京农业的生产功能其内容和重点正在发生质的变化。大宗农产品生产开始淡化，转向“名、特、优、新、稀”的高产优质高效安全农产品生产，各种高端要素集聚的“名、优、特、新、稀”农产品成为满足消费者多层次、个性化的需要，农业的首都高端农产品供应和城市应急安全的基本保障功能凸显。北京农业生产功能演进过程分析如图 2-9 所示。

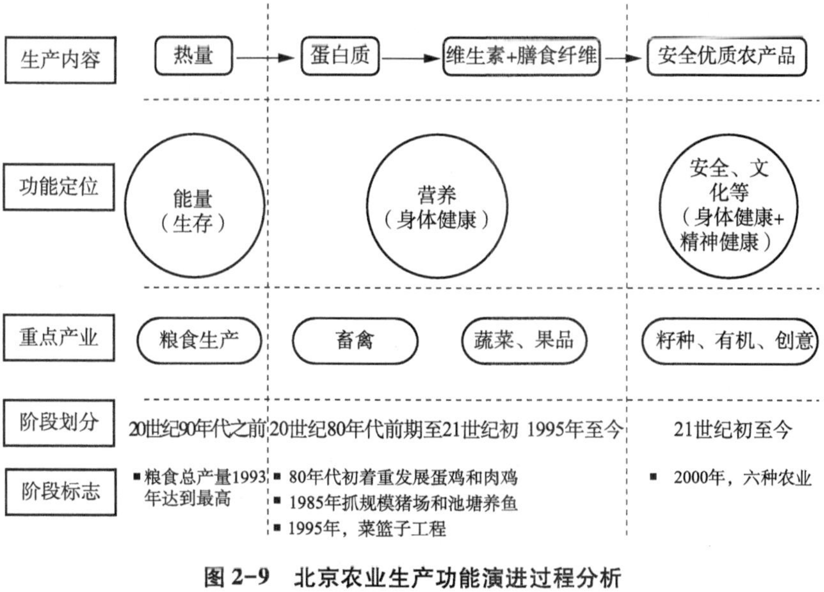

图 2-9　北京农业生产功能演进过程分析

二、生产功能演进经济总量贡献分析

（一）对经济发展的绝对贡献

1949—2017 年，北京农林牧渔业总产值由 1952 年的 2.5 亿元增加到 2017 年的 308.3 亿元，一产从业人员由 1978 年的 126 万人下降为 2012 年的 48.8 万人。这反映出农业对经济发展的绝对贡献。

（二）在经济发展总量中的贡献

一产增加值占 GDP 比重体现了农业发展在经济发展总量中的贡献。根据世界发达国家产业结构发展规律，一产增加值占 GDP 比重会逐渐下降并趋于平稳。农业比重逐步下降是世界所有国家工业化进程提高的一个标志。究其原因，在于工业和服务业的附加值比农业高，同等财政的支撑在二、三产业对 GDP 的贡献更明显，因而农业增加值占 GDP 比重会下降。1979 年，北京市一产增加值占 GDP 比重为 4.3%，之后持续上升，1990 年达到改革开放后的最高值 8.8%。自此之后开始逐步下降，2017 年，北京市一产增加值占 GDP 比重仅为 0.4%（如图 2-10 所示）。随着近几年北京农业“调转节”的实施，农业发展空间逐步压缩，2017 年，第一产业对 GDP 的贡献率为-0.4%（见表 2-3）。

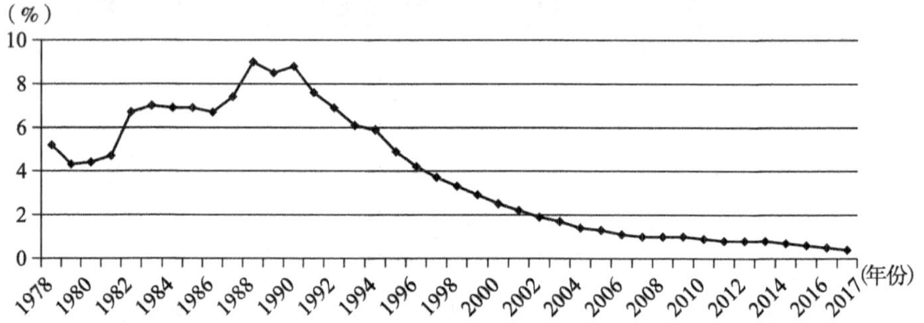

图 2-10　1978—2017 年北京一产增加值占 GDP 比重

表 2-3　2001—2017 年三次产业对经济增长贡献率　　单位：%

年份	第一产业	第二产业	第三产业
2001	0.8	26.7	72.5

续表

年份	第一产业	第二产业	第三产业
2002	0.5	23.4	76.1
2003	-0.2	33.4	66.8
2004	-0.1	37.9	62.2
2005	-0.3	26.9	73.4
2006	0.1	23.5	76.4
2007	0.2	24.9	74.9
2008	0.1	2.4	97.5
2009	0.4	26.5	73.1
2010	-0.1	34.4	65.7
2011	0.1	19.7	80.2
2012	0.3	22.9	76.8
2013	0.3	22.5	77.2
2014	0	21.8	78.2
2015	-1.1	10.5	90.6
2016	-0.8	18.3	82.4
2017	-0.4	13.8	86.7

资料来源：《北京统计年鉴》。

农村家庭人均纯收入构成包括工资性收入、家庭经营纯收入、转移性收入和财产性收入四部分。其中家庭经营收入以第一产业和第三产业收入为主。新中国成立初，农业是农户家庭最重要，甚至是唯一的收入来源。改革开放后，农户家庭收入结构中农业收入明显减少。2004 年，北京市农村家庭经营纯收入占家庭人均纯收入的 24.86%，到 2017 年，北京农村家庭经营纯收入仅占当年农村家庭人均纯收入的 8.82%（见表 2-4）。由此可见，农业占国民经济的比重下降，一产收入对农村家庭收入贡献减少。

表 2-4 北京农村家庭人均纯收入构成

	2004 年		2017 年	
	收入（元）	占比（%）	收入（元）	占比（%）
农村家庭人均纯收入	7172	100	24240	100
工资性收入	4358	60.76	18223	75.18
家庭经营纯收入	1783	24.86	2140	8.82
转移性收入	430	6.00	1570	6.48
财产性收入	601	8.38	2307	9.52

资料来源：《北京统计年鉴》。

三、农业生产效率变化分析

（一）农业劳动生产率情况

农业生产效率包括农业劳动生产率和土地产出率，是衡量一个国家或地区农业生产力的综合经济指标。农业劳动生产率，也叫劳均生产水平，即一产增加值/一产从业人员。农业劳动生产率表达了劳动支付和报酬获取之间的关系。1978—2017 年，北京农业劳动生产率稳步提升，39 年间增长 54 倍。其中 1978—1995 年为快速增长期，此时期劳动生产率为 444~9762 元/人，平均年增速 22.9%；1995—2000 年为徘徊期，劳动生产率处于 10223~10760 元/人，基本保持不变。21 世纪后，农业劳动生产率进入二次快速增长期，劳动生产率由 2001 年的 11214 元/人增加到 2014 年的 29530 元/人，平均年增速 7.1%。2015 年后，北京农业劳动生产率呈现下降趋势（如图 2-11 所示）。

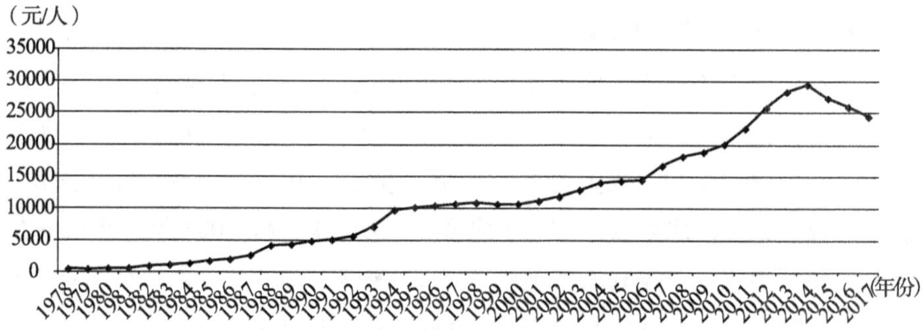

图 2-11　1978—2017 年北京农业劳动生产率

（二）农业土地产出率情况

土地产出率，又叫亩增加值，即一产增加值/耕地面积，反映了单位耕地面积的产出情况。土地产出率体现为土地投入与产出成果之间的关系。北京农业土地产出率由 1978 年的 87 元/亩增加到 2016 年的 4006 元/亩（如图 2-12 所示），高于美、英、法、德四国，与我国台湾地区水平大致相当，为日本农业土地产出率的 2/5、韩国的 1/2（见表 2-5）。

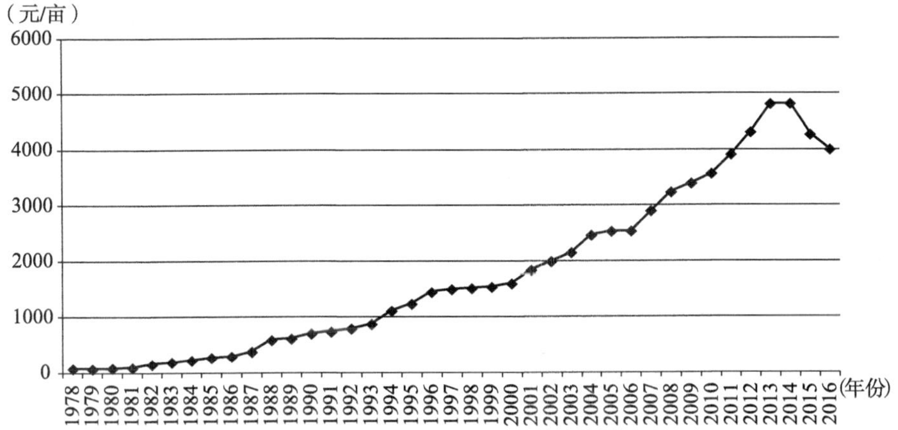

图 2-12　1978—2016 年北京土地产出率变化

表 2-5　国家和地区土地产出率对比（2010 年）

国家和地区	土地产出率（美元/亩）
日本	1271
韩国	977
英国	161
法国	158
德国	144
中国台湾	557
中国北京	574

资料来源：根据《北京统计年鉴》、世界银行《世界发展指标》数据库整理。

四、生产功能演进外界环境条件分析

北京农业一直扮演着为城市居民服务的角色。农业生产功能的演进，根本目的是不断满足人们的生活需求。人们生活质量的提高，必然刺激人们对消费提出更高、更新的要求。新中国成立以来，北京城市居民的食品消费已实现了由低蛋白、高脂肪向高蛋白、低脂肪食品转变，由粮食消费为主向副食品消费为主转变，消费类型由数量型转向质量型，对农产品质量和品牌的重视程度逐渐提高。在城市消费市场的转化与需求不断变化的同时，北京农业生产功能其内容和重点发生了质的变化，由以粮为纲，强调“保障供给”发展到满足居民膳食营养需求，关注居民营养健康，再到发展“名、优、特、新、稀”安全农产品生产，凸显高端、高效、高辐射品位，以适应首都个性化、多层次需求。

需求是产业发展的源泉，家庭生活水平提高和居民消费结构升级是农业生产功能演进的推动力。

家庭生活水平逐年提高，成为促进农业生产功能演进的重要因素。根据联合国粮农组织的标准划分：恩格尔系数在60%以上为绝对贫困，在50%~59%为温饱，在40%~49%为小康，在30%~39%为富裕（见表2-6），30%以下为最富裕。1978—1984年，北京市城镇居民的恩格尔系数为55.3%~59.4%，即城市居民消费支出的一半以上用于食品支出，处于刚刚摆脱贫困、进入温饱的初期阶段；1985—1995年则开始下降，十年间恩格尔系数从1985年的50.6%下降到1995年的48.5%，进入小康阶段的初期。1996年后，北京市城市居民家庭恩格尔系数下降速度明显加快。2017年，北京城镇居民家庭恩格尔系数为19.8%，已处于最富裕阶段。与1978年相比，2017年恩格尔系数下降了近40个百分点。

表2-6　联合国粮农组织恩格尔系数划分标准

	恩格尔系数
绝对贫困	60%以上
温饱	50%~59%
小康	40%~49%
富裕	30%~39%
最富裕	30%以下

家庭生活水平的提高带来消费结构的普遍升级。国际经验表明，一个国家或地区人均GDP达到1000美元时，即表明这个国家或地区进入消费型社会发展阶段，人们对生活的追求已不限于能量、蛋白质的追求，而更多追求营养保健，个性多样化产品，开始向往更高的生活质量。社会消费结构向发展型、享受型升级，消费档次不断提升、消费观念不断更新。20世纪90年代后期，北京人均GDP达到1000美元，消费结构的升级推动农业内部生产结构的调整，北京发挥区位优势，重点发展高端、高效、高辐射农产品，打造不可替代的唯一性名特产品。

家庭生活水平的提高和消费结构升级的最终推动力为北京经济的快速发

展和经济实力的增强。20 世纪 90 年代以后，北京市 GDP 基本保持年均 11%的增速。2009 年，北京市人均 GDP 首次突破 10000 美元大关，2017 年北京市人均 GDP 为 1.91 万美元，按世界银行划分各国贫富程度的标准，北京已相当于高收入国家水平（见图 2-13、表 2-7）。2017 年，北京市常住人口 2170 万，全市社会消费品零售额达到 11575 亿元，消费水平在国内处于前列。根据北京市对高消费群体的市场需求调查发现，高消费群体对农产品的消费特征是消费品种齐全、消费数量大、消费支出费用高，并呈现出满足文化品位、表现个性化特征、地位身份象征的新趋势。消费型社会的快速发展引领着郊区农业向生态、安全、优质、集约、高效的方向发展。

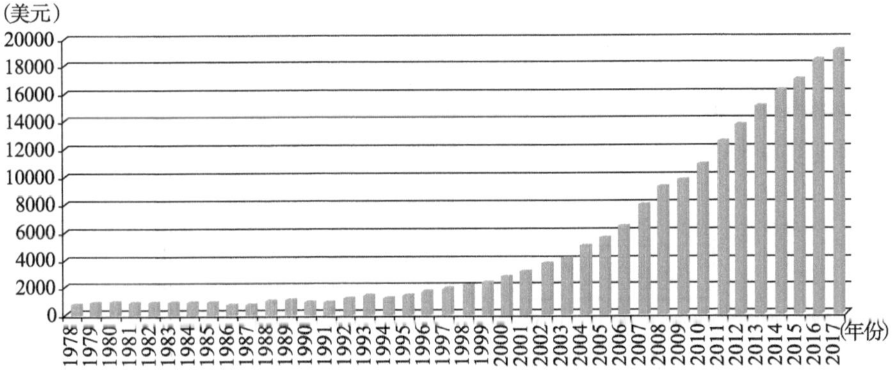

图 2-13　1978—2017 年北京市人均 GDP

表 2-7　世界银行 2011 年国家发展程度划分标准

	国民生产总值（GNI）
低收入国家	小于 1025 美元
中等偏下收入国家	1026~4035 美元
中等偏上收入国家	4036~12475 美元
高收入国家	大于 12476 美元

随着城市性质的演进，北京已成为全国的政治中心、文化中心和国际交往中心，中央对北京工作的“四个要求”之一就是为日益扩大的国际交往服务。北京有外国大使馆 160 多个，2017 年，星级饭店有 519 家，其中五星级饭店 60 家，客房数 10.2 万间，接待入境旅游人数 392.6 万人次，创汇收入 51.5 亿美元。据北京市出入境管理处的统计，目前常住北京的外

籍居民超过 11 万人，与此同时，每天还有约 1 万名游客短期停留首都。随着北京在国际交往中扮演的角色越来越重要，外籍居民的数量仍会有较大增长，国际交往中跨境消费对高档、优质、无污染农产品及其加工精品的需求将会越来越大。

农业生产功能的演进必须满足两个条件：一是要有需求拉动，引导农业生产功能演进；二是要能够生产出满足要求的农产品，这样农业生产功能的演进才能成为可能，二者缺一不可。即除了需求拉动外，农业生产功能的演进还需要多元支撑推动，包括技术、资金、政策支撑等。“十二五”末，北京农业 R&D 经费支出占一产增加值比重为 12.3%，在国内排名第一。中央连续发布以“三农”为主题的中央一号文件，强调了“三农”问题在社会主义现代化时期“重中之重”的地位。在中央政策推动下，北京市率先在全国提出发展都市型现代农业，并相继下发了一系列推动北京市都市型现代农业发展的政策文件。北京农业生产功能演进外界环境条件如图 2-14 所示。

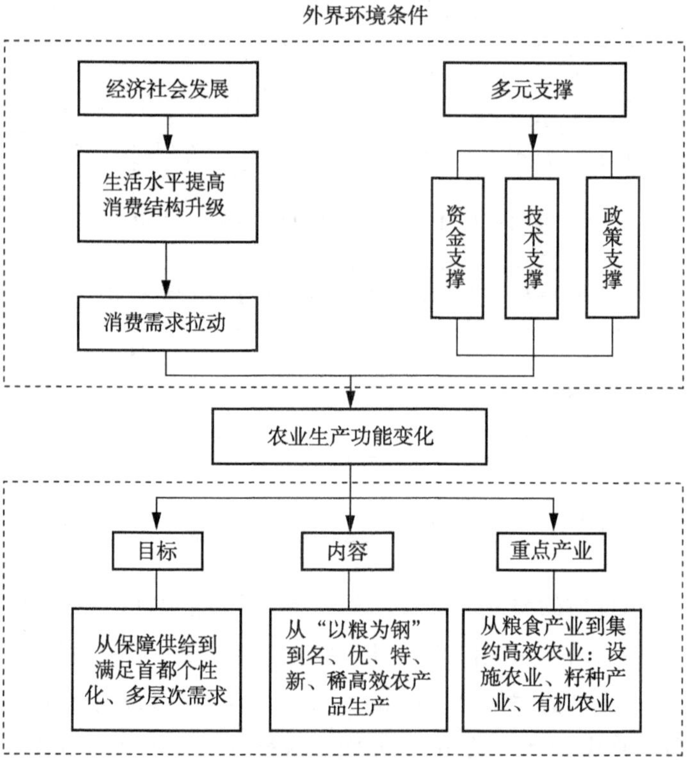

图 2-14 北京农业生产功能演进外界环境条件

综合以上分析，总结如下：

（1）经济发展水平是农业生产功能演进的时代背景。不同的经济发展水平，农业生产功能的内容不同。经济发展水平越高，对农业生产功能的要求越高。

（2）生活水平提高和消费结构升级是农业生产功能演进的拉动力。城市居民生活水平越高，居民的消费需求也越大。当居民消费结构由温饱向更高层次升级时，便会推动农业生产功能向更高级发展。农业生产功能的演进应适应消费需求的变化。

（3）与国际社会接轨日趋平凡，由此导致了日益增大的跨境消费，一定程度上促进了北京农业生产功能向更高层次发展。

（4）技术、资金、政策支撑是北京农业生产功能得以演进的保障。

五、生产功能演进与经济增长、消费需求变化关系的实证研究

北京农业生产功能演进与经济增长、消费需求之间的关系如何？相互影响程度如何？本节采用协整理论和 Grange 因果关系分析模型，对北京农业生产功能演进与经济增长、消费需求等之间的关系进行实证分析。

（一）变量选取与数据处理

变量指标选取原则：一是保证数据的可获得性；二是保证数据的权威性，尽量使用官方数据；三是在力求全面反映影响农业生产功能演进的因素影响前提下，指标选取尽可能精简。

选取人均 GDP 作为衡量经济发展水平的指标；城镇居民家庭人均可支配收入表征居民的购买力，是衡量城镇居民收入水平和生活水平的统计指标；选取城镇居民家庭恩格尔系数作为表征城镇居民消费结构的指标；选取年接待外国游客人数作为表征北京国际交流程度的指标；选取农业 R&D 经费支出占一产增加值比重表征科技对农业发展的支撑；选取农业固定资产投入表征对农业的资金支持，对农业生产的政策支撑较难用定量数据描述，定量分析中暂不考虑；选取农业土地产出率作为表征农业生产功能演进的指标（见表 2-8）。理由如下：农业生产功能的变化最根本的体现是农业生产率的变化，衡量农业生产率的指标有农业劳动生产率和农业土地

产出率。农业劳动生产率表达了劳动支付与报酬获取之间的关系，侧重生产关系，如规模经营提高农业的劳动生产率。农业土地产出率体现为土地投入与产出成果之间的关系，从以粮食生产为主到高效安全农产品生产，这种变化直接体现在农业土地产出率上。

表 2-8　农业生产功能演进指标选取

	指标名称	含义	单位	缩写
解释变量 1	人均 GDP	经济发展水平	元	PCGDP
解释变量 2	城镇居民家庭人均可支配收入	城镇居民生活水平	元	DPI
解释变量 3	城镇居民家庭恩格尔系数	城镇居民消费结构	%	EC
解释变量 4	年接待外国游客人数	国际交流程度	万人次	NFT
解释变量 5	农业 R&D 经费支出/一产增加值	科技投入	%	R&D
解释变量 5	农业固定资产投入	对农业的资金支持	亿元	FAA
被解释变量	农业土地产出率	农业生产功能演进	元/亩	ALP

自 2014 年起，受北京市实施农业“调转节”以及平原造林等政策的影响，农业发展空间受到挤压。为减少政策实施对模型的影响，本研究选取 1978—2013 年的年度数据作为研究样本，数据来源于《北京统计年鉴》和《中国统计年鉴》。

为了使计算分析具有可比性，消除价格影响，各产出数据均换算为 1985 年同比价格计算。同时，为了消除数据中存在的异方差，对所有变量均进行对数变换，得到新的变量序列，记为：LNPCGDP、LNDPI、LNEC、LNNFT、LNRD、LNFAA、LNALP。

（二）绘制序列图

为消除由于时间序列变量的非平稳性引起的“伪回归”现象，需要对时间序列数据进行平稳性检验。一般在进行规范的平稳性检验之前先绘制序列图，可对数据的平稳性有直接感受。由图 2-15 可看出，不论是解释时间序列变量还是被解释时间序列变量，在研究期内均表现出上升或下降趋势，从而说明其均值在发生变化，这可能说明，上述 6 个时间序列变量不是平稳的。

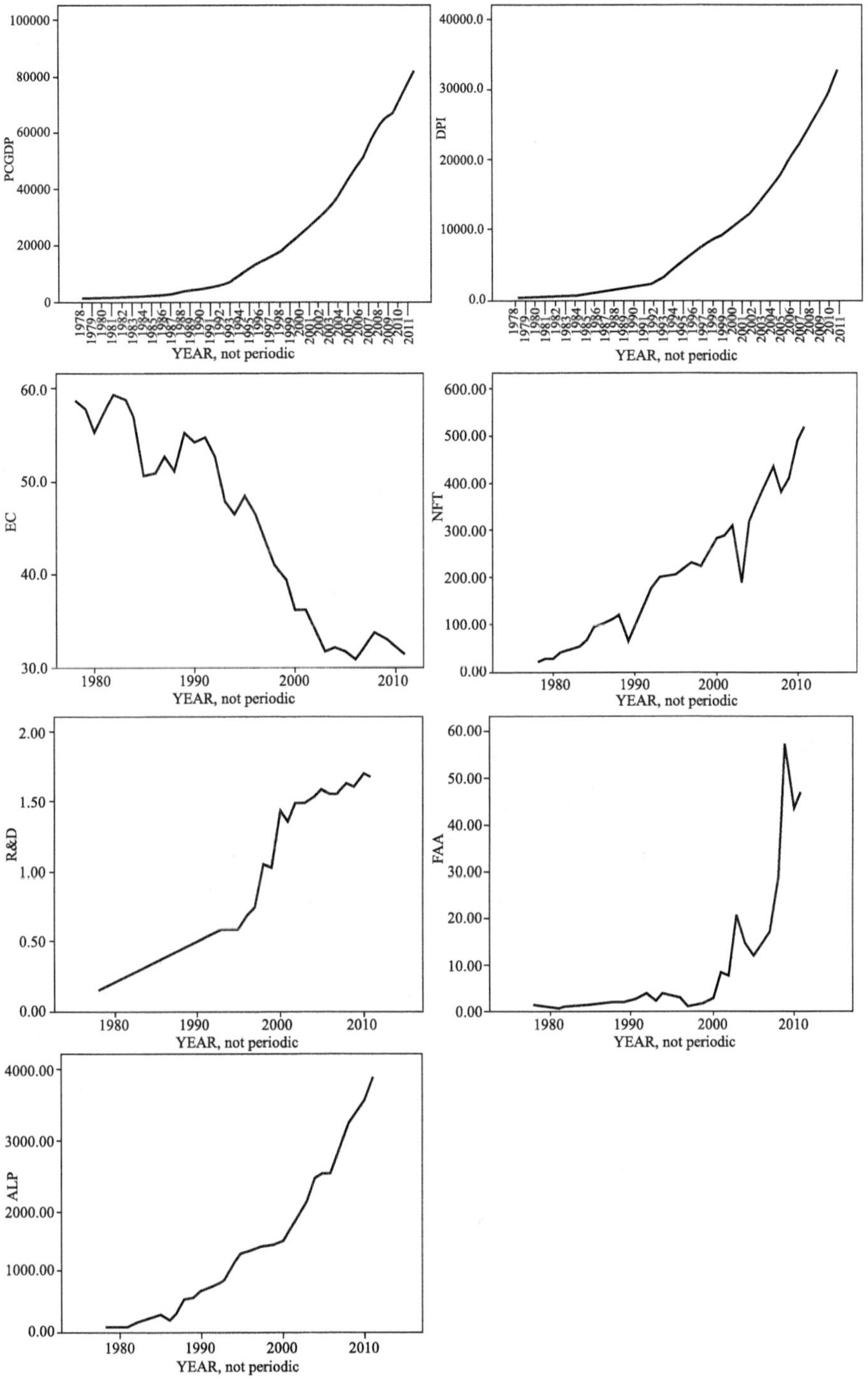

图 2-15　时间序列平稳性的图形分析

绘制每个时间序列变量的自相关图和偏相关图（如图 2-16 所示）。对于平稳时间序列而言，相关图很快会变平，而对非平稳时间序列来说，则消失得很缓慢。受篇幅限制，以下只给出时间序列变量 PCGDP 的自相关图和偏相关图，可以看出变量 PCGDP 为典型的非平稳时间序列相关图。

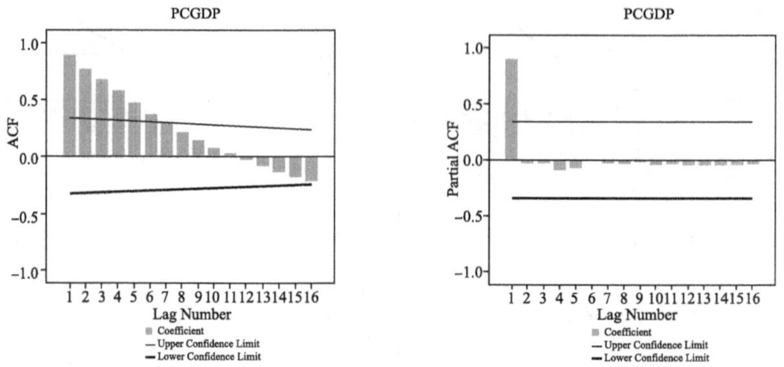

图 2-16　人均 GDP 的自相关图和偏相关图

（三）变量的平稳性 ADF 单位根检验

上一部分在一个非正式的判别水准下，通过时间序列的图形我们初步判断了其平稳性。下面采用 ADF 单位根检验方法对各变量时间序列平稳性进行严格检验。各变量的相应一阶差分序列记为△LNPCGDP、△LNDPI、△LNEC、△NFT、△RD、△FAA、△ALP，相应的二阶差分记为$\triangle^2$PCGDP、$\triangle^2$DPI、$\triangle^2$EC、$\triangle^2$NFT、$\triangle^2$RD、$\triangle^2$FAA、$\triangle^2$ALP。

利用 Eviews 软件对变量进行 ADF 单位根检验。时间序列变量 LNPCGDP 的一阶差分 ADF 单位根 p 值小于 0.05，表明在 5%的显著水平上接受 LNPCGDP 为一阶平稳性假设。依次将各个时间变量进行 ADF 单位根检验，检验结果见表 2-9。从表 2-9 可以看到，所有变量的原序列数据的单位根检验 ADF 值均大于 5%显著水平的临界值，说明所有变量的原时间序列均为非平稳序列，这与上文通过图形猜测结果一致。所有变量的单位根检验结果都表明在 5%显著水平上接受一阶平稳性假设，即 I（1）序列。

表 2-9　各变量时间序列数据的 ADF 单位根检验结果

变量	ADF 检验	5%临界值	类型	是否平稳
LNPCGDP	-3.453465	-3.6121	(C, T, 0)	否
△LNPCGDP	-3.04576	-2.8985	(0, 0, 2)	是
LNDPI	-3.201428	-3.6584	(C, T, 0)	否
△LNDPI	-3.075364	-2.9958	(0, 0, 2)	是
LNEC	-1.7180828	-2.4596	(C, T, 0)	否
△LNEC	-1.706821	-1.4589	(0, 0, 1)	是
LNNFT	-1.622655	-3.6248	(C, T, 0)	否
△LNNFT	-4.828631	-2.9538	(0, 0, 1)	是
LNRD	-2.066464	-3.5943	(C, T, 0)	否
△LNRD	-3.695748	-2.9850	(0, 0, 1)	是
LNFAA	-3.508807	-3.5943	(C, T, 0)	否
△LNFAA	-4.828631	-2.4541	(0, 0, 2)	是
LNALP	-1.962189	-2.5678	(C, T, 0)	否
△LNALP	-1.889246	-1.7956	(0, 0, 1)	是

注：①括号内的整数位是根据 Schwarz 信息准则确定的最优滞后步长，C 代表常数项，T 代表趋势项，k 表示滞后阶数，滞后阶数根据上文的自相关图和偏相关图确定。②ADF 检验的原假设 H0：含有单位根，则序列是非平稳时间序列。

（四）协整检验与估计

将一个非平稳的时间序列对另一个非平稳的时间序列进行回归可能导致谬误回归，协整检验可看成为避免“谬误回归”情形而进行的检验。协整是指多个非平稳的经济变量的某种线性组合是平稳的，协整检验主要用来分析时间序列之间的长期均衡关系。需要指出的是，只有所有变量是同阶的，才有必要进行协整检验。对于不同阶的时间序列，不能进行协整检验。

采用 Johansen 方法建立 VAR 模型，检验分析变量的协整性。为避免奇异矩阵情形出现，只选取 LNPCGDP、LNDPI、LNRD 与 LNALP 进行协整检验。依照 AIC 准则确定适合的滞后阶数，本次选择最佳的滞后阶段为 2。检验结果见表 2-10。

表 2-10 Johansen 协整检验结果

	特征值	似然比统计量	5%临界值	P 值
None	0. 649117	47. 26479	47. 85613	0. 0568
At most 1	0. 357855	14. 79841	29. 79707	0. 7930
At most 2	0. 033821	1. 067237	15. 49471	0. 9999
At most 3	2. 13E-05	0. 000660	3. 841466	0. 9809

由表 2-10 可看出，在 5%检验水平下，四个似然比统计量的值分别为 47. 26479、14. 79841、1. 067237、0. 000660，四个似然比统计量均小于其相应的检验临界值，所以变量 LNALP 与 LNPCGDP、LNDPI、LNRD 之间存在唯一的协整关系，表明在 1978—2011 年的样本区间内，各变量之间存在一个长期均衡关系。经标准化处理得到协整参数向量的系数估计值，写成矩阵形式为：T= （1. 00，0. 05，-0. 14，-4. 02，-4. 96）。由此可以将变量之间的长期均衡关系用方程表示如下：

$$LNALP_t = 4.96 + 0.05LNPCGDP_t + 0.14LNDPI_t + 4.02LNRD_t$$

上述长期均衡关系方程显示，1978—2013 年间，北京农业生产功能与人均 GDP、城镇居民家庭人均可支配收入、农业 R&D 支出占一产增加值比重存在长期的均衡关系。农业生产功能与人均 GDP、城镇居民家庭可支配收入、农业 R&D 支出均呈正相关关系。北京农业生产功能对人均 GDP、城镇居民可支配收入、农业 R&D 支出比重的长期弹性分别为-0. 05、0. 14 和 4. 02，即人均 GDP 每变动 1%，农业土地产出率将负向变动 0. 05%。城镇居民家庭可支配收入每变动 1%，农业土地产出率将正向变动 0. 14%。农业 R&D 支出比重每变动 1%，农业土地产出率将正向变动 4. 02%。由此可以看出，农业 R&D 支出比重对农业生产功能的拉动作用最大，其次是城镇居民家庭人均可支配收入。

土地产出率对照见表 2-11。

表 2-11 土地产出率对照（2010 年，现价美元）

国家和地区	一产增加值（亿美元）	耕地面积（万亩）	土地产出率（美元/亩）
美国	1562	244127	64
德国	258	17918	144
英国	146	9074	161

续表

国家和地区	一产增加值（亿美元）	耕地面积（万亩）	土地产出率（美元/亩）
法国	435	27518	158
以色列	37	46	811
日本	818	6441	1271
韩国	234	2393	977
荷兰	137	1581	863
中国台湾	68	1220	557
中国北京	18	348	517

资料来源：依据北京市统计局《北京统计年鉴》、世界银行《世界发展指标》数据库整理。

（五）建立误差修正模型

根据协整理论，若变量间存在协整关系，则可以用误差修正模型描述各变量间的长期均衡与短期波动关系。前面通过协整检验建立起来的北京农业生产功能与各个时间序列之间的长期均衡关系，在受到短期干扰时是否仍然成立，就可以通过在协整关系的基础上建立一个动态的向量误差修正模型进行考察分析。

按照 HendryAnderson 从一般到特殊的建模技术，去除不太重要的向量 EC、NFT 和 FAA，得到 LNALP 与 LNPPCGDP、LNDPI、LNRD 的向量误差修正模型 VECM 如下：

$\triangle LNALP_t = \triangle LNGDP_t\ (-1)\ -2.74\triangle LNDPI_t\ (-1)\ +3.299\triangle LNRD_t\ (-1)\ -2.68VECM_t$

根据误差修正理论，误差修正模型各差分变量的系数反映了短期变动的影响，误差修正项 VCEM 为负，表明误差修正项对△LNALPt 的控制为一个负反馈过程。

（六）Grange 因果关系检验

变量之间回归分析考虑的是一个变量依赖于另一个变量，变量间的这种关系的存在不能够证明是因果关系或者影响的方向。Grange 因果关系检验中 Y_i 是 Y_j 的原因，指的是除了这个系统中其他变量的影响之外，Y_i 包

含着可预见 Y_j 的有用的信息。

为了确定农业多功能演进与人均 GDP、居民家庭可支配收入、R&D 经费支出之间是否存在长期因果关系，本研究采用 Grange 因果关系检验进一步验证。Grange 因果检验一般都是以变量相互不具有因果关系为原假设，这样的原假设下主要看 P 值，P 值小于 0.05 说明具有因果关系。利用 Eviews 软件中的 Grange 模型对变量进行因果关系检验，滞后期选择 3 个，检验结果见表 2-12。

表 2-12 Grange 因果关系检验结果

因果关系的方向	滞后期的数量	P 值	决定（5%水平）
ALP→PCGDP	3	0.00716	拒绝
PCGDP→ALP	3	0.61688	不拒绝
ALP→DPI	3	0.03121	拒绝
DPI→ALP	3	0.41373	不拒绝
ALP→RD	3	0.03293	拒绝
RD→ALP	3	0.24707	不拒绝

Grange 因果关系检验结果显示，存在从人均 GDP（PCGDP）、城镇居民人均可支配收入（DPI）、农业 R&D 经费支出占一产增加值比重（RD）到北京农业生产功能演进的单向 Grange 因果关系。即人均 GDP、城镇居民人均可支配收入、农业 R&D 支出比重是北京农业生产功能演进的 Grange 原因。

六、生产功能演进的阶段性特征研究

在上述基础上，我们进一步分析北京农业生产功能演进的不同阶段所具有的经济社会特征。农业生产功能演进的样本描述性统计见表 2-13。

表 2-13 农业生产功能演进的样本描述性统计

项目	平均值	标准差	最小值	最大值
样本总体（1978—2013 年，n=36）				
人均 GDP（美元）	3198.8	3316	797	12643
城镇居民家庭人均可支配收入（元）	8801	9540	365	32903
城镇居民家庭恩格尔系数（%）	45.17	10.31	30.8	59.3

续表

项目	平均值	标准差	最小值	最大值
农业 R&D 支出比重（%）	0.85	0.56	0.15	1.69
阶段Ⅰ（1949—1979 年）				
人均 GDP（美元）	853.5	78.5	797	908
城镇居民家庭人均可支配收入（元）	390	35.07	365	415
城镇居民家庭恩格尔系数（%）	58.3	0.56	57.9	58.7
农业 R&D 支出比重（%）	0.16	0.02	0.14	0.17
阶段Ⅱ（1980—1994 年）				
人均 GDP（美元）	1015.9	152.5	821	1389
城镇居民家庭人均可支配收入（元）	1551	1187	501	4737
城镇居民家庭恩格尔系数（%）	53.6	3.8	46.4	59.3
农业 R&D 支出比重（%）	0.41	0.13	0.20	0.58
阶段Ⅲ（1995 年至今）				
人均 GDP（美元）	5400.7	3514.7	1520	12643
城镇居民家庭人均可支配收入（元）	16190	8390	5868	32903
城镇居民家庭恩格尔系数（%）	36.2	5.7	30.8	48.5
农业 R&D 支出比重（%）	1.33	0.37	0.58	1.69

注：阶段Ⅰ的数据只统计 1978 年、1979 年两年数据。

城镇居民家庭人均纯收入表征居民的购买力，是衡量城镇居民收入水平和生活水平的最重要和最常用的统计指标。收入是消费的前提，收入水平的提高带动居民食物消费结构的改善，而消费又反过来驱动经济增长。经济增长与居民收入、居民消费形成良性互动，从而推动社会的发展。

（一）人均 GDP 指标

从人均 GDP 指标看，北京农业生产功能以粮食生产为主阶段，即阶段Ⅰ，所对应的人均 GDP 小于 1000 美元；农业生产内容由以粮食为主向丰富种类为主转变，即阶段Ⅱ，所对应的人均 GDP 为 829~1389 美元；农业生产向个性化、多层次需求生产为主转变，即阶段Ⅲ，所对应的人均 GDP 最低为 1500 美元。

从国外的发展经验看，人均 GDP 超过 1000 美元，经济将进入一个快速发展的阶段。人均 GDP 跨入 1000 美元，消费结构将向发展型、享受型升级，社会将进入一个重要的发展起点。但中国普遍存在的居民消费力偏弱的国情，北京自1988年起人均GDP跨入1000美元，而北京市居民消费支出占GDP比重为39%，不仅低于世界平均水平，而且低于低收入国家平均水平。也有观点认为，人均GDP 2000美元是一道门槛，当人均GDP迈入2000美元时，经济发展则进入加速发展阶段。

考虑到中国普遍存在的居民消费力偏弱的国情，允许数据存在一定的置信区间，我们总结概括如下：当人均GDP小于1000美元时，农业生产以粮食生产为主，农业生产的目的是满足温饱；当人均GDP为1000~2000美元时，农业生产将向丰富种类为主转变；当人均GDP超过2000美元时，农业生产将向个性化、多层次需求生产为主转变。

（二）城镇居民家庭人均可支配收入

收入是决定消费的前提。从城镇居民家庭人均可支配收入指标看，北京农业生产功能以粮食生产为主阶段，即阶段Ⅰ，所对应的城镇居民家庭人均可支配收入最大值为415元；农业生产内容由以粮食为主向丰富种类为主转变，即阶段Ⅱ，所对应的城镇居民家庭人均可支配收入为501~4737元；农业生产向个性化、多层次需求生产为主转变，即阶段Ⅲ，所对应的城镇居民家庭人均可支配收入最小值为5868元。

允许数据存在一定的置信区间（取区间的10%左右），我们总结概括如下：当城镇居民家庭人均可支配收入小于1000元时，农业生产以粮食生产为主，生产的目的是满足温饱；当城镇居民家庭人均可支配收入为1000~6000元时，农业生产以丰富种类为主；当城镇居民家庭人均可支配收入超过10000元时，农业生产开始向满足个性化、多层次需求为主转变。需要说明的是，城镇居民家庭人均可支配收入指标不具有国际比较性。

（三）城镇居民家庭恩格尔系数

城镇居民家庭恩格尔系数指标具有国际比较性。按照联合国粮农组织提出的标准，恩格尔系数在59%以上为贫困，50%~59%为温饱，40%~49%为小康，30%~39%为富裕，低于30%为最富裕。

从城镇居民家庭恩格尔系数指标看，北京农业生产功能以粮食生产为主阶段，即阶段Ⅰ，所对应的城镇居民家庭恩格尔系数为57.9%~58.7%，即刚摆脱贫困，处于温饱阶段初期；农业生产内容由以粮食为主向丰富种类为主转变，即阶段Ⅱ，所对应的城镇居民家庭恩格尔为46.4%~59.3%，即处于温饱阶段和小康阶段时期；农业生产向个性化、多层次需求生产为主转变，即阶段Ⅲ。需要说明的是，考虑到1995—1998年城镇居民家庭恩格尔系数变化较大，1998年之后则变化较缓慢，为了消除数据影响，这里取1998年数据作为阶段Ⅲ的节点。1998年，北京城镇居民家庭恩格尔系数为41.1%，即进入小康社会后期后，接近富裕阶段。

综合以上分析，可以得出如下结论：

（1）当人均GDP小于1000美元时，城镇居民家庭人均可支配收入小于1000元，城镇居民家庭恩格尔系数处于贫困阶段时，北京农业生产以粮食生产为主，农业生产的目的是满足温饱。

（2）当人均GDP为1000~2000美元时，城镇居民家庭人均可支配收入为1000~6000元，城镇居民家庭恩格尔系数处于温饱阶段中后期，向接近小康阶段时，农业生产将向丰富种类为主转变。

（3）当人均GDP超过2000美元时，城镇居民家庭人均可支配收入超过10000元，城镇居民家庭恩格尔系数处于小康阶段后期，向富裕阶段迈进时，农业生产将向个性化、多层次需求生产为主转变。具体见表2-14、表2-15。

表2-14　北京农业生产功能演进阶段性特征

阶段	人均GDP	城镇居民家庭人均可支配收入	城镇居民家庭恩格尔系数
以粮食生产为主，满足温饱	小于1000美元	小于1000元	处于贫困阶段
丰富种类，满足营养	1000~2000美元	1000~6000元	温饱阶段和小康阶段
满足个性化、多层次需求	大于2000美元	超过10000元	小康阶段后期，向富裕阶段迈进

表2-15　世界主要国家和地区人均GDP变化统计

	人均GDP1000美元的起始年	人均GDP达到2000美元起始年	人均GDP达到3000美元起始年	人均GDP达到4000美元起始年	人均GDP达到10000美元起始年
美国		1941年	1953年	1960年	1970年
法国	1953年	1966年	1973年	1976年	1983年

续表

	人均 GDP1000 美元的起始年	人均 GDP 达到 2000 美元起始年	人均 GDP 达到 3000 美元起始年	人均 GDP 达到 4000 美元起始年	人均 GDP 达到 10000 美元起始年
英国	1955 年	1968 年	1975 年	1978 年	1987 年
德国	1957 年	1966 年	1972 年	1975 年	1982 年
日本	1966 年	1972 年	1975 年	1977 年	1987 年
中国香港	1971 年	1975 年	1979 年	1982 年	1993 年
韩国	1977 年	1985 年	1989 年	1991 年	2000 年
中国北京	1988 年	1997 年	2001 年	2003 年	2010 年
中国上海	1977 年	1993 年	1997 年	2000 年	2007 年

资料来源：根据《国际经济和社会统计资料》（1950—1982），中国财政经济出版社；《世界经济统计摘编》1987，东方出版社；《香港经济统计资料汇编》，中国统计出版社；《中国台湾地区、中国香港地区和新加坡、韩国、泰国经济和社会统计资料汇编》等整理。

第三章　农业生态功能演进过程研究

生态功能是农业本身所固有的功能之一，通常指农业在改善生态环境方面发挥的重要作用。农业不仅仅是物质生产过程，也是人与自然界生物圈的协调过程，更是人类生命与生活的延续过程。农业通过自然代谢对人类活动产生的废弃物和污染物予以接纳、存贮、净化、降解、吸收，并以新的形式重新返回自然环境之中，这便是农业的环境调节功能。此外，农业还具有涵养水源、保持水土、提供自然景观、维持生物多样性等功能。相对于生产功能而言，农业的生态功能早期是一种隐型或半隐型的客观存在，其变化很难直观地、短时期内被人类所认知。农业的存在与发展，同样起到了公园、绿地、森林、湿地的生态作用，是生态屏障的重要组成。同时，它所创造的农业景观、自然景观无法替代，也是人类的宝贵财富。农业的生态功能近年来越来越受到重视。

北京农业的生态功能，主要体现在首都的生态屏障功能和生态景观两个方面，为城市发展创造宜居生态环境。

一、学术界对生态功能的认知

自 1935 年农业生态学学科创建起，就有大量学者开始关注农业与生态环境之间的关系。1987 年世界环境与发展委员会提出可持续发展理念，即满足当代人的需要，又不对后代满足其发展需要的能力构成威胁的发展，可持续发展最根本的是生态环境的可持续。国内早在 20 世纪五六十年代就有学者关注农业的生态环境建设，但都没有将农业生态建设提升到功能定位的战略高度。文化于 1998 年发表的“市场经济下北京农业的定位”一文中，首次明确提出将生态功能列入北京农业的重点功能之一，并指出在生态功能中应扩充进景观功能。自此，开始陆续有学者关注农业的生态功能，开展诸如农业生态服务价值等相关研究。

二、政府对农业生态功能的重视

（一）对山区生态涵养理念上的认识

由“靠山吃山”向“富民养山”转变，由以发展经济为主转向以生态涵养为主，生态涵养和生态经济并行发展。

北京市山区面积约为1.01万平方公里，约占全市总面积的62%。山区具有丰富的农林、矿产资源和独特的人文、自然景观等旅游资源，是首都的重要生态屏障和水源涵养地。

改革开放前，山区生态政策以发展经济为主。1957年市委农工部提出京郊山区“在做好水土保持，力争粮油自给有余的基础上，有计划地因地制宜实行农林牧矿副相结合的多种经济全面发展的方针”。三年困难时期结束，市委、市政府出台相应政策，端正山区生产方针，要求“山区建设应当以造林和水土保持为中心”。此外，应当积极有计划地修筑山区公路，为开发山区创造条件。在“农业学大寨”运动中，山区大规模地开展了平整土地、修筑梯田、植树造林活动，实施山水田林路综合治理。到20世纪80年代初，山区有林面积占郊区有林面积的86.8%，林木覆盖率达到25.5%。这一时期京郊山区的建设为后来深度开发打下了基础。改革开放后，北京市分阶段、有针对性地实施山区重点开发建设工程，改变山区面貌，造富山区农民。1982年修订的《北京城市建设总体规划方案》凸显了京郊山区的重要生态功能，确立了京郊山区在首都总体发展战略中的重要地位，提出了“治山治水、防治污染、兴利除弊、提高环境质量”的目标。1994年部署北京市边远山区“四四奔小康攻坚计划”，保障低收入农民实现小康目标。“九五”开始，北京开始尝试提出实现致富手段的调整，下大力气调整产业结构，培育山区主导产业。1997年制定实施了《北京市山区水利富民综合开发工程（1997—2003年）》。“十五”时期，除一如既往关注山区的发展和农民致富以外，北京市政府开始重视山区的生态服务价值。为改善首都生态环境和植被景观，保障首都生态安全，北京市自2000年起开始关停废弃矿山。2004 年，为有效保护山区造林绿化成果，提升北京山区绿色生态屏障建设和管理水平，北京市政府下发了《北京市人民政府关于建立山区生态林补偿机制的通知》，对为首都生态建设做出巨大贡献的山区农民给予合理的经济补偿，实现山区农民由“靠山吃山”向“养山就业”的重大转变。2005 年，北京市相继出台了《关于加快山区发展实施富民养山工程的意见》《关于实施山区流域综合治理的意见》，进一步提出强化山区的生态功能。进入“十一五”时期，关于山区生态环境方面的政策更为密集，市政府先后出台了《北京市实施山区生态林补偿机制办法》《北京市山区生态林补偿资金管理暂行办法》《生态清洁小流域建设规划（2009—2011 年）》等。2007 年全面启动关停废弃矿山植被修复工程，并作为北京市生态建设重点工程之一。2008 年北京山区工作会议提出发展沟域经济，在保证山区生态环境的同时，利用山区的资源优势加快山区经济发展。山区生态环境政策由原来的“靠山吃山”转变为“富民养山”，山区发展由原来的以发展经济为主转变为以生态涵养为主，生态涵养和生态经济并行发展。从这一时期开始，山区的生态涵养功能定位以及围绕上述功能定位的发展思路更加明朗。目前，京郊山区以生态涵养为功能定位，以生态、经济、社会协调发展为目标。

（二）农田景观服务功能

把农业的生产和生态功能紧密结合，农田景观本身就是城市一道亮丽的风景线。

农业景观是指由自然条件与人类的活动共同创造的，是人们利用土地作为农业活动而产生的农田与地产的景观类型。在景观的功能形成方面，多样性是核心，多样性使得景观具有更高的存在价值。北京的自然气候地理条件、动植物种类、种养业结构、生产方式、历史文化、农耕历史等形成了北京农业特有的农田景观，并保持了北京农田整体环境的多样性、生物的多样性以及文化多样性。人们发现郊区景观很舒适且很美，是因为景观传递着积极的信号，显示着一个充满活力、适当利用自然资源的农村社会。

随着社会经济的发展和人民消费水平的持续提高，农业的生态与景观服务价值受到了社会各界的广泛关注，北京农业的功能已不再局限于生产多少产品，更重要的是为宜居城市提供生态屏障与优美景观环境。农田作为首都“山水林田路村城”大环境的重要组成部分，农田耕地景观越来越成为首都可持续发展不可或缺的生态系统和环境景观的重要组成部分。

根据北京城市总体规划对首都职能的要求，农业应对减少就地扬尘起沙做出贡献，农田治理基本实现“无裸露、无撂荒、无闲置”目标。北京在全国率先实现全面保护性耕作。2008 年，为更好地发挥农业的生态服务功能，实现抑制裸露、控制扬尘、保护生态的目标，促进首都环境更加宜居，北京又率先建立冬季作物生态补偿机制，对冬小麦进行补贴，全面维护和提升整个北京农业的生态价值。据测算，2017 年北京都市型现代农业生态服务价值贴现值为 10769. 36 亿元，尽管农业增加值不高，但其 1 万亿元生态服务价值支撑了 2000 多万人在城市中的日常生活。

“一步一景，十步成画。”北京的现代农业成了首都的大景观。在京承高速路沿线，以籽种、设施、观光和科技农业为重点，精心布置 11 个景观农业节点，打造了 68 公里“都市型现代农业走廊”。2009 年，根据《都市型现代农业基础建设及综合开发规划》，北京市启动了农田景观建设工程，开展土地规模整理、田间路网修补、林网修补完善、农田景观提升建设，打造田成方、林成网、渠相通、路相连、人与自然和谐的田园风光，使基本农田成为首都优良的生产性绿色空间。目前，北京市已完成区乡两级土地规划调整完善，全面划定北京市 151. 6 万亩永久基本农田。

（三）农田生态环境建设

农田是社会生态环境的重要组成部分，农田生态系统可以在一定程度上净化空气、保持水土、涵养水源、消纳废物、改善区域小气候，并且农田土壤具有不可低估的固碳作用。在生物多样性方面，农田是连接城市与自然生态系统之间的一个缓冲区和隔离带，可扩大自然生态系统中生物移动和栖息的空间。通过合理耕作、平衡施肥、秸秆还田等农业技术措施的实施，可以提升土壤有机质含量，改善土壤理化性状，增强保水、保肥、通气能力，从而达到保护和改善农田环境的作用。通过完善农田林网建设，可以涵养水源、防风固沙、防御干热风，调节田间小气候，维护农田生态平衡，使得农田生态环境向良性发展。

建设资源节约型和环境友好型农业对节肥、节药、节水提出了要求。

在节肥方面，2005 年北京市农村工作会议明确提出把测土配方施肥作为今后五年农村产业发展的主要任务。2006 年，北京开始实施测土配方工程，不到 3 年即实现主要作物生产上全覆盖。2006—2011 年，全市累计推广面积 2223 万亩，增产农作物 9.78 亿千克，为农民增收节支 18.08 亿元。6 年来累计节省化肥 6.43 万吨，减少二氧化碳排放 23.73 万吨。测土配方有效地减少了化肥投入，降低了对土壤和水造成污染的潜在风险。

在节药方面，为提高病虫害绿色防控水平，降低高毒农药的使用，最大限度地保障农业生产安全、农产品质量安全和农业生态安全，北京市于 2009 年启动为期四年的“田园清洁循环工程——控制农药面源污染”项目，农业病虫害生物控制比例提升到 20%。

在节水方面，以设施农业、精品果园和基本农田为重点，大力推进高效节水灌溉工程建设，田间节水工程设施农业以微灌为主，精品果园以小管出流、滴灌为主，规模基本农田中两茬平播以喷灌为主、露地菜以管灌为主。根据北京市水务局数据，北京农业用水占全市总用水量的比重由 2001 年的 44.7%下降到 2017 年的 12.9%（如图 3-1 所示）。农业用水效率即万元农业 GDP 耗水由 2001 年的 2153.5 立方米下降为 2017 年的 561.6 立方米（如图 3-2 所示）。预计到 2022 年，北京市农业灌溉水利用系数将提高到 0.75 以上，达到发达国家水平。

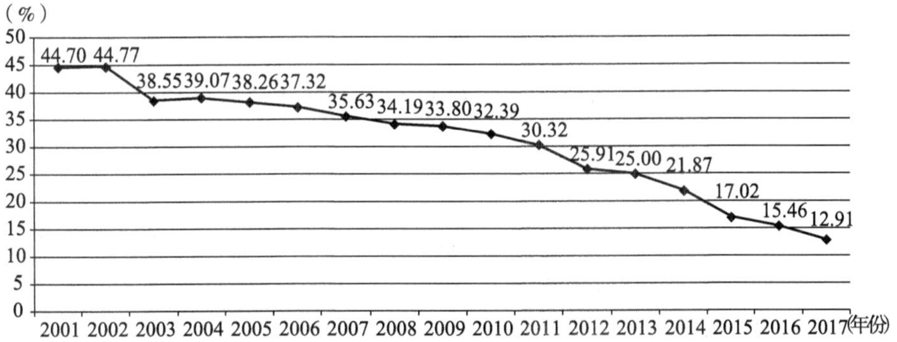

图 3-1　2001—2017 年北京农业用水占全市总用水量

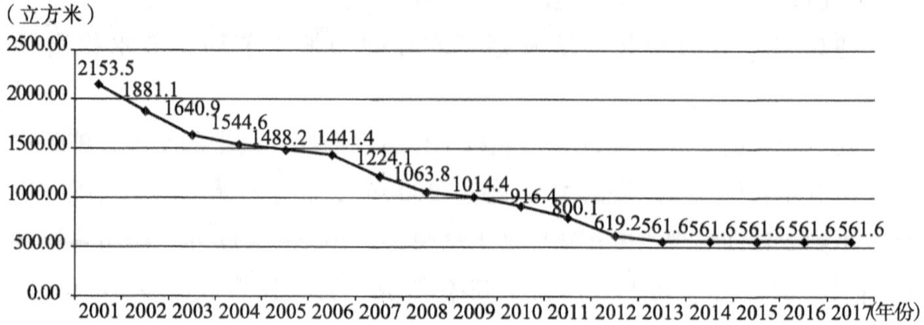

图 3-2　2001—2017 年北京万元农业 GDP 耗水

三、社会对生态功能的认知

1980 年，留民营即开展生态农业建设，并于 1985 年被联合国授予全球环境保护 500 佳。由于生态功能的非经济性产出品特征，故社会对农业生态功能的广泛认知需要政府的引导。

综合以上研究，我们认为：

北京农业之所以能够永续发展，关键也在于生态功能。北京农业的生态功能，主要体现在首都的生态屏障功能和生态景观两个方面，为城市发展创造宜居生态环境。

学术界对农业生态功能的认识早于政府。但鉴于生态功能的非经济性商品特征，政府对生态功能建设的一系列推动措施，引导建立了社会大众对生态功能的重视。将北京市政府对生态功能的重视时间节点作为北京农业生态功能呈现显型的节点。北京农业生态功能着重生态涵养和农田景观功能这两个功能。

生态涵养功能由隐型向显型演进的时间节点为 2004 年，标志是 2004 年 8 月下发《北京市人民政府关于建立山区生态林补偿机制的通知》。文件中提到对为首都生态建设做出巨大贡献的山区农民给予合理的经济补偿，视为政府对生态功能认可的公开文件。

农田景观功能由隐型向显型演进的时间节点为 2009 年，标志为北京市启动了《都市型现代农业基础建设及综合开发规划》，农田的景观服务水平也得到明显改善。

综合以上时间节点，将 2004 年作为农业生态功能由隐型向显型演进的时间节点。北京市统计局自2006年开始，对北京市农业生态服务价值开展监测，并每年发布北京市农业生态服务价值公报（见表3-1）。“十二五”期间，市委、市政府做出了在平原地区实施百万亩造林和1460公里中小河道治理的重大决策，将成为改善首都生态环境的重要举措，对建设绿色北京、改善生态、美化环境发挥重大作用，北京都市型现代农业的生态服务功能将更加凸显。

表3-1 北京农业生态服务价值贴现值　　单位：亿元

年份	2006	2007	2008	2009	2010	2011	2012
农业生态服务价值	5813.96	6156.72	63.6.95	8596.81	8753.63	8968.15	9182.07
年份	2013	2014	2015	2016	2017	2018	
农业生态服务价值	9431.04	9850.36	10414.27	10565.01	10769.36	10992.22	

资料来源：北京市统计局。

北京农业生态功能演进过程示意图如图3-3所示。

图3-3 北京农业生态功能演进过程

第四章　农业生活功能演进过程研究

从农业多功能的角度看，农业具有社会功能，具体包括安定社会、广泛就业、观光休闲，确保居民身心健康以及农业农村文化传承与保护等。在紧急情况下，如战争、地震、洪水等天灾人祸，可能会造成一个地区交通的暂时受阻或中断，或是被迫实行交通封锁，外界的物资输入不畅或中断。在这种情况下，封闭系统内人们的基本生活的物资保障，甚至生存，就只能依靠当地的农业。因此，农业又具有在非常时期安定社会的应急功能。区域农业若具有一定规模，其对外的依存度不太大，抵御突发事件的能力就强。无农不稳、无粮则乱说明农业关系到国家的稳定。2003 年春天的 SARS，北京的农业就起到了应急保障和安定社会的作用。

广泛就业功能主要指农业不仅仅提供自身需要的就业岗位，而且还拉动了涉农二、三产业就业。据统计，美国一个一产从业人员，可拉动 6.4 个涉农产业的就业岗位。目前，北京一个一产从业人员，拉动了 0.9~2.0 个涉农产业的就业岗位。随着专业分工越来越细，直接从事农业生产的人口越来越少，而为农业产前、产中、产后服务的涉农农业人数将更多。北京涉农产业的未来发展空间很大，拉动就业的空间潜力也很大。此外，农业还具有就业的蓄水池功能。农村剩余劳动力巨大，当非农产业经济景气时，农民就会转向非农产业部门就业。当非农产业不景气的时候，农民非农就业出现困难，农民就会转回农业，农业成为度过时下就业困难的有效选择。农业在农村劳动力转移方面起到了有益的蓄水池作用，发挥着缓冲器的作用。

农业的安定社会、广泛就业功能在社会存在时即发挥着作用，在此不再多做研究。农业的观光休闲功能也称为农业的生活功能，是农业的拓展功能，其在一定的经济社会条件下，才呈现显型。本章将着重研究农业生活功能的演进过程。

一、生活功能演进过程分析

农业具有观光休闲功能。在北京，农业的观光休闲功能也称为农业的生活功能。农业以其特有的自然优美田园风光、舒适怡人的清新气候、富有的民俗风情，让人感受到返璞归真、回归自然的乐趣，并达到体验生活、休闲放松、增长见识、怡情怡智、陶冶情操的效果，营造人与自然和谐的功能。

早在19世纪30年代，欧洲就已开始农业旅游。意大利在1865年成立了农业与旅游全国协会，专门介绍城市居民到农村去体验农业野趣，与农民同吃、同住、同劳作。自20世纪70年代以来，休闲农业在日本、美国等发达国家形成了产业规模。欧盟为鼓励农民建设农业景观，对农民提供高达50%的经济补偿。在法国农村的葡萄园和酿酒作坊，游客不仅可以参观和参与酿制葡萄酒的全过程，而且可以在作坊里品尝，在作坊里亲自酿酒并将酿好的酒带走，享受与城市商店买酒不一样的自然乐趣。中国台湾地区自20世纪70年代起，开始陆续将果园、农场于农闲或假日开放，引导社会大众参与。

农业的生活功能是农业的拓展功能，农业以提供优质精神产品，满足都市居民休闲、度假、观光等需求，增加幸福指数。北京对农业生活功能的重视，最早开始于20世纪80年代后期，在昌平区十三陵区域出现了向游人开放的观光桃园，游客入园后可自行采摘、品尝。1988年，大兴举办第一届“西瓜节”，开展“瓜乡一日游”。随着人们物质文化生活水平和生活质量的不断提高，人们对旅游的需求日益增加。国家实行节日长假制度，以及自然、生态、健康的旅游理念深入人心，旅游呈井喷式发展，节假日出游，使得观光农业规模与效益迅速扩大，引起了政府和学者的高度关注。1998年，文化研究员在“市场经济下北京农业的定位”一文中，首次指出未来北京农业的内涵将大大扩展，除生活功能内容将发生质的变化外，还应增加服务功能，并且在原有的生态功能中，扩充进景观功能。1997年7月，北京市召开首届观光农业研讨会，原北京市委农工委副书记、市农村经济研究中心主任赵树枫研究员，做了“都市农业的意义与办好农业观光休闲项目的建议”演讲，其认为农业具有在社区生活环境、人文生活方面的调节身心、教化人民、协调人与自然关系的功能。1998年8月，市政府召开全市观光农业工作会议，强调发展观光农业可以不拘形式，鼓励创新。同年，北京市观光农业工作领导小组成立。为引导观光农业向规范化和品质化发展，2004 年，北京市成立全国首家“北京观光休闲农业行业协会”，开展市级观光农业示范园和市级民俗旅游接待户的评定工作，首批 30 家观光农业示范园颁发了标示牌。2005 年 12 月，北京市农村工作委员会发布《关于加快发展都市型现代农业的指导意见》，首次以官方文件明确了农业具有生产、生态、生活和示范多种功能。北京市统计局自 2005 年开始连年统计农业观光园和民俗旅游情况（如图 4-1、图 4-2 所示）。2017 年，北京市休闲农业与乡村旅游总接待人次 4337 万人次，休闲农业总产值 44.2 亿元，每人次消费由 2005 年的 66.74 元增加到 2017 年的 101.9 元（如图 4-3 所示），休闲农业与农业总产值之比由 2005 年的 0.04606∶1 增加到 2017 年的 0.14337∶1（见表 4-1）。

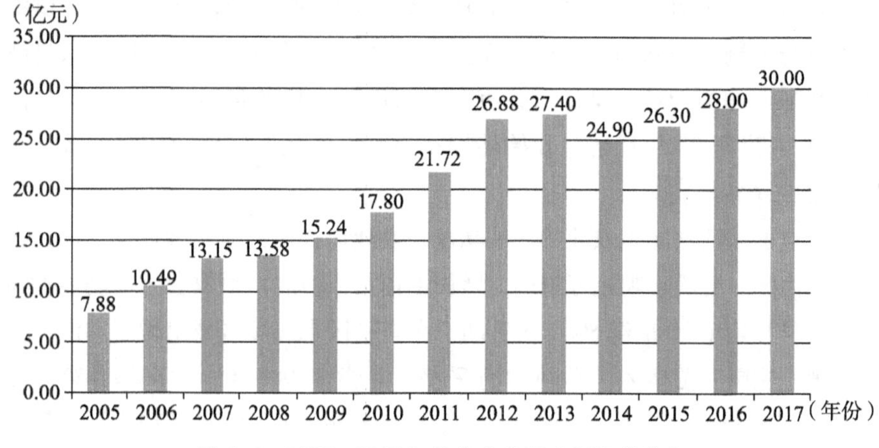

图 4-1　2005—2017 年北京农业观光园经营收入

图 4-2　2005—2017 年北京民俗旅游总收入

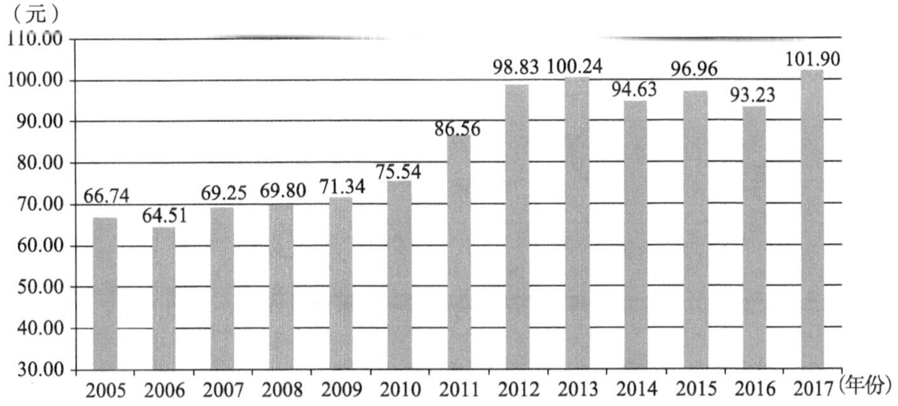

图 4-3　2005—2017 年北京农业观光休闲人均消费量

表 4-1　2006—2017 年北京休闲农业与农业总产值之比

年份	2006	2007	2008	2009	2010	2011	2012
休闲农业与乡村旅游总收入（亿元）	14. 15	18. 10	18. 87	21. 33	25. 14	30. 40	35. 93
农林牧渔业总产值（亿元）	240. 2	272. 3	303. 9	315. 0	328. 0	363. 10	395. 70
休闲农业与农林牧渔业总产值之比	0. 05890	0. 06649	0. 06210	0. 06772	0. 07666	0. 08372	0. 09080
年份	2013	2014	2015	2016	2017		
休闲农业与乡村旅游总收入（亿元）	37. 60	36. 20	39. 20	42. 40	44. 20		
农林牧渔业总产值（亿元）	421. 80	420. 10	368. 20	338. 10	308. 30		
休闲农业与农林牧渔业总产值之比	0. 08914	0. 08617	0. 10646	0. 12541	0. 14337		

资料来源：《北京统计年鉴》。

综上分析，鉴于观光休闲农业具有经济效益，以及社会自身对观光休闲的需求，社会对农业生活功能的拓展实践早于学术界和政府的认知。社会自 20 世纪 80 年代中期出现观光休闲农业业态，政府对农业生活功能的认知节点是 1997 年，标志为首届观光农业研讨会的召开。学术界对农业生活功能的战略高度认识为 1998 年。之后，观光休闲农业进入快速发展阶段。1988—1997 年为农业生活功能由隐型向显型演进的过渡阶段，1998 年呈现显型（如图 4-4 所示）。

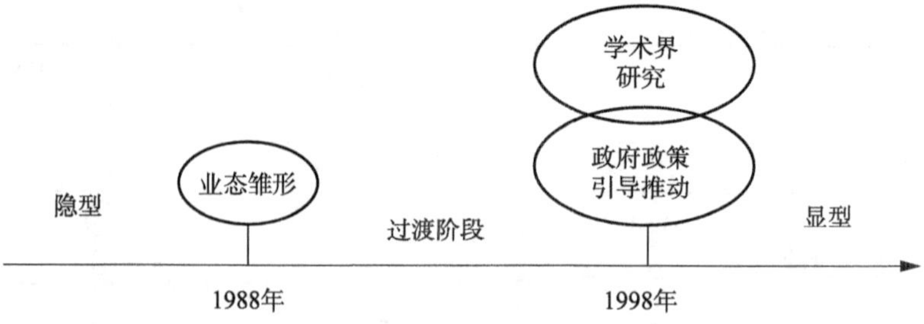

图 4-4　北京农业生活功能演进过程

二、生活功能演进外界环境条件分析

生活功能是农业的拓展功能，农业可提供精神产品，满足都市居民休闲、度假、观光需求，增加幸福指数。休闲定义为“非生产性的时间消费”。从经济的角度看，休闲需求是人类消费需求的高级形态。在经济发展水平较低、人们的温饱还成问题的情况下，经济的主要目标是满足生存的需要。而到了现代社会，尤其是进入后工业社会，物质消费已经不再是一个主要问题，于是人们的消费需求又向高一层次提升。根据马斯洛的消费需求层次理论，人们先有低层次的物质生活方面的需求，后有高层次的享受、自我实现和受人尊重方面的需求。当温饱问题得到解决后，人们更关注多样化的、有创意的、高品位的文化享受，更关注身体保健和健康，更关注自然景观和人文风貌，更关注居住的舒适性。在人们的精神需求刺激下，农业的观光休闲功能逐渐呈现为显型。

总之，农业多功能的拓展，根本目的是不断满足人们的生活质量和消费水平。而人们生活质量的提高，又必然反过来刺激人们对消费提出更高、更新的要求。这种要求不仅能够推动人们对物质享受的需求，而且能够激发人们对精神生活的追求。

休闲农业的发育阶段性特征是与宏观经济发展水平紧密关联的，总体上人均 GDP 3000 美元的休闲农业主要为观光采摘，7000 美元主要为操作体验度假，而超过 13000 美元以上则主要为租赁。

本观点认为，农业生活功能呈现为显型需要满足四个条件：“有钱”“有闲”“有工具”和“有地方”。有钱、有闲是农业生活功能的消费群形成的两大基本条件；“有工具”和“有地方”则进一步推动了农业生活功能的发展。

“有钱”是针对消费者来说的。收入是决定居民消费需求的最基本因素之一。所谓“有钱”，是指人们生活水平必须达到一定水平，消费者手中有足够的钱去支付自己的精神消费。

恩格尔系数是指家庭食物消费支出占家庭消费总支出的比重。各国经验表明，恩格尔系数可以大致反映一定的社会阶段人们消费现状和消费发展的趋势，通过恩格尔系数的分析能反映出一个国家或地区居民生活的贫富程度。按照联合国粮农组织给出的标准，恩格尔系数在 59%以上为贫困，50%~59%为温饱，40%~49%为小康，30%~39%为富裕，低于 30%为最富裕。从图 4-5 可以看出，1985 年以前北京城镇居民家庭恩格尔系数保持在 50%以上，属于温饱阶段；1985 年至 20 世纪末，北京城镇居民家庭恩格尔系数处于 40%~49%之间，属于小康阶段；进入 21 世纪，北京城镇居民家庭恩格尔系数降至 40%以下，进入富裕阶段。一般而言，小康型社会消费层次的消费开支体现在健康休闲、文化娱乐等消费的增长上，反映基本生存需求的食品等基本生活用品支出所占比重大幅下降，而体现发展与享受的支出比重则上升。进入 20 世纪 90 年代后，居民的消费结构发生了显著的改变，北京城镇居民消费结构已经出现休闲经济的特征。

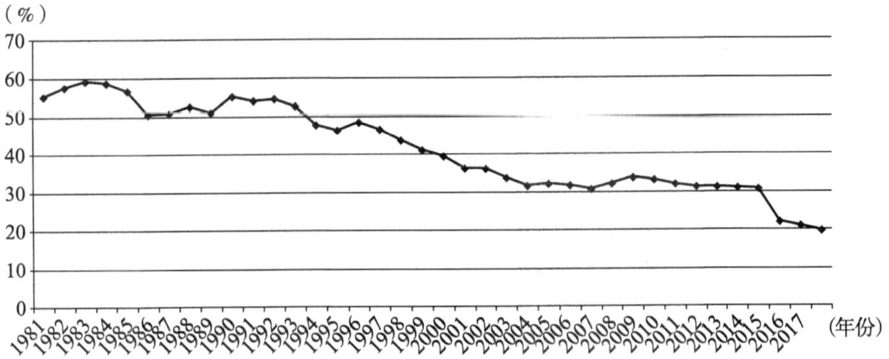

图 4-5　1981—2017 年北京城镇居民家庭恩格尔系数

与恩格尔系数下降呈相反态势的是城镇居民家庭人均可支配收入水平，其逐年上升，由 1978 年的 365 元提高到 2011 年的 36469 元，增长幅度接近 90 倍。从国外的发展经验看，当人均 GDP 超过 1000 美元时，即表明这个国家或地区进入消费型社会发展阶段，社会将由生存消费为主导的消费结构向以发展、享受为主导的消费结构升级。作为发展型与享受型消费的重要形式，家庭居民消费性支出中教育文化娱乐和服务支出均出现了相应的上升。此外，也有数据显示，当人均 GDP 到达 6000 美元以上，这个国家或地区就将进入休闲时代。美国在 20 世纪 60 年代，欧洲在 20 世纪 70 年代，日本在 20 世纪 80 年代都经过这个过程。显然，北京经济发展水平具备了休闲经济的条件。

"有闲"也是针对消费者来说的。从本质上讲，休闲消费实际上就是对闲暇时间的消费。在生产力高度发达的今天，时间变得比货币更稀缺。消费者能实现休闲消费的条件之一就是具备闲暇时间。消费者必须有充足的闲暇时间，这样才能刺激消费者去追求这种精神消费。关于闲暇，马克思称之为"可以自由支配的时间""供自己发展的时间"。一般地，闲暇时间是指人们的全部生活时间减去必需的生存时间（吃饭、休息）和必要的工作时间（上班、家务）等之后的可自由支配的时间，是用来享受、娱乐、发展个性的时间。闲暇消费是社会经济发展进步的标志，反映了人们生活质量的高低。据现有资料显示，北京市民 1982 年平均每天的可支配闲暇时间为 3 小时 30 分，1986 年平均每天的可支配闲暇时间为 3 小时 27 分，1996 年为 4 小时 51 分。而 2001 年，北京居民平均每天的闲暇时间超过工作时间（见表 4-2）。此外，社会劳动生产率的提高，也使人们从繁重的劳动中解脱出来，拥有了更多的闲暇时间。

表 4-2　北京市居民每周生活时间分配历史变动　　单位：分钟

年份	工作（学习）时间	生活必需时间	家务劳动时间	闲暇时间
1986	453	589	190	207
1996	364	646	139	291
2001	301	671	123	345

资料来源：北京市统计局统计报告《北京城市居民时间分配状况分析》。

"有工具"。这里的工具主要指交通工具。按照一般市场规律，当人均 GDP 达到 1000 美元时，汽车开始进入家庭。而人均 GDP 达到 3000 美元的时候，私人购车将呈现爆发性增长。2001 年，北京人均 GDP 达到 3000 美元。从 2000 年开始北京市机动车保有量不断上升，2003 年，北京私家车保有量突破 100 万辆，其中私人轿车 65.6 万辆（如图 4-6 所示）。截至 2018 年 4 月，北京市机动车保有量约为 596.8 万辆，平均每 4 人拥有一辆机动车，北京已经从"自行车王国"进入"汽车社会"。据调查，北京休闲农业的客源中自驾车的旅游者占最高比例，超过 2/3。另外，北京市交通条件便捷，首都 10 个远郊区到市区行车时耗不超过 1 小时，且郊区农村已实现村村通公路，区域完善的路网结构为出行创造了良好条件。

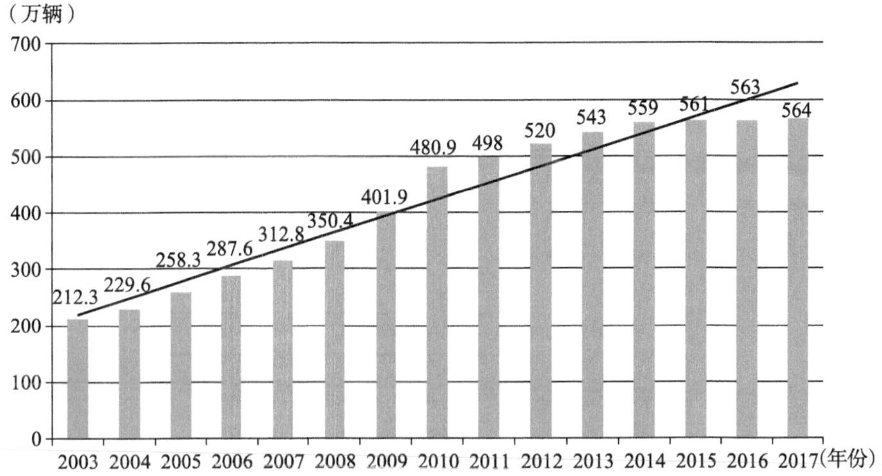

图 4-6　2003—2017 年北京机动车保有量

"有地方"。休闲消费不是生活必需消费，而是选择性消费。换言之，可以消费也可以不消费，休闲设施的供给推动了农业观光休闲功能的凸显。北京大力发展农业观光园，农业观光园个数不断增加，市民在游览采摘体验的同时还可以有知可学，有技可习。此外，郊区农村环境优美，农村生活气息浓郁、休闲娱乐活动丰富多彩。京郊农村和农业特有的魅力吸引了越来越多的北京市民选择郊区游，郊区乡村旅游接待能力不断提升。北京市第三次全国农业普查数据显示，2016 年末，北京市依托于农村地域、农业生产、农事活动从事休闲农业和乡村旅游的经营性单位和个体经营户共 3. 2 万个。其中，经营性单位 4397 个，占比 13. 6%；个体经营户 2. 8 万个，占比 86. 4%。民俗旅游挂牌单位 475 个，占全市休闲农业和乡村旅游单位的 10. 8%；民俗旅游挂牌户 8717 个，占全市休闲农业和乡村旅游个体经营户的 31. 3%。从事休闲农业和乡村旅游的单位（户）的高峰期从业人员为 15. 5 万人。其中，单位 8. 7 万人，占比 56. 1%；个体经营户 6. 8 万人，占比 43. 9%。2016 年，全市休闲农业和乡村旅游接待人次为 2. 01 亿人次，休闲农业与乡村旅游经营总收入达到 150. 7 亿元。

由以上的分析得出，影响农业生活功能演进的外界环境条件指标，包括人均 GDP、城镇居民家庭人均可支配收入、城镇居民家庭恩格尔系数，这三个指标表征农业生活功能凸显的物质环境条件。居民闲暇时间表征农业生活功能凸显的时间环境条件。由于居民闲暇时间较能统计，可以用社会劳动生产率指标来代替。

北京农业生活功能演进环境条件见图 4-7、表 4-3。

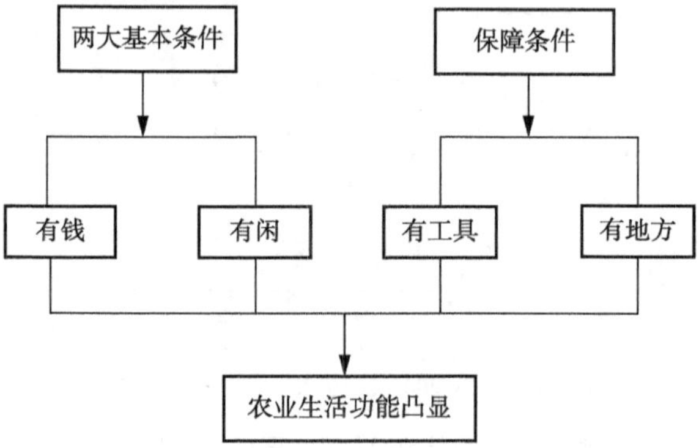

图 4-7　农业生活功能演进环境条件

表 4-3　北京农业生活功能演进环境条件

两大基本条件	物质	有钱	人均 GDP 超过 3000 美元，经济发展水平具备休闲经济的条件 城镇居民家庭恩格尔系数降至 40%，进入小康社会，消费结构向发展型、享受型转变
	时间	有闲	居民闲暇时间增加。2001 年闲暇时间首次超过工作时间
保障条件	工具	有工具	私家车数量增加，出行条件便利
	保障	有地方	农业观光园数量猛增，民俗接待能力不断提升

表征农业生活功能的指标为休闲农业与乡村旅游总收入。北京市自 2005 年开始统计此指标，由于统计数据时间年限太短，本研究未对人均 GDP、城镇居民家庭人均可支配收入、城镇居民家庭恩格尔系数与农业生活功能演进的关系进行定量研究。

三、生活功能演进的阶段性特征

我们进一步分析北京农业生活功能演进的不同阶段所具有的经济社会

特征。为了与前文农业生产功能的演进过程分析保持一致，本节采用1978—2013年《北京统计年鉴》数据，农业生活功能演进的样本描述性统计见表4-4。

表4-4　农业生活功能演进的样本描述性统计

项目	平均值	标准差	最小值	最大值
样本总体（1978—2013年，n=36）				
人均GDP（美元）	319.9	3316	797	12643
城镇居民家庭人均可支配收入（元）	8801	9540	365	32903
城镇居民家庭恩格尔系数（%）	45.17	10.31	30.8	59.3
社会劳动生产率（元/人）	41415	45215	2504	154684
隐型阶段（1988年以前）				
人均GDP（美元）	901.4	69.9	797	1009
城镇居民家庭人均可支配收入（元）	680	279	365	1182
城镇居民家庭恩格尔系数（%）	55.8	3.32	50.6	59.3
社会劳动生产率（元/人）	3632	1107	2504	5669
过渡阶段II（1988—1998年）				
人均GDP（美元）	1407.1	438	1046	2310
城镇居民家庭人均可支配收入（元）	4208	2658	1437	8472
城镇居民家庭恩格尔系数（%）	49.3	4.71	41.1	55.3
社会劳动生产率（元/人）	17599	10548	7046	37202
显型阶段（1999年至今）				
人均GDP（美元）	6482	3326	2586	12643
城镇居民家庭人均可支配收入（元）	18930	7668	9183	32903
城镇居民家庭恩格尔系数（%）	33.5	2.49	30.8	39.5
社会劳动生产率（元/人）	90631	34567	43179	154684

资料来源：《北京统计年鉴》。

（一）人均GDP指标

从国外的发展经验看，当人均GDP超过1000美元时，即表明这个国家或地区进入消费型社会发展阶段，社会将由生存消费为主导的消费结构向以发展、享受为主导的消费结构升级。按照发展经济学的观点，当人均 GDP 超过 3000 美元，即进入中等发达国家水平。人均 GDP 3000 美元前后的发展过程，是经济社会现代化发展的一个标志性阶段，其城镇化、工业化的进程将出现加速发展，而产业结构、消费类型也将发生重大转变。消费类型的变化主要体现在居民对汽车等代表资产和财富的商品需求快速增长，对服务业的需求大幅增加。根据联合国《国民核算年鉴》，对美国、日本、韩国等 17 个国家和地区人均 GDP 3000 美元之前的一个发展阶段进行分析，居民消费结构变化呈现以下特点：一是食品支出占全部支出的比重即恩格尔系数明显下降，由 40.84%下降到 32.67%；二是衣着类、家庭设备及服务类支出比重逐步下降；三是交通通信、文化娱乐教育、居住等其他消费比重迅速上升，消费向享受型发展型快速转变。从人均 GDP 指标看，北京农业生活功能处于隐型阶段，此时对应的人均 GDP 在 1000 美元以下；农业的生活功能处于隐型向显型过渡阶段，对应的人均 GDP 为 1046~2310 美元；农业的生活功能呈现显型，此时对应的人均 GDP 超过 2500 美元。2004—2006 年，北京市人均 GDP 接近 6000 美元，此时农业的生活功能进一步提升（如图 4-8 所示）。

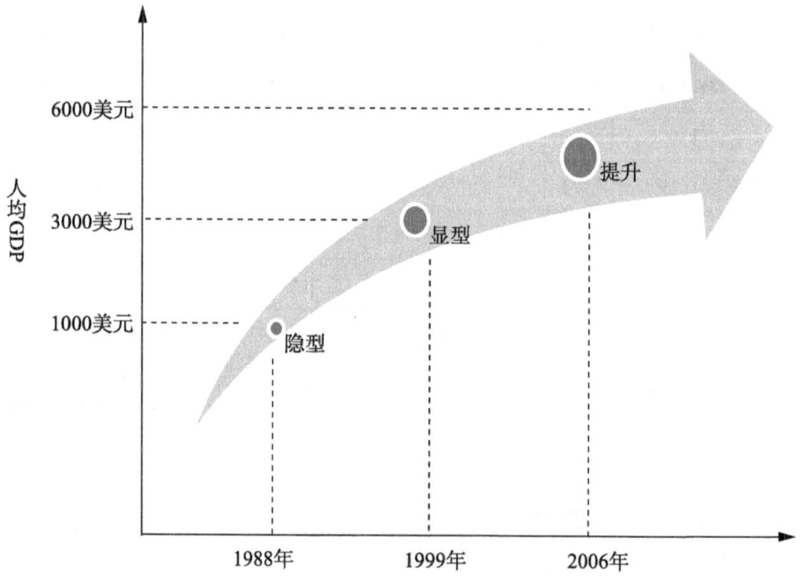

图 4-8　北京农业生活功能演进与人均 GDP 关系分析

由此可概括为：当人均 GDP 在 1000 美元以下时，北京农业生活功能处于隐型；人均 GDP 在 1000～3000 美元，北京农业生活功能处于由隐型向显型演进的过渡阶段；当人均 GDP 达到 3000 美元左右时，北京农业生活功能呈现显型。当人均 GDP 达到 6000 美元时，农业的生活功能进一步提升。纵观国外休闲观光农业的发展历程，休闲观光农业作为一种产业在全球兴起和发展大约在 20 世纪 60 年代以后。而法国、英国、德国、日本等国家在 20 世纪 60 年代人均 GDP 恰处于 1000 美元阶段。上述结论也表明，北京农业生活功能的演进过程也遵循了国外休闲农业发展的一般规律。

（二）城镇居民家庭恩格尔系数

当北京农业生活功能为隐型的时候，对应的城镇居民家庭恩格尔系数的最小值为 50. 6%；北京农业生活功能位于由隐型向显型的过渡阶段，对应的城镇居民家庭恩格尔系数处于 41. 1%～55. 3%之间；北京农业生活功能呈现显型，对应的城镇居民家庭恩格尔系数最大值为 39. 5%。按照联合国粮农组织提出的标准，恩格尔系数在 59%以上为贫困，50%～59%为温饱，40%～49%为小康，30%～39%为富裕，低于 30%为最富裕。一般而言，小康型社会消费层次的消费开支体现在健康休闲、文化娱乐等消费的增长上，反映基本生存需求的食品等基本生活用品支出所占比重大幅下降，而体现发展与享受的支出比重则上升。故可以得出结论，当北京进入小康社会后，北京农业生活功能开始由隐型向显型逐渐过渡，当北京步入富裕社会后，北京农业生活功能呈现显型。

表 4-5　北京农业生活功能演进阶段性特征

阶段	人均 GDP	城镇居民恩格尔系数	闲暇时间
隐型	小于 1000 美元	50%以上（温饱）	
隐型向显型过渡	1000～3000 美元	40%～49%（小康）	
显型	3000 美元以上	40%以下（富裕）	闲暇时间超过工作时间
提升	6000 美元以上	30%左右（接近最富裕）	

由表 4-5 可知，当人均 GDP 小于 1000 美元，城镇居民家庭恩格尔系数为 50%以上时，北京农业的生活功能处于隐型；当人均 GDP 为 1000～

3000美元，城镇居民家庭恩格尔系数为40%~49%时，北京农业的生活功能处于由隐型向显型过渡的阶段；当人均GDP超过3000美元，城镇居民家庭恩格尔系数低于40%时，人们的闲暇时间超过工作时间，北京农业生活功能呈现显型；当人均GDP达到6000美元，城镇居民家庭恩格尔系数达到30%左右，北京农业生活功能的开发进入到提升阶段。

综合以上分析，我们认为，休闲定义为“非生产性的时间消费”，从经济的角度看，休闲需求是人类消费需求的高级形态。根据马斯洛的消费需求层次理论，人们先有低层次的物质生活方面的需求，后有高层次的享受、自我实现和受人尊重方面的需求。当温饱问题得到解决后，人们更关注多样化的、有创意的、高品位的文化享受，更关注身体保健和健康，更关注自然景观和人文风貌，更关注居住的舒适性。在人们的精神需求刺激下，农业的生活功能逐渐呈现为显型。

农业生活功能呈现为显型需要满足四个条件：“有钱”“有闲”“有工具”和“有地方”。有钱、有闲是农业观光休闲功能的消费群形成的两大基本条件，即物质条件和时间条件；“有工具”和“有地方”则进一步推动了农业观光休闲功能的发展。由于统计数据时间年限太短，本研究未对人均GGP、城镇居民家庭人均可支配收入、恩格尔系数与农业生活功能的演进进行定量研究。

北京农业生活功能演进的阶段性特征如下：

（1）当人均GDP小于1000美元，城镇居民家庭恩格尔系数为50%以上时，北京农业的生活功能处于隐型。

（2）当人均GDP为1000~3000美元，城镇居民家庭恩格尔系数为40%~49%时，北京农业的生活功能处于由隐型向显型过渡的阶段。

（3）当人均GDP超过3000美元，城镇居民家庭恩格尔系数低于40%时，人们的闲暇时间超过工作时间，北京农业的生活功能呈现显型。

（4）当人均GDP达到6000美元，城镇居民家庭恩格尔系数达到30%左右，北京农业的生活功能处于强化阶段。

第五章　农业由单一功能向多功能演进过程研究

北京农业经历了六千多年的演进。农业的演进支持着都市的发展，维系着都市的需求与稳定。随着城市性质的演进，北京已成为全国的政治中心、文化中心和国际交往中心。这种作为首都的城市性质和需求，决定着首都农业必须服从和服务于都市的发展全局和需求。北京农业演进的动力除了解放和发展生产力之外，还受到城市性质与需求的提升与拉动。事实上，随着北京城市性质与需求的不断提升，京郊农业逐步形成了自己特有的功能特点。在首都性质的牵引下，创造了与首都地位相适应的农业多功能。

一、北京城市发展轨迹与农业的功能定位

北京城市发展轨迹与农业的功能定位如影随形。在农产品短缺时期，北京农业强调“保障供给”。1953 年春，北京市政府提出“郊区农业为首都服务”的方针，要求发展蔬菜、水果和肉、蛋、奶等副食品的生产，以增加对城市的供应。1981 年，北京市委在《关于进一步把郊区农业搞活、加快发展农业生产的决定》中进一步提出“服务首都、富裕农民、建设社会主义新农村”，作为郊区发展的指导方针。1982 年版《北京城市建设总体规划方案》确定北京城市性质为“全国的政治中心和文化中心”，不再提“经济中心”和“现代化工业基地”。该规划明确指出：“农业的发展，应以面向首都市场、适应首都需要为基本方针。要促进农村多种经营和商品经济的迅速发展，努力把蔬菜、牛奶、禽蛋、肉食、水产、干鲜果品等生产搞上去，把郊区尽快建设成为首都服务的、稳定的副食品生产基础”。

1993 年批复的《北京城市总体规划（1991—2010 年）》中，第一次明确了北京要成为国际交往中心的定位和现代化国际城市的目标。与此同

时，北京也进入向市场经济转型时期。为了适应新形势，1992 年，北京市委将原有的农村工作指导方针修订为“服务首都、面向全国、走向世界、富裕农民、建设社会主义的新农村”。随着北京工业化进程的不断加快，农业生产空间逐渐被压缩，生产资源受到限制、生产成本变高，传统农业逐渐失去了发展空间。与此同时，北京农业已经进入到农业和城市关系的高级阶段，用城乡一体化思路统筹城乡发展，进入到以工补农、以城带乡新阶段，农村开始共享城市发展成果。2003 年，立足首都功能定位和城乡发展全局，以科学发展理念为指导，以市场需求为导向，以现代物质装备和科学技术为支撑，以现代产业体系和经营形式为载体，北京在全国最早提出建设都市型现代农业，全面拓展农业的生产、生态和生活功能，并把它作为农业发展核心战略和方向选择，在全市范围内铺开。2005 年，《关于加快发展都市型现代农业的指导意见》出台，北京都市型现代农业从此提档升级、加速发展，农业多功能性得到充分拓展。2007 年，北京市副市长牛有成提出“跳出农业看农业”，农业是少数但绝不等于小数，其不可替代的地位越发明显。农业隐型价值逐步显现，且不断增值；农业环境得天独厚，北京消费、科研、政策等优势无可比拟，初步奠定了北京发展都市型现代农业的理论基础和体系框架。2009 年 7 月，北京市委书记刘淇提出要重新认识首都“三农”问题：首都的农业是都市型现代农业，是一二三产业相互融合，充分体现人文、科技、绿色特征的低碳产业。

《北京城市总体规划（2004—2020 年）》将未来北京的发展目标定位于“国家首都、世界城市、文化名城、宜居城市”，“建设中国特色世界城市”的发展目标被正式提出。在建设世界城市背景下，北京市提出“瞄准世界先进水平发展现代农业、按照城乡统筹思路建设新农村、适应建设中国特色世界城市要求培育新型农民”的北京“新三农”发展目标，紧密贴合首都最新定位和宏伟目标。世界城市不能建立在生态恶化的条件下，也不能建立在生活单调的条件下，于是农业的生态功能和生活功能日益凸显。在全新历史条件下，2011 年北京市农村工作会议上，副市长夏占义对北京都市型现代农业提出了更高定位：“把首都农业建成世界城市的特色产业、首都生态宜居的重要基础、首都高端农产品供应和应急安全的基本保障，打造成为一二三产相互融合的，充分体现人文、科技、绿色特征的低碳产业”。2012 年北京市第十一次党代会强调着重增强首都农业的应急保障、生态休闲、科技示范等功能。

由此可见，北京农业一直扮演着为首都服务的角色，处于从属于城市发展的地位。城市的发展轨迹和农业的功能定位如影随形。北京城市性质的变化和需求的不断提升，创造了与首都地位相适应的农业多功能。北京城市定位与农业功能定位见表 5-1。

表 5-1 北京城市定位与农业功能定位

年份	时代背景	城市定位	农业功能定位
1953	农产品短缺时期		郊区农业为首都服务
1982	进入改革开放时期	全国的政治中心和文化中心	农业的发展，应以面向首都市场、适应首都需要为方针，把郊区尽快建成为首都服务的、稳定的副食品基础
1993	进入市场经济转型期	国际交往中心和现代化国际城市	服务首都、走向世界、富裕农民，建设社会主义新农村
2003	工业化进程加快，农业发展空间受限，北京进入统筹城乡发展阶段		都市型现代农业生产、生态、生活、示范
2011		世界城市	应急保障、生态休闲和科技示范功能

二、生活水平提高和消费结构升级

农业多功能的拓展，根本目的是不断满足人们的生活质量和消费水平。而人们生活质量的提高，又必然反过来刺激人们对消费提出更高、更新的要求。这种要求不仅能够推动人们对物质享受的需求，而且能够激发人们对精神生活的追求。

按照美国心理学家马斯洛的消费需求层次理论，人们的消费需求是随着生活水平的提高而不断变化的，先有低层次的物质生活方面的需求，后有高层次的享受、自我实现和受人尊重方面的需求。在后工业化社会或信息社会，人们的生活水平提高后，更关注专业知识和技能的掌握，从而促进了教育培训业的快速发展。人们更关注多样化的、有创意的、高品位的文化享受，从而促进了文化娱乐业的快速发展。人们更关注身体保健和健康，从而促进了医疗保健业和体育业的快速发展。人们更关注世界的自然景观和人文风貌，从而促进了旅游业的快速发展。人们更关注居住的舒适性，从而促进了环境管理业的快速发展。正是靠这种消费需求的升级和拉动，才创造出巨大的、新兴的、多样化的消费市场。

城市居民消费需求是北京农业功能拓展的推动力。经济社会的发展使得城市居民收入提高，收入的提高导致消费结构的变化又进而引起农业生产结构的调整和农业多功能的拓展。就首都经济发展的状况而言，随着首都经济的发展和人均收入水平、人均 GDP 水平的不断提高，北京已经步入工业化后期，离基本实现现代化的目标越来越近，并要构建世界城市、宜居城市和以人为本的和谐社会的“首善”之区，这种发展水平和发展目标的提高，必然会带来消费市场和产业升级的变化，消费需求不断向高层次、高质量、多样化、国际化和个性化方向转变。

三、农业由单一功能向多功能演进环境条件分析

通过前面的分析，本研究认为，北京农业由单一功能向多功能演进的动力有两个方面：一是受经济社会发展收入水平提高和消费结构升级的推动；二是受北京特殊的城市性质与需求的提升与拉动。

国际经验表明，一个国家或地区人均 GDP 达到 1000 美元时，即表明这个国家或地区进入消费型社会发展阶段，社会消费结果向发展型、享受型升级。从国外的发展经验看，这个阶段是经济社会的一个重要转型期，城市化开始加速，工业结构升级，是传统农业社会向现代工业社会加速转变的关键时期。

当一个国家或地区的人均 GDP 超过 3000 美元时，其城镇化、工业化的进程将出现加速发展，而产业结构、消费类型也将发生重大转变。这种消费结构的升级主要体现在对住房、汽车、运动、休闲、文化、教育消费等方面的需求增加。按照世界各国的经验，当人均 GDP 超过 3000 美元时，汽车消费将进入快速增长期。交通工具的发展，促进旅游的进一步发展。同时，文化消费快速增长。当人均 GDP 接近或超过 5000 美元时，文化消费呈井喷式态势。

当人均 GDP 达到 6000 美元时，即达到中等发达国家水平，消费升级空间广阔。消费档次不断提升、消费观念不断更新。同时，在这个时期，对环境的重视逐渐加大。例如著名的“库兹涅茨环境曲线”理论认为，在经济发展的初期，环境质量可能随着经济增长而不断下降和恶化，但到了一定拐点时，环境质量又有可能随着经济的进一步发展而逐渐改善。美国出现这个拐点是在人均 GDP 达到 10000 美元时，还有一些国家是在人均 GDP 达到 6000 美元时。这种改善得益于环境意识的增强。

经济社会的发展带动消费结构的升级，进而推动农业多功能拓展。

（1）人们由关注温饱向追求营养保健、个性多样化产品转变，推动农业内部生产结构的调整，适应首都消费需求多元化、消费水平多层次特点，由大宗农产品生产转向“名、特、优、新、稀”的高产优质高效安全农产品生产，打造不可替代的唯一性名特产品。

（2）人们的物质需求是有限的，而精神需求是无限的。当人们的物质需求得到满足后，就会追求更高层次的精神需求。城市居民对崇尚自然、返璞归真的精神需求，使得农业的生活功能日益显现。

北京特有的城市性质与需求拉动农业多功能不断拓展。首都的城市性质与需求，决定着北京农业必须按照中央对北京工作提出的“四个服务”的要求，服从和服务于都市的发展全局和需求。

（1）北京作为国际交往中心，北京农业必须为日益扩大的国家交往中跨境消费对高档、优质、无污染农产品及其加工精品的需求服务，农业的首都鲜活安全农产品供给的基础保障功能进一步加强。

（2）北京要为国家教育、科技和文化的发展服务，使得农业的科技示范功能不断加强，为服务首都、富裕农民、对外交流及辐射带动发挥着示范窗口的作用。

（3）北京市作为全国的文化中心，农业距今至少有六七千年以上的历史，源远流长的农耕文明在北京扎根。农耕文化是北京文化的源文化之一，农业的文化传承功能日益凸显。

（4）北京宜居城市的建设目标使得农业生态功能日益凸显，农田景观本身就是城市一道亮丽的风景线。

（5）世界城市不能建立在生活单调的条件下。农业以其特有的自然优美田园风光、舒适怡人的清新气候、富有民俗风情，成为京郊休闲旅游“首选地”。休闲农业已成为满足首都市民精神需求、提高城乡居民幸福指数的重要载体。农业不仅是农民赖以生存的基础，更是市民生活不可缺少的一部分。

四、农业由单一功能向多功能演进的阶段性特征

在分析了北京农业生产功能、生态功能和生活功能演进过程基础上，我们直接给出北京农业由单一功能向多功能演进的阶段划分。

生活功能：1988 年以前，农业的生活功能以隐型价值形式存在。之后，农业的生活功能开始凸显，1988—1997 年为农业生活功能由隐型向显型演进的过渡阶段；1998 年之后，北京农业的生活功能呈现为显型。

生态功能：农业的生态功能最初以一种半隐型的形式存在。1998 年

后，农业的生态功能开始逐渐凸显；1998—2004 年，为农业生态功能由隐型向显型演进的过渡阶段。2004 年以后，北京农业的生态功能呈现显型。

由此得出，1988 年以前，北京农业呈现单一功能；1988—2004 年为北京农业由隐型向显型演进的过渡阶段；2004 年以后，北京农业呈现多功能（如图 5-1 所示）。

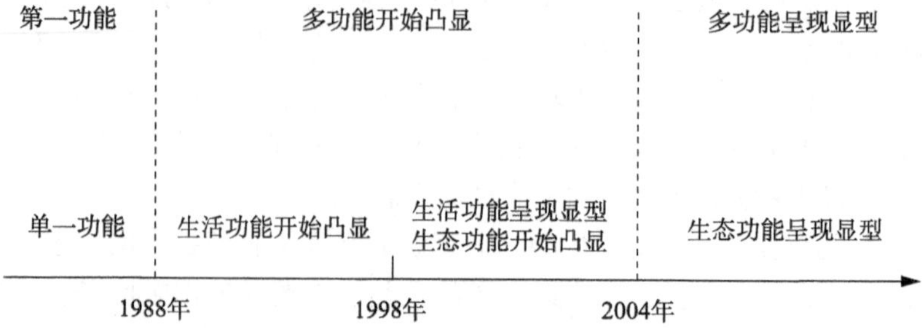

图 5-1　北京农业由单一功能向多功能演进阶段划分

下面分析北京农业由单一功能向多功能演进的阶段性特征。表 5-2 给出了北京农业由单一功能向多功能演进的样本描述性统计特征。

表 5-2　农业由单一功能向多功能演进的样本描述性统计

项目	平均值	标准差	最小值	最大值
样本总体（1978—2013 年，n=36）				
人均 GDP（美元）	3198.8	3316	797	12643
城镇居民家庭人均可支配收入（元）	8801	9540	365	32903
城镇居民家庭恩格尔系数（%）	45.17	10.31	30.8	59.3
阶段 Ⅰ（1988 年以前）				
人均 GDP（美元）	901	69.9	797	1009
城镇居民家庭人均可支配收入（元）	680	279.8	365	1181
城镇居民家庭恩格尔系数（%）	55.87	3.33	50.6	59.3
阶段 Ⅱ（1988—2004 年）				
人均 GDP（美元）	2009	1043.7	969	4202
城镇居民家庭人均可支配收入（元）	6484	4213.5	1437	13883
城镇居民家庭恩格尔系数（%）	44.98	7.7	31.7	55.3
阶段 Ⅲ（2004 年至今）				

续表

项目	平均值	标准差	最小值	最大值
人均 GDP（美元）	8448	2689.6	4943	12643
城镇居民家庭人均可支配收入（元）	2359	5880.8	15637	32903
城镇居民家庭恩格尔系数（%）	32.19	0.95	30.8	33.8

注：阶段Ⅰ的数据只统计 1978—1988 年数据。

1. 人均 GDP 指标

人均 GDP 是表征社会经济发展水平的综合指标。从人均 GDP 指标看，1988 年以前，北京农业呈现单一功能，此时对应的人均 GDP 最高值为 1009 美元。1988—2004 年，北京农业处于由单一功能向多功能的过渡阶段，此时对应的人均 GDP 为 969～4202 美元。2004 年以后，北京农业多功能呈现显型，此时对应的人均 GDP 最低为 4943 美元。允许节点之间存在一定的置信区间，由此可概括总结为：当人均 GDP 小于 1000 美元时，北京农业具有单一功能。当人均 GDP 超过 1000 美元，农业的多功能开始逐渐凸显，1000～5000 美元为北京农业由单一功能向多功能演进的过渡阶段特征。当人均 GDP 超过 5000 美元后，北京农业的多功能呈现显型。

2. 城镇居民家庭恩格尔系数

城镇居民家庭恩格尔系数是表征居民消费结构的指标。从城镇居民家庭恩格尔系数指标看，北京农业呈现单一功能，此时对应的城镇居民家庭恩格尔系数最低为 50.9%，根据联合国粮农组织恩格尔系数划分标准，处于已满足温饱，接近小康社会阶段。北京农业由单一功能向多功能演进的过渡阶段，此时对应的城镇居民家庭恩格尔系数最低为 31.7%。北京农业多功能呈现显型，此时对应的城镇居民家庭恩格尔系数最低为 30.8%。由此可概括为：当城镇居民家庭恩格尔系数大于 50%时，即处于温饱阶段，北京农业为单一功能。当城镇居民家庭恩格尔系数为 35%～50%，即处于小康社会和富裕社会的中期这一时间段，北京农业处于由单一功能向多功能演进的过渡阶段。当城镇居民家庭恩格尔系数低于 35%，处于富裕社会的中后期，北京农业多功能呈现显型。

综合以上分析，我们总结如下：按照“四个服务”的要求，北京农业服从和服务于北京都市的发展全局和需求。北京城市发展轨迹与农业的功能定位如影随形。北京农业由单一功能向多功能演进的动力有两个方面：一是受经济社会发展收入水平提高和消费结构升级的推动；二是受北京特殊的城市性质与需求的提升与拉动。1988 年以前，北京农业呈现单一功能。1988—2004 年为北京农业由隐型向显型演进的过渡阶段。2004 年以后，北京农业呈现多功能。

表 5-3　北京农业多功能演进阶段性特征

阶段	人均 GDP	城镇居民家庭恩格尔系数	城镇居民家庭人均可支配收入
单一功能	小于 1000 美元	大于 50%（温饱）	小于 1000 元
向多功能过渡	1000~5000 美元	35%~50%（小康+富裕中期）	1000~15000 元
多功能农业	5000 美元以上	35%以下（富裕中后期）	大于 15000 元

由表 5-3 可得出以下结论：

（1）当人均 GDP 小于 1000 美元，城镇居民家庭恩格尔系数大于 50%，处于温饱阶段时，北京农业呈现单一功能。

（2）当人均 GDP 超过 1000 美元，城镇居民家庭恩格尔系数为 35%~50%，即处于小康社会和富裕社会的中期，北京农业由单一功能向多功能过渡。

（3）当人均 GDP 达到 5000 美元，城镇居民家庭恩格尔系数低于 35%，位于富裕阶段中后期，北京农业呈现为多功能农业。

第六章　农业新业态的概念与内涵

随着产业融合和产业创新的发展，农业新业态一词近年来频频出现，但作为一个新的词语，业界对其概念及内涵尚未有一个较为统一的认识，对其内涵、如何界定等问题研究也较为薄弱。本章通过梳理研究相对成熟的零售业态、旅游业态等概念，类比归纳出农业业态、农业新业态的概念，并指出农业新业态的内涵和特征。

一、农业新业态的概念

（一）业态

望文生义，业态可拆分为“业”和“态”两个方面，即“业”及与“业”相联系的形“态”。业态一词最初起源于零售业领域，20世纪60年代，日本首先使用“业态”一词，学术界将零售业态定义为零售业的经营形态。在我国，根据商务部颁布的国家标准《零售业态分类标准（GB/T18106-2010）》，零售业态是零售企业为满足不同的消费需求进行相应的要素组合而形成的不同经营形态。零售业是一个产业，而百货店、超市、折扣店和便利店等是零售业的实现形式，是零售业提供确定的商品和服务的具体经营形态，也就是零售业的“业态”。

随着经济结构升级转型的不断深化，“业态”一词逐渐从零售业应用到其他服务业，进而拓展到制造业、农业等领域，逐渐被用作表征一切产业活动的存在形式或实现形式，为区别于传统的“零售业态”，而称之为“产业业态”。目前，国内文献有关产业业态的研究遍及零售业、文化创意产业、旅游业、餐饮业、农业、银行业、电影行业、汽配业、图书馆业、印刷业、传媒业、竞争情报业、民航业、石油业、生物制药业以及其他服务业等不同行业或不同产业层面。

以研究相对成熟的旅游业态为例，旅游业态的定义借鉴了零售业态的有关成果，并结合旅游业的特殊产业特性，认为旅游业态是旅游行（企）业以产品创新为竞争内容的适应市场需求变化的组织方式和经营形态的组合。强调的是“旅游企业的组织管理方式和经营方式呈现出某种的形态”。进一步，旅游业态有狭义和广义之分，狭义的旅游业态专指旅游企业或企业集团的经营形态，它侧重表现在旅游企业层面上的众多的商业模式，如旅游专卖店、旅游超市以及旅行社+航空等，这也是一般意义上的业态概念。广义的旅游业态除包括商业模式外，还包括旅游业的产业结构类型和行业组织形态，它侧重表现在旅游产业层面上各行业所包括众多业种和诸多业状，这是更加宽泛意义上的旅游业态。业种主要指旅游行业构成，业状是指旅游各行业的现状表现。如旅游业包含了住宿接待业、交通客运业、游览观光业、旅行社业等各个不同的业种，而住宿接待业作为其中的一个业种，又包含了社会旅馆、招待所、商务型酒店、会议酒店、精品度假酒店、经济型连锁酒店等不同的业态。

由以上的梳理可以看出，从最初的“零售业态”拓展到各种服务业及农业、制造业等“产业业态”层面，“产业业态”的概念逐渐丰满，包含的内容也越来越丰富。实际上，所谓“业态”，前者为产业，后者为形态，因此，业态的理性判断应视为产业活动的存在形式或实现形式。产业是指从事相同性质的经济活动的所有单位的集合，构成产业的基本单位包括产业运作内容、机制、形式和形态，这些的总和表现出来的形态概括就是产业的业态。从现有文献来看，针对某个特定产业的业态概念界定呈现以下特征：

（1）延续业态本质含义。旅游业态的概念界定延续了业态概念的本质含义（即产业活动的存在形式），在此基础上充分考虑旅游产业特性，形成旅游业态概念。实际上，不单单是旅游产业，其他诸如新闻产业、文化创意产业等产业业态概念的界定，均是在延续业态本质含义基础上对具体产业的细化而形成。

（2）突出外生性。不管是零售业态，还是旅游业态，都强调了业态是对消费者需求变化的适应性，凸显了其外生性。

（3）强调综合性描述。多数的产业业态概念属于广义上的产业业态概念，除包括狭义的经营形态外，还包括产品形态、组织形式等。即产业业态是包含产品形态、组织形式、经营形态的一个综合描述。

（二）农业业态

当前，在现代农业的建设过程中，农业发展理念不断进步，农业的组织方式与产业形态不断创新，农业功能不断拓展，农业逐渐走向了多元。为了表征农业产业的多元变化，业态一词开始逐渐应用于农业领域。

从“业态即产业的存在形式”这一业态本质出发，借鉴旅游等其他产业业态概念，推演归纳出农业业态的定义。总的来说，农业业态即农业产业的存在方式或实现形式。具体讲，农业业态是指农业产业组织为适应市场需求变化，将生产经营所涉及的多元要素进行组合而形成的不同农产品（服务）、农业经营方式和农业经营组织形式所呈现的形态。与零售业态概念只包括经营方式不同，农业业态是对农产品（服务）形态、农业经营方式和农业经营组织形式的一种综合性描述，由此可以看出，农业业态包括了对当前农业产业所处的发展现状的基本认识。

进一步，将农业业态的外生性（适应市场需求）和综合性（包含农产品或形态、农业经营方式和农业经营组织形式）在一张图中进行体现，图6-1对农业业态定义进行了诠释。农业业态的外部是市场环境，表明农业是适应市场需求变化的结果。农业业态的表层是农业企业所提供的农产品和服务，因为不管何种业态，最终表现形式是给消费者提供了农产品和服务，农业业态的表层是农业企业和消费者所接触的界面；农业业态的内核是农业企业的经营方式和组织形式，包括经营模式、管理模式、盈利模式等方面，农业企业的经营方式和组织形式并不直接与消费者接触。通过经营方式、组织方式等要素的耦合，消费者所感受到的农产品或服务发生了一定的变化，这就是农业业态表层的变化。

对农业业态的理解，应把握以下几个方面：

（1）农业业态类型多样。农业具有多功能性，除具有基本的农产品供给功能外，还具有环境调节、宜居生态、休闲生活等多种功能。由于农业功能的多样性而产生的产品与服务的多元性，与不同的经营方式、组织方式耦合在一起，通过不同方式的资源组合，催生了形式多样的农业业态。

（2）农业业态层级丰富。当业态规模比较小的时候，一定数量具有相同经营形态、提供相同产品（服务）的企业集合构成一种小的农业业态。

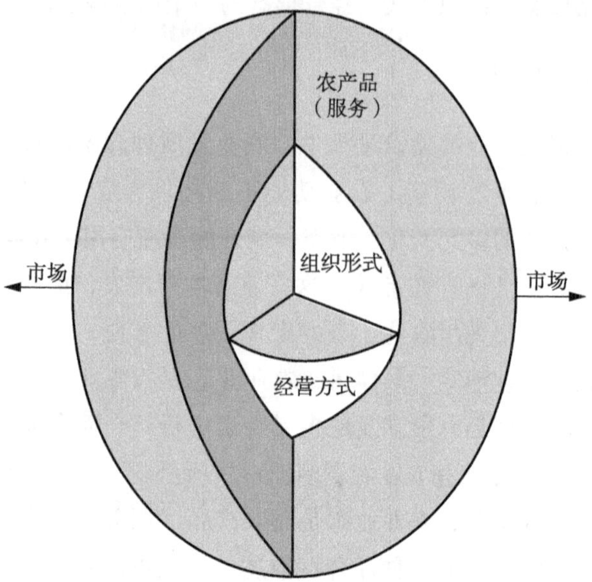

图 6-1　农业业态示意图

提供相同产品，但有不同特点的多种小业态又构成一种大业态。一种大业态是适应同一种市场需求，其中的小业态适应同一市场中不同的细分市场，而形成自身的不同特点。例如，休闲农业与乡村旅游是适应城市居民精神需求而提供休闲度假产品的一种大业态，在这一大业态下又细分出多个提供相同休闲度假服务，但又具有不同特点的小业态，以满足不同的细分市场需求。例如，目前出现的房车营地、古村聚落、葡萄酒庄、乡村酒店、休闲农庄、养生山吧、山水人家、采摘篱园、垂钓渔庄、国际驿站都是休闲农业与乡村旅游大业态下的小业态，每一个小业态适应乡村旅游市场中不同的细分市场，而具有自身的不同特点。这种大业态下的多个小业态，体现了业态内部的丰富性。

（3）农业业态的地域性和动态性。业态是产业发展层次和阶段的外化体现。农业产业与其他产业的一个很大不同在于，农业产业受地域、自然地理条件的约束较强，因此，由于不同地区自身资源禀赋、自然地理条件等不同，农业业态在不同地区有着不同的内涵和表现形式，表现出地域性特征。此外，农业业态会随着社会进步、经济发展、体制改革、科技创新以及消费理念、需求方式等相关因素的变化不断拓展其内涵和外延，此即农业业态的动态性。农业业态总是不断地从低级向高级过渡，从简单向多复合发展，从浅层向深层推进，其发展历程就是农业产业体系不断完善，农业产业结构不断升级的历程。因此，需要用动态的眼光看待农业业态。

农业业态层级结构如图 6-2 所示。

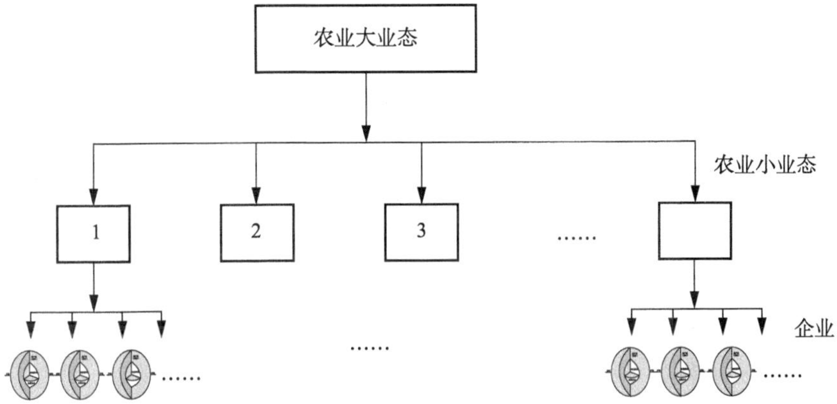

图 6-2 农业业态层级结构

（三）农业新业态

由于业态的动态发展，融入新的思路或转变新的内容，创造出一些不同于传统业态的新型产业形态，即新业态。“新”是一个相对概念，很难有一个标准的区别界定。事实上，在消费需求变化多端和市场竞争日益激烈的环境下，农业企业必须通过产品和服务的不断创新去满足甚至引导消费需求。在这个过程中，农业的产品形态、组织方式、经营方式出现一定的动态变化，当量变达到质变后，便形成了一个新的农业业态。

依据上述分析，本研究认为农业新业态指的是相对于现阶段农业主体产业有新突破、新发展，或者超越传统农业发展模式，具有可持续成长性，并能达到一定规模，形成比较稳定发展态势的业态模式。该定义体现了三个重点：①打破传统，不同以往，即“新”。②具备相应的经济规模，即“业”。③处于比较稳定的形态，即“态”。

从产业维度看新业态，农业新业态的“新”，既有相对于业态本身的“新”，也有相对于同行业、同产业其他业态的“新”，还有相对于国民经济中其他产业的“新”。

（1）推动业态内部的革新，主要指改变或提升原有业态的经营模式，或将原有业态的某一环节或某一项目独立出来做大、做强，注重差别，突出特色。这种“新”可称为革新，其实质是从同到异。例如，将乡村旅游中的农家乐经营模式，突出特色民宿特色，创立出了特色民宿这一具有发展潜力的新业态。革新多发生在业态内部。

（2）形成不同于农业其他产业的新业态。多发生在农业与其他产业的融合过程中。通过农业与其他产业的融合，形成一个独立的业态形式。这种“新”体现在农业产业的从单到丰。例如，农业与旅游业的融合形成了休闲农业与乡村旅游，农业与文化创意的融合形成了创意农业。

（3）产生了相对于国民经济中其他产业的新产业，多发生在技术创新领域。这种“新”体现在农业产业内部从无到由。例如，生物技术对农业的技术渗透和创新产生了生物农业，信息技术对农业的技术渗透和创新产生了信息农业等新产业。

农业新业态“新”的体现如图 6-3 所示。

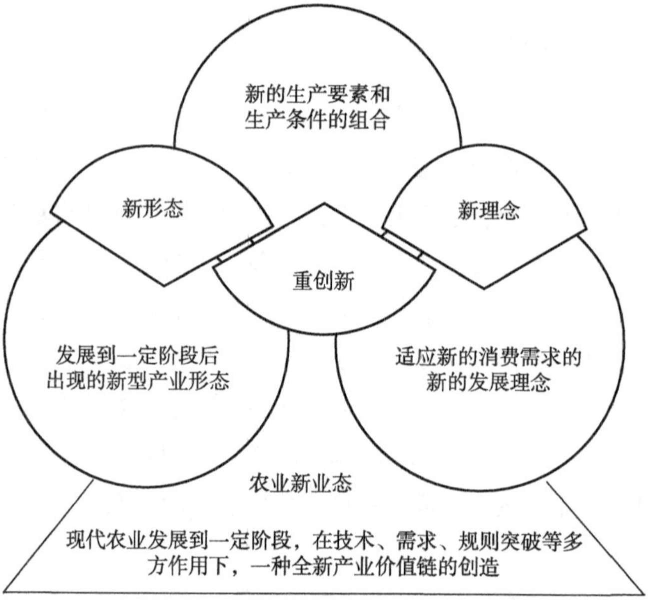

图 6-3 农业新业态“新”的体现

对农业新业态内涵的理解应把握五个方面：第一，农业新业态是一个动态概念。随着时代的发展，由于高新技术的渗透、需求的变化、文化的创意、互联网与农业的融合改造，产生了多个创新业态。现在谈论“互联网+”，再过十年可能又有新的提法，互联网或将成为一个过时的名词。经过一段时间高速发展，现在的新业态又不断被未来的新业态更新替代。第二，不是任何一种业态都可称为新业态。一种新的经营方式可以称为新业态，必须具备一定的成长性和规模性。即具有可持续成长性，并能达到一定规模，形成稳定发展态势的经营方式才能称为新业态。第三，新业态的产生是产业发展的内在规律，是一种必然的经济现象。新业态的产生是产业由低级向高级演进，社会生产力进步和产业结构优化的必然结果。在产业发展过程中，产业种类越来越多，产业组织越来越复杂，产业边界越来越模糊，产业间的作用和影响越来越大，产业融合发展趋势愈加明显，产业融合发展推动的新业态产生正是产业结构优化的重要途径。在产业发展过程中，非物质部门的产业逐渐向物质产业部门渗透，产业间的融合率越高，对经济发展的促进作用越强。农业新兴产业和新业态的产生是产业发展的内在规律，是人类社会经济发展的必然结果，是一种必然的经济现象。第四，新业态本质上是突破传统农业范式的一种业态创新。农业新业态通过新的生产要素和生产条件的组合，推动了农业生产方式和组织方式等的变革，本质上是一种业态创新。但新业态与传统业态的关系是继承与发展的关系，新业态仍要继承传统业态的基因，在农业变革中，使农业传统文明历久弥新。比如，休闲农业、创意农业等仍要以农业的生产功能为基础，“互联网+农业”实现了对农业产业链各个环节的重塑，但仍以尊重农业传统规律为前提。第五，新业态的发育与所在地区经济技术水平高度相关。根据技术边界线理论，任何一个新业态的出现都将充分体现当时当地的经济与技术水平。新业态的创新多发生在经济发达的国家和地区，其他国家和地区则只能移植这种创新，而能否移植成功与经济发展水平直接相关。因此，农业新业态的发展应立足不同时代、不同地区经济发展水平，超越地区发展水平的新业态是不现实的。尤其是欠发达地区，在引进发达地区先进的农业新业态时，要立足本地区实际，切忌一味追求高水平的业态形式，盲目效仿。否则将难以取得预期效果。

二、农业新业态的特征

具体来看，农业新业态应该具有以下特征：

（一）创新性，成长性好

新业态的核心和灵魂是创新，通过创新与传统业态的区隔，形成一种新颖的业态。这种创新主要通过以下两个层面：一是通过经营形式的创新，比如互联网、微商等；二是通过产品形态的创新，比如休闲度假旅游产品、文化创意产品等。农业业态创新的手段和内容则主要包括以下几个方面：一是科技创新；二是文化创新；三是服务创新。农业新业态虽然最初市场规模不大，需要一定的培育期，但却具有强大的发展后劲和市场扩张能力。消费规模和市场发展速度往往明显快于传统产业，在农业产业体系中所占的比重呈较快上升趋势。例如，休闲农业自 20 世纪 80 年代开始萌芽，经历几年的发育后，进入 21 世纪，休闲农业形成了强劲的发展态势。农产品电子商务等新业态也以其快速的市场扩张能力而迅速成长。

（二）融合性，附加值高

农业新业态形成的主要依赖路径之一是通过不同行业之间的融合以及不同旅游要素之间的聚集而形成的，这使得农业新业态具有高度复合的特征，以及对其他产业的关联性很强，波及效应大等特征，能够延伸农业价值链，实现农业生产的效益最大化，使得农业新业态具有较高的科技和文化附加值等。

（三）前瞻性，引领性强

农业新业态由于抢先一步，掌握了行业领域的前沿技术，因而获得了具有控制力的发展地位和不可比拟的发展优势。随着技术进步和经济发展，前沿技术得到推广和普及。从这一角度讲，新业态具有前瞻引领性，代表了农业未来的发展方向。

（四）地域性，特色鲜明

新业态具有明显的地域性，不同区域资源禀赋不同，新业态的内涵和外延也不尽相同。东部地区往往对时尚创新的农业新业态比较敏感，西部反应相对迟钝，新业态在中国的传导往往是由东部首先尝新，然后按照东中西的空间梯度转移到西部地区。新业态的地域性和目标市场的集中性决定了其特色鲜明，个性张扬。

三、农业新业态与传统产业的区别

业态是产业发展层次和阶段的外化体现。与传统农业产业相比，现阶段农业新业态呈现以下特点：

1. 现代要素植入

从要素投入看，传统农业生产“三要素”为土地、资本、劳动力。在农业新业态中，技术、信息、管理成为农业生产的新型要素。即农业新业态生产要素投入由传统的“三要素”变成“六要素”，包括土地、资本、劳动力、技术、信息、管理。在新业态发展过程中，农业内部传统实物要素投入比重相对弱化，技术、信息、管理等新型无形要素投入比重逐渐增加，新型生产要素将成为农业新业态创新发展的关键。

2. 创新驱动

传统农业走的是要素驱动道路，而新业态更注重创新驱动，通过技术创新、产品创新、组织创新、服务创新等，服务于市场需求。

3. 产业边界模糊

传统农业产业边界固化。体现融合特征的农业新业态打破了传统产业的技术边界、业务边界、市场边界和运作边界，其产业边界较为模糊。通过产业间的融合创新，农业新业态产业形态多样、不拘一格。

4. 三产化特征趋强

从产业属性看，传统农业作为一产，主要满足人们的物质需求。而新业态通过非物质生产部门对农业的渗透，促进农业由单一的提供产品向提供产品和服务，由一产向三产转变。农业的三产化特征明显，服务化趋势趋强。

5. 附加值较高

传统农业多处于低附加值生产端。而新业态通过农业产业链的裂变与整合、拓展与延伸、重塑与再造，延长了产业链，提升了价值链，具有高附加值特征。

农业新业态与传统产业的区别见表 6-1、图 6-4。

表 6-1 农业新业态与传统产业的区别

	传统产业	农业新业态
要素投入	传统要素：土地、资本、劳动力	传统要素：土地、资本、劳动力；新型要素：技术、信息、管理
成长动力	要素投入驱动	创新驱动：强调创新和融合，更侧重与在新条件、新要求、新目标下所产生的农业产业间及其与其他产业间的融合。融合：三产的融合。创新：包括技术创新、组织创新、服务创新等。创新产生了新的产品，服务于新的市场需求
产业形态	产业边界固化	产业边界模糊化，甚至重划产业界限 产业形态多样、不拘一格
产业特征	农业作为一产，提供产品，满足大众化需求	通过非物质生产部门对农业的渗透，农业由提供产品向提供服务转变，由一产向三产转变，农业的三产化特征明显，服务化趋势趋强
产业效率	处于低附加值生产端	推进农业产业链的裂变与整合、拓展与延伸、重塑与再造，农业附加值较高

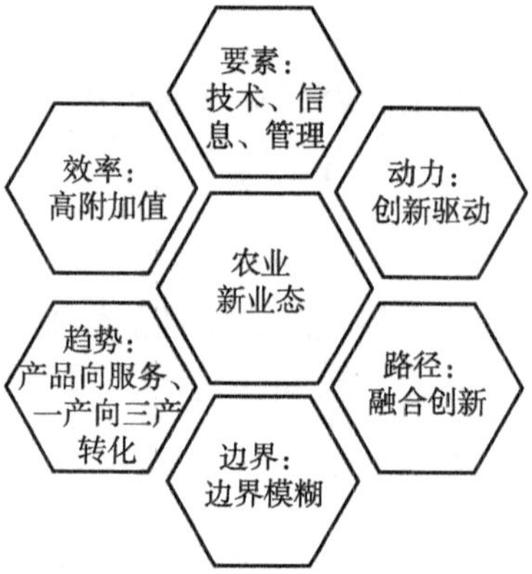

图 6-4 农业新业态与传统产业的区别

四、农业新产业与新业态的关系

（一）新产业

新产业是指随着新的科研成果和新兴技术的发明、应用而出现的新的部门和行业。现阶段新兴产业主要是指电子、信息、生物、新材料、新能源、海洋、空间等新技术的发展而产生和发展起来的一系列新兴产业部门。《“十二五”国家战略性新兴产业发展规划》中提到的我国战略性新兴产业包括新一代信息技术、高端装备、新材料、生物、新能源汽车、新能源、节能环保共七大产业；《“十三五”国家战略性新兴产业发展规划》增加了数字创意产业，至此，国家战略性新兴产业增至8个（见表6-2）。

表6-2 国家战略性新兴产业

	国家战略性新兴产业
《“十二五”国家战略性新兴产业发展规划》	新一代信息技术，高端装备、新材料、生物、新能源汽车、新能源、节能环保（7个）
《“十三五”国家战略性新兴产业发展规划》	新一代信息技术、高端装备、新材料、生物、新能源汽车、新能源、节能环保、数字创意（8个）

资料来源：《“十二五”国家战略性新兴产业发展规划》《“十三五”国家战略性新兴产业发展规划》。

新产业的产生有三种途径：一是新技术产业化形成的产业。新技术一开始，属于一种知识形态，在发展过程中其成果逐步产业化，最后形成一种产业。例如，生物工程技术在20世纪五六十年代只是一项技术，随着技术的产业化，现在生物产业已经成为有前景的新兴产业。同样，IT产业，由于数字技术的发展，也被认为是一个新的朝阳产业。二是用高新技术改造传统产业形成新产业。例如，用新技术改造传统的商业变成物流产业，这些产业改造的核心，使得经济效益比传统产业有较大幅度的提高。三是社会公益事业的行业进行产业化运作形成，如传媒业、教育产业等。

根据产业经济学理论，产业形成的标志主要从商品性、规模性、组织性和技术经济性进行考察，具体如下：

（1）产业的商品性。指产品通过各种物质形态的商品得以表现，以商品的形式进行交换。

（2）产业的规模性。指产业的规模化，应具备的一定的规模。规模的大小难以有量的测度，但这一产业必须在与国际同类产业以及国内其他产业相比占一定份额。

（3）产业的组织性。指有专门化的产业组织和部门，有专门的从业人员且形成群体。

（4）产业的技术经济性。指有专门化的生产技术装备和技术经济特点，能体现良好的经济技术效益。

（二）农业新产业

农业新产业是指新的科研成果和新兴技术应用于农业，在农业领域出现的新的部门和行业。根据国家新兴产业的定义，现有农业新产业主要包括由生物、信息等新技术对农业的渗透，而产生和发展起来的生物农业、信息农业等。上述新产业的产业化趋势越来越强。

（三）农业新产业与新业态的关系

第一，新产业的诞生首先是新的产业业态的孕育和出现。一项新产业的诞生，首先是新的产业业态的孕育和出现，这些新型的产业业态有时候以独立和全新的面貌出现，但更多时候是孕育在已有的产业中。已有的产业基于技术、管理的创新或原材料、服务对象和分工定位的变化，使得原有的产业业态发生变化，即出现了新业态。随着新业态发展，其完全分化独立成为一个边界分明的产业，就形成了新产业。这类脱胎于已有产业的新型产业业态，极有可能预示着一个具有生命力的新的产业的诞生。

第二，具有产业化特征的称为新产业，不具备产业化特征的则称为新业态。产业化的重要标志之一是具有大规模生产的特点。例如生物农业适合规模化生产，可以朝产业化方向发展，故生物农业属于新产业。而农业众筹，多以个性化生产为主，以弹性生产的方式运作，不适合大规模产业化生产，所以农业众筹属于新业态。

为研究方便，本书一并使用新业态一词，这里的新业态，既包括以弹性生产方式运作不具备产业化特征的农业众筹、社区支持农业等新业态，也包括目前已呈现规模化生产，已是新产业的生物农业等新产业，还包括目前是新业态，正在向产业化前进的创意农业等新业态（见表6-3）。即所有出现的新的业态、新的产业一并以新业态称之。

表6-3　农业新业态的界定

	类型	典型业态
农业新业态	以弹性生产方式运作，不具备产业化特征的新业态	农业众筹、社区支持农业等
	目前是新业态，正在向产业化发展的新业态	创意农业等
	已具有规模化生产，已是新产业	生物农业等

第七章　农业新业态的主要类型

农业新业态种类繁多，新产业、新业态层出不穷，市场划分越来越细。大量农业新业态是在多行业、多技术的融合下产生的，也有一部分是通过组织方式变革产生的。本章从创新与融合的角度，将现有农业新业态进行分类，并对比分析了不同类型农业新业态的特征。

一、农业新业态的划分标准

农业新业态本质上是一种业态创新。根据熊彼特的观点，创新就是建立一种新的生产函数，即把一种从来没有过的关于生产要素和生产条件的新组合引入生产体系。创新包括五种形式：一是生产一种新产品（服务）；二是采用新生产方式、新技术或新工艺；三是开拓新市场；四是获得一种新供给来源；五是实行新的企业组织方式或管理方法。即技术创新、产品创新、经营方式创新、组织方式创新和管理创新五个方面。

从农业业态是对农产品（服务）形态、农业经营方式和农业经营组织形式的一种综合性描述这一概念出发，农业新业态的“新”，或表现在产品形态的“新”，或表现在经营方式的“新”，或表现为经营组织形式的“新”。根据农业产业特点，农产品形态的“新”主要来自产品创新、技术创新以及生产方式创新；经营方式的“新”主要来自经营方式创新；经营组织形式的“新”主要来自组织创新。

据此，农业新业态创新的结果主要体现在产品创新、技术创新、生产方式创新、组织方式创新和经营方式创新五个方面。

二、农业新业态的主要类型

根据农业新业态的创新类型，将现有农业新业态划分为五种类型。

（一）服务型农业新业态

农业与服务业融合衍生出服务型农业新业态。服务型新业态是以满足人们对休闲、度假、教育等多元精神需求为主，通过拓展农业的生态、休闲、教育、养生等服务功能，推进农业产业链横向拓宽，与商业、旅游业、文化产业等交叉融合而形成的农业新型业态。

服务型农业新业态以提供服务为主要特征。表现为产业功能的拓展以及由此产生的农业由单一的提供产品向提供生态宜居、观光、休闲等多种服务转变。通过农业功能的拓展，赋予农业新的附加功能，增加了农业的生态、生活附加值。

近年来，随着居民消费结构加快升级，食品安全日益受到重视，消费体验成为时尚热点，对农业新业态发展提出了更新更高的要求，也为服务型新业态发展创造了巨大的市场空间，以满足居民休闲、度假、养生等多种功能为主的服务型新业态得到快速发展，并不断激发新的消费需求。服务型农业新业态日益成长为增长快速、创新活跃，市民离不开、农民增收少不了的重要的民生产业。

服务型农业新业态主要包括以下几种：

1. 休闲农业

休闲农业也被称为休闲观光农业或乡村旅游业，是指以农事活动为基础，以农业生产经营为特色，把农业和旅游业有机融合的一项新兴产业，它利用当地丰富的农业资源、人文资源和农村自然生态，结合农业生产经营活动和农村文化生活等内容，吸引游客来观赏、品尝、购物、体验、休闲、娱乐、度假的一种新型农业经营业态。从这个层次讲，休闲农业即是一个新产业，也是一种新的业态。《农业部关于进一步促进休闲农业持续健康发展的通知》（农加发［2014］4号）明确提到，休闲农业是我国近年来兴起的新型消费业态和重要民生产业。

休闲农业与乡村旅游作为适应城市居民精神需求而提供休闲度假产品的一种新业态，其包含的产品类型多样。如北京市旅游委2016年在全国首次评定了北京休闲农业与乡村旅游10大特色业态产品，即房车营地、古村聚落、葡萄酒庄、乡村酒店、休闲农庄、养生山吧、山水人家、采摘篱园、垂钓渔庄、国际驿站，这10种特色业态产品在水平及高度上超过了以往的农家乐。此外，特色民宿、教育农园等这几年发展较为迅猛。

2. 会展农业

会展农业是指以农事活动为主题，通过会议、展览、展销、节庆活动等形式，将农业与二、三产业融为一体的新型农业经营业态，是现代农业的一种高端产业形式和经济形态。全国各地以农业为主题，每年都举办大量的各类农业会议、论坛、博览会、招商会活动，举办如西瓜节、桃花音乐节、草莓大会、葡萄大会、花博会等形式多样的节庆活动，精彩纷呈，以会兴业，发展势头强劲。

3. 创意农业

农业与创意产业相结合产生出创意农业。创意农业以市场为导向，以创意为核心，以知识产权为基础，充分运用美学、艺术学、生态学等学科的基本原理，将农产品与文化、艺术相结合，使其具有高文化品位、高知识性、高盈利性。主要特点是将农业生产当成艺术创作来做，赋予传统农业智能化、特色化、个性化、艺术化内涵，如将农田植物规划成艺术图案，把花生、红辣椒、袖珍南瓜、麦秆等制成艺术品、装饰品等，从而使农业以艺术形象承载更多的情感色彩和文化内涵，既对消费者造成视觉与心理冲击，又对农业带来巨大商机。

4. 城市农业

主要存在于大城市，以大城市农业功能挖掘利用为主。在城市向农村扩张的同时，还有一个空间上呈现反向发展的态势，城市农业化这一趋势悄然进行。城市农业指在城市这样的非传统农业环境中挖掘一切可利用的资源，利用现代科技突破农业的传统发展限制，构建匹配城市环境的生长载体、生产空间、水肥药获取渠道等城市农业资源环境体系而出现的新型业态。

城市农业的典型业态有阳台农业、屋顶农业、墙体农业等，尤其是阳台农业，近几年发展较为迅速。阳台农业将农产品生产与观赏相结合，发展盆栽园艺，立体栽培等，通过让农业走进城市，改善市民起居环境。阳台农业在北京等大城市发展较为迅速，在市场上不鲜看到矮化番茄、西甜瓜、苹果、桃，盆栽草莓，盆栽蔬菜，水培韭菜等，阳台农业栽培无土化、设备智能化、空间集约化稳步发展，展示了都市型现代农业新形态，满足城市居民的美化环境、产品采摘、休闲生活的需求，正逐渐成为市民的一种生活态度与生活方式。

此外，不少城市也开始制定一些政策，探索推进屋面绿色种植工程等屋顶农业新业态发展。

服务型农业新业态产生的驱动因素包括：

一是休闲需求膨胀。城乡居民收入持续增长，促进了居民消费结构不断升级。具体表现在文化娱乐、医疗保健、旅游休闲等享受型和培训、教育等发展型消费需求大幅增加，在居民消费中所占比重稳步提高。随着经济发展产生了休闲需求的不断膨胀，这种膨胀不仅是量的剧增，还包括质的变化，即需求层次的丰富和个性化需求的增加，给服务型农业新业态的发展提供了肥沃的土壤。

二是供给条件得到改善。由于制度创新和基础设施的日益完善，特别是交通、通信等基础设施水平的提高，极大地改善了服务的供给条件，进而激发了休闲需求的扩张。

三是城镇化和工业化的推进。一方面，人们的消费理念和生活方式发生了显著改变，更加注重生活质量，而以休闲、度假、养生等的服务型消费成为新的生活方式的重要内容。另一方面，城市化形成的消费集聚，有利于服务型农业新业态的创新发展，更好地满足多元化的消费需求。

四是信息技术进一步推动了消费的便利性。例如，可以通过微信、微博、第三方平台等平台可以获得大量的休闲农业新业态信息。2016年，北京市试点将休闲农业园区标注进入百度地图，市民通过百度地图可方便搜索到附近的休闲农业园区位置点，极大地方便了市民的休闲旅游出行。

服务型农业新业态的产生如图 7-1 所示。

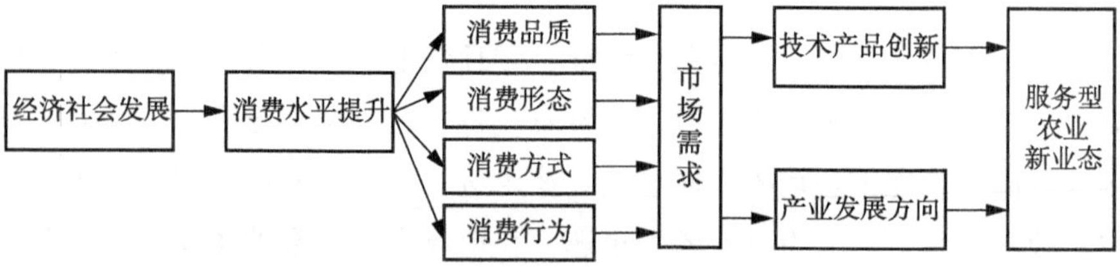

图 7-1　消费需求拉动服务型农业新业态产生

（二）创新型农业新业态

高科技向农业渗透衍生出创新型农业新业态。技术是推动产业结构升级最活跃、最积极的因素。新技术渗透已经成为农业新业态生成的最重要的方式之一，特别是重大技术在应用过程中往往会催生一系列新的业态。例如现代信息技术的发展和应用，催生了大量与之相关联的新兴业态的出现。

创新型农业新业态集中表现为现代生物技术、信息技术、航天技术等高新技术向农业领域渗透、扩散，进而引起农业生产方式和经营管理方式的变革，技术创新落地产业化形成新产业或新业态。创新型农业新业态的特征体现在技术创新性和产业引领性。创新型农业新业态主要包括以下几种：

1. 智慧农业

智慧农业是集新兴的互联网、移动互联网、云计算和物联网技术为一体，通过在农业生产现场的各种传感节点和无线通信网络实现农业生产环境的智能感知、智能预警、智能决策、智能分析、专家在线指导，为农业生产提供精准化种植、可视化管理、智能化决策。智能农业是信息技术在农业领域的深度融合和应用而产生的新业态。通过信息感知、智能决策和智能装备技术的应用，实现了农业的精准化、自动化和智能化，改变了传统农业的粗放型生产方式，实现农业生产方式的重大变革。

2. 农产品电子商务

在互联网的催化下，农产品的流通模式也在发生嬗变，以电子商务为主要形式的新型流通模式快速崛起，在流通主体、组织方式、上下游影响等方面都呈现了积极的创新和变化。农产品电子商务逐渐成为农产品流通新型业态。

3. 农业大数据应用

随着大数据、云计算的应用，农业农村大数据已成为现代农业新型资源要素，进入到农业领域。一些企业和部门尝试应用农业大数据理念、技术和方法进行决策分析，由此产生了农业大数据应用这一新业态。2015 年 12 月，农业部下发《关于推进农业农村大数据发展的实施意见》（农市发

[2015] 6号)，明确指出大数据正快速发展成为发展新知识、创造新价值、提升新能力的新一代信息技术和服务业态，已成为国家基础性战略资源，正成为推动我国经济转型发展的新动力。

4. 生物农业

农业是现代生物技术应用极为重要而广泛的产业。现代生物技术在农业领域的应用，形成了涵盖生物育种、生物农药、生物肥料、生物饲料、生物疫苗和制剂等领域在内的生物农业。生物技术产业是国家战略性新兴产业，而生物农业作为生物产业的一个重要组成部分，已成为提高农业核心竞争力的重要的新兴产业。

创新型农业新业态产生的驱动因素包括：

一是以新一代技术革命为背景，生物技术、现代信息技术的发展和应用促进了新技术与农业的融合，落地产业化或熟化形成了创新型农业新业态。

二是工业化、城镇化、信息化的加速推进，在促进人口集聚和生活节奏加快的同时，也使各个群体产生更多的沟通、交流、共享的需求，进而催生了巨大的信息消费市场。

三是在形成或导入互联网思维的基础上，网络、通信、电子商务等类型的企业创新成本大大降低，极大地改善了业态创新的成本和服务的供给。

创新型农业新业态的产生如图 7-2 所示。

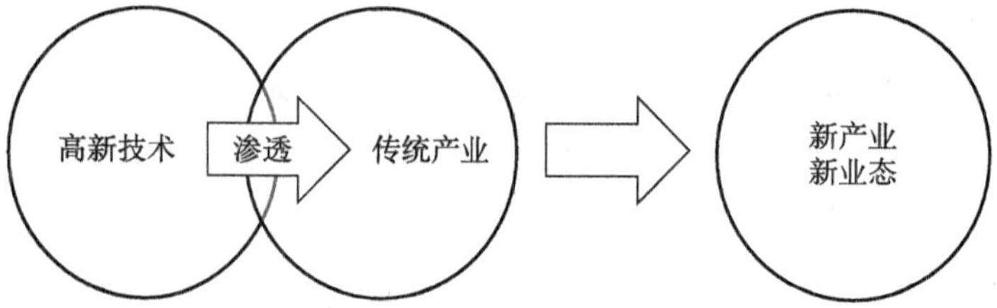

图 7-2　高科技向农业渗透产生创新型农业新业态

（三）社会化农业新业态

组织方式变革衍生出社会化农业新业态。社会化农业新业态是指通过生产组织方式或资源要素组织方式等的变革而产生的新的农业产业形态。

伴随着我国农业开放型生产方式的逐步发展和大众化、多样化消费需求的日益增长，社会组织方式也在进行相应变革，进而催生了诸如“农业众筹”等社会化农业新业态。例如“众包”等就是社会组织方式变革引发新业态出现的典型例子，它颠覆了传统的统一化、标准化生产模式，采取了分布式研发、设计和生产的新模式。当前，社会化农业新业态主要有以下几种：

1. 农业众筹

几年前的三聚氰胺等食品安全事件助推了农业众筹的发展，为了保证购买的农产品质量，有同样想法的数人联合起来，一人出一点钱，一起养一头牛，牛奶大家分享，即农业众筹。目前国内已出现一些农业众筹平台，其发展值得期待。很多网站（例如大家种网站）推行的农产品众筹，用户可以聚集朋友们一起众筹一个农场的项目。这相当于多个用户租下了这个农场，用户成为“地主”，而原来的农场工作人员成了为“地主”服务的“包身工”。

2. 订单农业

订单农业又称合同农业、契约农业，是近年来出现的一种新型农业生产经营形态，农户根据所签订的订单组织安排农产品生产，很好地适应了市场需要，避免了盲目生产。订单农业有几种新的表现形式：一是以流通、餐饮为主体的服务性企业为主导的原材料直供基地模式，例如呷哺呷哺公司、顺丰优选等；二是企业与农产品基地对接的租用、托管模式，将农产品基地作为公司员工的休闲体验基地和农产品购买基地，为公司员工提供内部福利。

3. 社区支持农业

也称为市民菜园，为消费者获取健康安全的食物提供了一条新的可靠途径，属于城乡合作的农业经济模式。社区支持农业缩短了供应链，但形不成规模效应，信任成本也比较高。作为一种理想的生产经营模式，社区支持农业有一定商机，但发展确实面临实实在在的困惑，需要不断探索完善。在信息化背景下，新型的社区支持农业开始起步，借助于风靡全国的开心农场和 QQ 农场的表现形式，结合社交网络和现实土地，基于互联网的社区支持农业开始出现。商业公司一方面从农民手中有偿取得土地，另一方面和有食品安全需求的消费者建立合作，通过互联网应用平台，在农民和消费者之间建立合作关系。例如，北京郊区出现了分享收获、诺亚有机农场等基于互联网的社区支持农业。

4. 农村养老服务业

通过盘活农村闲置房屋资产，发展农村养老业，以满足城市老人对田园生活的诉求。这种方式与城市社区养老、机构养老等有所不同。例如，怀柔渤海镇田仙峪村在盘活本村闲置传统民居的基础上，吸引城区老人到乡村养老，回归田园生活，农民通过将闲置房屋流转增加了财产性收入。

5. 农业社会化服务业

随着社会分工的细化，出现了农业社会化服务业这一新业态。通过发展农业生产性服务业，鼓励开展农机服务、农技服务、动植物疫病统防统治等农业生产性服务，引导农户实现农业“服务外包”，促进农业发展方式转变，为解决“谁来种地”“如何种地”等问题提供出路。

近几年，为解决“谁来种地”“如何种地”问题，各地先后探索出了“订单式”托管、“流转式”托管、“菜单式”托管等多种土地托管服务新模式，提供耕、种、管、收等服务，形成了农户增收、托管主体获利的“双赢”局面。河南省扶沟县中农高效农业专业合作社提出了“我给农民当长工”的经营理念，采取“公司+合作社+农户”的方式实施“九统一”“五服务”①，还可以通过“京东白条”先消费、后付款的信用赊销服务购买农资，待粮食收获后收取服务管理费、赚取购销差价。据调查，托管后统一灌溉可节约灌溉成本30%、节水70%，统一销售可提高粮食销售价格10%~15%，极大限度地挖掘了土地价值，增加了农民收入；河南省浚县裕丰农机合作社以土地托管推进粮食高产创建万亩示范田建设，亩均增产110~150千克，亩均降低生产成本150~300元，实现了农民“离乡不丢地、不种有收益”。

6. 农产品私人定制

农产品定人订制属于经营模式创新而产生的新型农业业态。一直以

① “九统一”为统一规划、统一治理、统一购种、统一耕种、统防统治、统一施肥、统一灌溉、统一收割、统一销售；“五服务”即为合作社社员提供政策法规咨询服务、生产资料采购服务、农业技术培训服务、农业生产管理服务、农产品销售服务。

来，农民生产的农产品随行就市，由于市场行情变幻莫测，大多增产却不一定增收。“私人定制”类似于“量身定制”的市场经济模式，即消费者提出需求，生产方进行定制化的生产，属于农产品 C2B（消费者对生产者）消费模式。随着城市居民对食品安全的担忧和对绿色生态农产品需求的增加，为农产品私人定制这种新型经营模式提供了市场，中高端农产品开始启动私人定制，陆续出现了租地种菜、定制果树、委托养猪等私人定制产品。

社会化农业新业态产生的驱动因素包括：

一是城乡居民收入持续快速增加，以及健康、安全食品理念的变化，引发了对绿色安全农产品等的需求的增长。

二是逐渐进入老龄化社会。老龄人口规模扩大，占总人口比重持续上升，直接导致与老年人消费相关的产品和服务市场的快速扩张。

三是社会分工的细化。分工细化促进了专业化的产生，由此细分产生了农业社会化服务业这一新业态。

（四）内部融合型农业新业态

基于子产业融合衍生的内部融合型农业新业态。内部融合型农业新业态指种植业、水产养殖业、畜牧业等农业内部的子产业之间或子产业内部细分的产业之间，在生物技术融合支撑下，通过生物链的有机连接，使各子产业发生融合，产生了不同于现有生产方式的农业新型产业业态。

内部融合型农业新业态的特征主要体现在生产方式的创新，通过创建生态友好型农业生产方式，对食品安全和农业绿色发展起到了极大的促进作用。内部融合型农业新业态主要有生态农业。

生态农业是运用生态学、生态经济学原理和系统工程方法建立起来的一种新的农业生产经营形态。它是以合理利用农业自然资源和保护良好的生态环境为前提，把现代科学技术成就与传统农业技术的精华有机结合，把农业生产、农村经济发展和生态环境治理与保护、资源的培育与高效利用融为一体，建立起具有生态合理性、功能良性循环的新型综合农业体系。生态农业既克服了传统农业生产目标单一、生产技术落后以及投入少、产出低的自然经济型农业的不足，又克服了传统农业以高投入追求高产出、高经济效益所带来的生态破坏和农业环境恶化等弊病，使农业达到经济、社会和生态效益的有机统一。发展生态农业是我国实施可持续发展战略、建设现代农业的现实途径。

内部融合型农业新业态产生的驱动因素包括：

一是食品安全越来越受到关注。随着城市化的发展和居民生活水平的提高，城市居民对健康、食品安全越来越关注，绿色、有机食品的消费稳步扩张，由此导致了强调食品安全的生态农业的发展。

二是资源环境约束趋紧，绿色发展理念不断深化。长期以来，农业的粗放型发展使得农业资源消耗较大，水体污染、土壤重金属污染等环境问题日益明显。走绿色低碳循环发展之路，是突破资源环境“瓶颈”制约的必然要求，绿色发展理念为农业生产提供了科学导向。

（五）综合型农业新业态

现代技术集成应用衍生出综合型农业新业态。综合型农业新业态指现代生物技术、现代信息技术、现代环境控制技术和现代材料等一批新技术在农业上不断创新和集成应用而出现的农业新型业态。

综合型农业新业态的特征主要体现在通过技术的应用，使得农业生产呈现类工业化属性。由于综合运用了现代高科技、高设备和管理方法，采用现代工业的生产方式进行农业生产，使得农业摆脱了自然因素的制约，推动了农业高效集约生产。内部融合型农业新业态主要有工厂化农业。

工厂化农业最大限度地摆脱了地形、气候、水文、土壤等自然因素制约，在相对可控的环境下，综合运用现代技术、先进装备和科学管理方法开展农产品生产，实现了农业生产经营管理的机械化、标准化、集约化、自动化和程序化。工厂化农业革新了传统农业生产方式，农产品生产不仅可以实现周年性、全天候、反季节，而且还具有稳定、高产、高效等显著特点。

工厂化农业仅指连栋温室，不包括设施农业中的单栋日光温室、大棚和小拱棚。严格来讲，如果连栋温室只是用来种花草供观赏、游览或做生态餐厅，也不能叫工厂化农业。只有按照工厂化生产方式进行农业生产的，才叫工厂化农业。植物工厂是工厂化的高级阶段。

综合型农业新业态产生的驱动因素包括：

一是对高效集约型农业的追求。工厂化农业最初起源于日本、荷兰等人多地少的国家，土地资源较少，对高效集约型农业生产的需求较高，由此推动了工厂化农业等高效集约型农业新业态的产生。

二是多项技术的集成推动。主要集成了生物技术、信息技术、新材料技术、自动化控制技术和现代先进农艺等，使得作物的播种、生长、施肥、灌溉、环控等全过程都实现自动化。综合型农业新业态是多项技术综合集成应用创新的结果。

农业新业态的类型分见图 7-3、表 7-1。

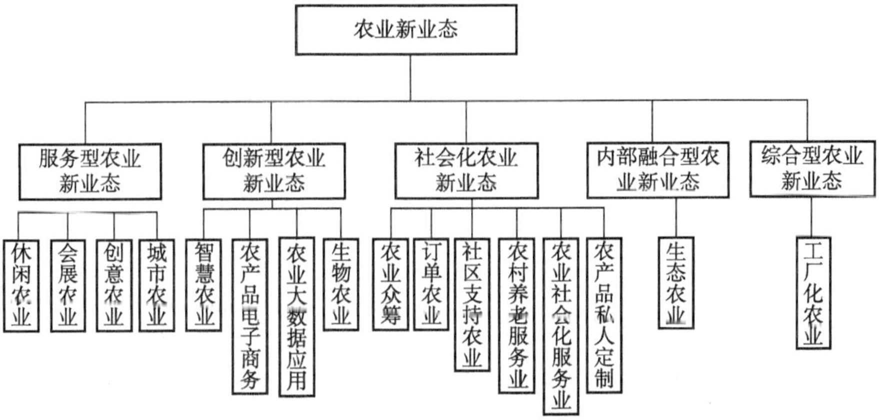

图 7-3 农业新业态的类型划分

表 7-1 当前我国农业新业态的主要类型

类型	新业态		代表性企业或园区
服务型农业新业态	休闲农业	休闲农庄、乡村酒店、特色民宿、房车营地、户外运动、市民农园、教育农园、运动公园等	成都五朵金花、北京鹅和鸭农庄、北京张裕爱斐堡国际酒庄
	会展农业	会议、展览、展销、节庆活动	北京农业嘉年华
	创意农业	农产品创意、农业动漫创意、农业主题公园创意、节庆活动创意、融合产业创意、异域农业文化创意、农食文化创意、医农同根创意等	蓝调薰衣草庄园、金福艺农番茄联合国
	城市农业	阳台农业、屋顶农业、墙体农业	北京闲亭苑种植技术公司

续表

类型	新业态		代表性企业或园区
创新型农业新业态	智慧农业	物联网、移动互联	北京密云爱农养殖基地、黑龙江七星农场、天津生宝谷物种植基地
	农产品电子商务	农产品电子商务平台、微电商	淘宝、京东、沱沱工社、本来生活、一亩田、密农人家、北菜园
	农业大数据应用	云计算、大数据	农信通、信息田园、国家农业科技服务云平台
	生物农业	生物育种、生物农药、生物肥料、生物饲料、生物疫苗和制剂	大北农集团、山东登海种业股份有限公司、北京奥瑞金种业股份有限公司
社会化农业新业态	农业众筹	农产品众筹、农场众筹	大家种
	订单农业	以流通、餐饮为主的服务性企业向前延伸产业链建立原材料直供基地	呷哺呷哺公司、顺丰优选、阿卡农庄
	社区支持农业	基于互联网的新型社区支持农业、现实版 QQ 农场	小毛驴、分享收获、诺亚有机农场
	农村养老服务业	农村闲置房屋发展健康、养老产业	北京怀柔田仙峪村、密云塔沟村、山里寒舍
	农业社会化服务业	农机合作社，土地托管合作社、菜单式托管服务、植保飞虎队、植物诊所	北京兴农天力农机服务专业合作社、山东平原县前曹镇益民土地托管合作社
内部融合型农业新业态	生态农业	生态农业、循环农业、低碳农业	上海市崇明区禾偕水产生态园“稻虾鳖蟹共生”稻田立体混养生产模式
综合型农业新业态	工厂化农业	工厂化生产食用菌、工厂化育苗、植物工厂	湖北炎帝农业科技股份有限公司、北京农众物联科技有限公司

三、不同类型农业新业态特征对比

（一）技术壁垒性

服务型农业新业态相对来说技术壁垒较低，很容易模仿，容易陷入恶性的、同质化的低层次竞争。因此，激烈的竞争迫使企业在现有业态的基础上不断创新，推动业态向更高水平提升。例如，休闲农业新业态已经由传统的农家乐创新发展到特色民宿、乡村酒店、教育农园等多种形式。创新型农业新业态以生物技术和信息技术等高技术为引领，用现代科技及装备改造传统农业，属于高度科技依存型产业或业态，具有技术含量高、技术壁垒性强的特征。创新型农业新业态以技术创新为推动，产生新产品、新技术、新装备，从而推动技术创新落地产业化形成新产业。社会化农业新业态强调对组织方式和经营模式的创新，相对来说技术壁垒性较低，很容易模仿，易陷入同质化竞争。内部融合型农业新业态对绿色生产技术的要求较高，存在一定的技术壁垒性。综合型农业新业态强调现代技术的综合集成，属技术密集型产业，存在较高的技术壁垒性。

（二）对农业的作用点

服务型农业新业态强调产品和服务的融合。旨在服务市民需求，通过将农业由单一的提供产品向提供多种服务转变，拓宽了农业的发展面，增加了农产品附加值。创新型农业新业态强调技术创新，旨在通过技术创新提升农业的核心竞争力。社会化农业新业态强调组织方式的创新，通过社会分工细化和新的要素价值的体现，增强了城乡互动，提升了农业发展活力。内部融合型农业新业态通过内部生物链的有机连接，提升了资源的利用率，改变了农业发展方式，增强了农业自身的可持续发展能力。综合型农业新业态通过多技术集合应用，推动传统农业向集约高效型生产方式转变，提高了农业的集约化程度。

（三）业态发展方向

服务型农业新业态的产出品主要是以提供休闲等服务功能为主的非物质产品和蕴含文化等附加值的物质产出品，尤其是产出品的非物质化，决定了业态发展不具有规模化发展特征。业态发展方向以个性化、差异化为主，未来将朝设计更精细、功能更多元、形态更高端方向发展。创新型农业新业态的产出品为具有高科技含量的物质产品（技术），适合规模化生产和产业化经营，走产业化发展道路。发展方向以技术的落地产业化为主，朝技术创新和产业化应用方面发展。社会化农业新业态以满足个性化、差异化需求为主，产出品具有非物质化特征，决定了业态发展不具有规模化发展特征，未来将朝分工细化和专业化、城乡互动更紧密方向发展。内部融合型农业新业态以提供绿色安全优质农产品为主，未来将朝多模式并存的产业化方向发展。综合型农业新业态的产出品为物质产品，适合规模化生产，朝规模化产业化方向发展。不同类型农业新业态的特征对比见表 7-2。

表 7-2　不同类型农业新业态的特征对比

	主要驱动因素	产生方式	创新类型	表现特征	技术壁垒性	对农业的作用点	发展方向
服务型农业新业态	市民对休闲、体验、度假、教育等的需求	将农业与旅游、旅游业、文化产业等交叉融合	产品创新	农业由一产提供产品向三产提供服务转变，服务功能凸显，三产化特征趋强	技术壁垒较低，很容易模仿，容易陷入恶性的、同质化的低层次竞争	拓宽农业发展面，增加农业附加值	以满足个性化、差异化需求为主，朝设计更精细、功能更多元、形态更高端发展
创新型农业新业态	新一轮技术革命和产业变革	技术的渗透融合	技术创新	产业引领性、高科技性强	技术壁垒性高	提升农业产业竞争力	适合规模化产业化经营，以技术创新和产业化应用为主
社会化农业新业态	城乡互动	社会分工细化、组织方式变革	组织方式创新	分工促分业、组织方式创新	技术壁垒较低，很容易模仿，容易陷入恶性的、同质化的低层次竞争	服务城乡统筹发展	以满足个性化、差异化需求为主，朝分工细化和专业化、城乡互动更紧密方向发展
内部融合型农业新业态	食品安全越来越受到关注、资源环境约束趋紧	内部子产业融合	发展方转变	生物链有机连接	技术壁垒较高	提高资源利用率	适合产业化，朝多模式并存的产业化发展

续表

	主要驱动因素	产生方式	创新类型	表现特征	技术壁垒性	对农业的作用点	发展方向
综合型农业新业态	对高效集约型农业的追求	多技术集成应用	生产方式创新	类工厂化属性，工厂集约化生产	技术壁垒高	提高集约化程度	适合产业化，朝规模化产业化发展

新型农业业态体系构成如图 7-4 所示。

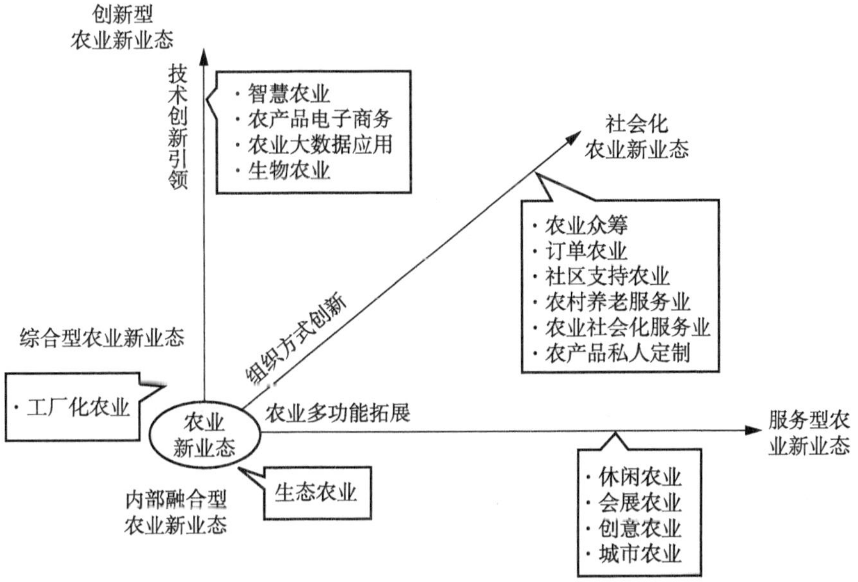

图 7-4　新型农业业态体系构成

第八章　农业新业态形成的内在机制

一、农业新业态形成的动力机制

纷繁复杂的新业态，必然是多重复杂的因素促使而成。生产者和消费者对各自利益最大化的追求是业态演变与创新的原动力，但这两个层面上的原动力必须基于一定的制度环境、城市与经济发展阶段以及技术进步等因素。

（一）产业发展的内在规律

业态是产业发展层次和阶段的外化表现。当经济社会发展到一定阶段，现代农业具有一定的发展水平，新业态才有发展所需的技术支撑和经济支撑，新业态得以长期发展。任何一种新业态的出现都充分体现了当地的经济与技术水平。

（二）市场需求变化拉动

需求是产业发展的源泉。随着经济的发展，消费结构不断升级，呈现以下特征：一是消费品质的升级，从“能温饱”到“要吃好”，更加关注食品质量安全；二是消费形态的升级，从“买产品”升级到“买服务”，更注重消费体验；三是消费方式的升级，从“线下买”到“线上买”的变化，更加享受网购的方便快捷；四是消费行为的升级，从“标准化”到“个性化”的变化，个性化、多样化消费需求渐成主流；五是新消费群体不断扩大。移动互联等新型消费热点层出不穷，主要源于新消费群体的持续扩大。“80后”“90后”成为社会的中坚力量和最重要的消费主体，这一群体更加注重消费的体验、消费的个性化。新消费群体追求时尚、品牌与品质，更新换代很快。满足消费者日益多元化的需求，由此催生了一批农业新业态。

（三）技术创新驱动

技术创新是推动产业结构升级最活跃、最积极的因素。以信息技术、生物技术为代表的现代技术创新，使农业与其他产业边界的技术渗透扩散成为可能，技术上的融合，促使产业间技术壁垒逐渐消失，不同产业形成了共同的技术基础，并使产业间的边界趋于模糊，最终带动产品融合、市场融合、业务融合，乃至产业的融合，甚至新业态的出现。例如，互联网与农产品流通的融合发展，改变了农产品流通模式，极大地提高了农产品的流通效率。物联网与农业机械的融合，提升了其在产业链的地位和附加值，同时也导致了产业链两端生产服务环节和加工制造环节的分离，新的产业分工快速推进。

（四）市场竞争的推动

也可理解为对产出效率的追求。在整个农业现代化的价值链条中，农业需要不断探索如何实现利润最大化和保持长期的竞争优势，推动农业转型升级。由于专业分工，使得现代农业产品创造的价值链可分解为一系列互不相同，但又相互关联的增值活动，而且又有多元的产业组织。在农业协同竞争中，衍生出众多的就业机会和生产、技术、物流、信息、经营管理、电子商务等服务组织聚集，最终形成新的产业形态。特别是经济全球化，能够使刚刚诞生或仅局限于少数国家的新业态直接走向世界，快速被世界各国农业引进吸收，在丰富农业发展内容和提升发展水平的同时，也加剧了全球农业的竞争。

（五）政府政策的引导

政策在一定程度上决定了产业的结构形态。政策对新业态影响的机理，主要是利用一些宏观调控措施或制度促进农业与其他产业价值链的分解、重塑与再造，以形成新的产业形态。同时，也需要创造良好的支持环境。

（六）信息化的支撑

经济的信息化、服务化趋势带来的机遇是新业态发展的外在动力源泉。在工业经济时代，物质和能源是重要资源，物质流是产业之间联系的主导方式，产业信息传递主要靠食物。进入信息经济和服务经济时代，以信息流、服务流为基础的产业联结方式，改变了传统以物质流为基础的产业联结方式。信息的适度性、准确性、时效性、易用性和可获得性等属性得到充分发挥，使用价值大大提高。信息化促进了经济、社会等环境的变迁，成为牵引新业态发展的重要力量。

二、现阶段农业新业态的产生路径

从生物学角度讲，一个新业态的胚胎形成一般有以下三种形式：

（1）分裂。分裂又称为母体裂变，指某一个母体中的一部分由于内部控制力弱化而独立出去，从而产生新的胚胎。这个胚胎如果具有很强的生命力，能够在市场环境中得以生存、感染并普及，那它就可能成为新的业态。

（2）融合。指与新技术、新方式或新产品交汇融合而形成的新的生产方式、经营方式或经营产品，融合形成的业态胚胎是两者的结合物。

（3）突变。指突发的一种经营形式，由于在市场环境中生命力强得以生产，成为业态的胚胎。

对于农业而言，农业与二、三产业的融合是农业新业态产生的一个重要路径。根据农业产业融合的类型，又分为高科技向农业的技术渗透型融合、农业与二、三产业的交叉融合、农业内部子产业融合以及多技术的集成应用四种路径。分裂在产业经济学中即产业分工与细化，突变在产业经济学中多指产业组织的变革，将分裂和突变统称为组织方式的变革。

据此，从产业融合、组织变革的角度，现阶段农业新业态产生的路径有五个：一是产业链的延伸拓宽；二是高新技术向农业的渗透；三是社会组织方式的变革；四是农业内部子产业之间的整合；五是现代技术的综合集成应用。未来还可能有新的产生路径。

三、农业新业态效应的机理分析

1. 宏观层面上推动产业创新与产业竞争力提升

农业新业态的产生使得农业和二、三产业之间的边界模糊化，农业由单纯的“一产”过渡到“二产”或“三产”，实现了产业创新和发展。产业创新能力的增强，提高了产业开拓市场、占据市场并获取利润的能力，使产业竞争力得到提升。从另一个层面来讲，产业竞争其实就是基于产业融合的产业价值链各个环节的竞争。当两个行业价值链上的战略环节基于技术的共性、市场的共性等某种强关联性时，两个行业的价值链就会相互交叉、相互渗透，逐渐融为一体。融合后的新业态通过实现产业链的拓展与延伸，比原有产业具有更高的附加值和更大的利润空间。

2. 中观层面上改变市场结构，提高市场绩效

产业融合通过产品供给的增多、引致需求的创造进而改变市场结构。企业在市场结构变化的新环境中为获得竞争优势，必然会调整其市场行为，最终使得整个市场绩效得以提高。

3. 微观层面上产生了新产品和新服务

产业融合催生了许多新产品和新的服务项目，满足了人们收入和生活水平提高后对更高层次消费的需求。"供给创造自身需求"定律告诉我们，产品最终需求会随着新业态发展水平的提升而不断得到提升，形成巨大的消费带动效应。农业新业态形成的动力机制如图 8-1 所示。

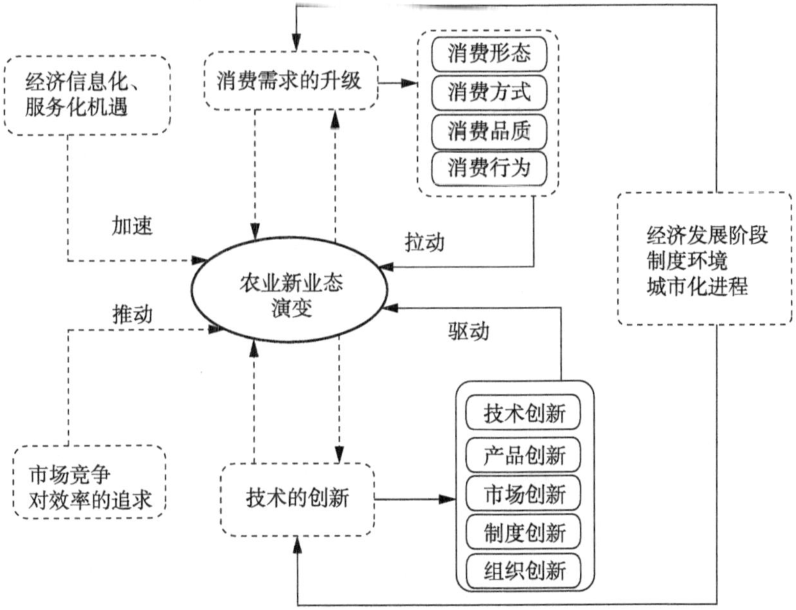

图 8-1 农业新业态形成的动力机制

四、农业新业态发展的时代要求及新机遇

我国已进入工业化中后期阶段，以信息技术、生物技术、新材料技术、新能源技术为代表的新一轮产业技术革命，为新业态发展创造了技术条件。居民消费结构加快升级，食品安全日益受到重视，消费体验成为时尚热点，对农业新业态发展提出了更新更高的要求，也为新业态发展创造了巨大的市场空间。此外，随着农业信息化、专业化、规模化、集约化的推进，新的商业模式、组织模式加速形成，各社会力量参与农业新业态的能力明显提高，为推动农业新业态的发展提供了良好的组织基础。

（一）现阶段对农业新业态提出的要求

当前形势下，对农业新业态提出以下四个要求：

1. 农业新业态要成为促进农业提质增效、助推农业经济增长的新动力

产业发展到一定阶段，必须通过创新推动产业向更高层级演进，这是经济发展到一定阶段产业演进的基本规律。当前，我国农业进入向现代农业转型的关键时期。经济发展进入新常态后，农业发展的环境条件和内部动因正在发生深刻变化。传统农业产业结构单一、发展空间相对狭小、农业比较效益相对低下等问题日益凸显。以数量增长为主的发展方式难以为继，实现由数量向质量效益并重转变，已经刻不容缓，迫切需要运用新理念、新技术等对传统农业进行改造、提升。紧紧围绕市场需求变化，促进农业发展由过度依赖资源消耗、主要满足“量”的需求，向追求绿色生态可持续、更加注重满足“质”的需求转变，着力形成创新驱动、消费驱动、市场驱动的发展方式，是农业发展方式转变的内在要求。农业新业态通过对传统农业的拓展与延伸、重塑与再造，对传统农业的产业形态、组织方式、功能与效率产生了巨大的影响，改变了传统产业的生产与服务方式，促进了农业产品与服务结构的升级，具有创新性、高附加值和爆发性成长特征。创新驱动创造发展新动能，通过引导新产业新业态走向“高精尖”，推动传统农业焕发新生机，农业新业态将成为农业经济增长的新动力。此外，从生命周期理论分析，每一个产业或产品都有一个生命周期，这是客观规律。目前，传统农业产业和产品的生命周期都是偏后期阶段，

必须通过创新来激发新的产业形态，寻找新的增长点。这些农业新产业新业态处于萌芽期或发展初期，具有爆发性成长特征，是农业发展的新动能所在。

2. 农业新业态要成为促进农民持续增收的新空间

“三农”工作的根本目的是让农民的收入不断增长。当前我国农业生产承受着成本地板不断抬升、价格天花板不断下压的双重挤压，农民增收传统渠道受到挤压。2014 年，全国农民人均纯收入达到 9892 元，同比实际增长 9.2%，与城镇居民收入的差距首次进入 3∶1 以内。但同时，城乡居民收入的绝对差距依然很大，迫切需要全方位释放农民收入增长的积极因素。通过推进农村一二三产业融合发展，深入挖掘农业内部增收潜力，让农民不仅可以获得来自农业生产领域的收益，也可以获得来自加工、流通等新领域的收益，享受全产业链的增值。在上述背景下，通过农业功能拓展、新物质装备、新技术装备的应用等方式而产生的产业功能拓展和技术渗透等农业新业态，可为农民实现增收带来新门路、新空间。

3. 农业新业态要充分发挥引领新的消费需求和消费模式的作用

产业发展以市场需求为导向，但根据新产业新业态特别是一些战略性新兴产业和惠及民生的新业态的发展规律，往往也会通过创造供给来引领新的需求，这是新产业新业态与传统产业的发展规律的区别所在。新产业新业态通过刺激新的消费需求和消费模式，充分激发市场活力和创造力，实现潜在需求向现实增长动力的有效转换。例如，信息技术的广泛运用特别是移动互联网的普及，改变了消费习惯，变革了消费模式，催生出线上线下、体验分享等多种消费业态兴起。在农业领域，通过将互联网、云计算等应用于休闲农业而产生的农场托管和农场体验，催化了体验式消费和参与式消费需求的增长。农业生产者与消费者的角色更加模糊，越来越多的消费者希望参与到农产品和食品生产过程中，扮演设计者和生产者的角色。体验式、参与式农业逐渐成为新的消费热点。未来，通过新业态的有效供给，将不断引领新的消费需求和消费模式，这是新业态的一个典型特征。

4. 农业新业态要成为绿色发展新理念的践行者

绿色是生命的象征、大自然的底色。近年来，农业资源环境问题日益突出，水源污染加重，拼资源、拼消耗的生产方式难以为继，资源环境的“瓶颈”制约凸显。迫切需要转变农业生产方式，坚持绿色发展理念，走农业可持续发展之路。从国外现代农业新的发展方向来看，农业新的生产方式也体现了绿色发展思路。建立在“天人合一”生态意识上的后现代农业是一种与自然相和谐的农业，一种爱护自然的农业。农业新业态要成为与自然和谐的绿色农业，除了具有高附加值外，更要具有可持续性。

（二）农业新业态发展的新机遇

1. 机遇一：国家推进产业创新和产业融合，创造了新业态发展的良好生态

创新驱动就是创新成为引领发展的第一动力。2016 年，中共中央、国务院印发了《国家创新驱动发展战略纲要》，提出要大力推进科技创新与业态创新的结合，促进经济向形态更高级、分工更精细、结构更合理的阶段演进。2016 年，国务院印发《“十三五”国家战略性新兴产业发展规划》，提出要把战略性新兴产业摆在经济社会发展更加突出的位置，以创新驱动、壮大规模、引领升级为核心，构建现代产业体系，培育发展新动能，推动产业迈向中高端。在农业领域，这些新兴产业包括信息农业、生物农业等。同时，产业融合发展的趋势愈加明显，顺应产业融合发展趋势，国家下发了《国务院办公厅关于推进农村一二三产业融合发展的指导意见》（国办发［2015］93 号），大力发展农业新型业态，2015 年以来国家累计安排专项建设基金 210 多亿元，带动社会资本 3000 多亿元投向农村产业融合发展园区和重点项目建设。这是促进农业新产业新业态的主要政策导向，也是重要机遇。

2. 机遇二：新型城镇化快速推进，增加了农业新业态发展的有效供给

尤其是针对以提供服务为主的服务型农业新业态，其服务群体为城市居民。受新型城镇化的影响，一方面，新型城镇化加速推进带来了城市人口规模的扩大，大量转移人口的市民化，不仅能提高其收入水平，而且会促使这些居民消费观念的更新和消费结构的升级，一个最直接的反映是越来越多的城市人口产生了越来越大的休闲消费需求量。另一方面，新型城镇化的推进，将促进城乡基础设施的建设和完善，为城乡居民消费提供更

为完善、便利的基础设施条件，增加了农业新业态发展的有效供给。

人口城市化导致越来越大的休闲消费需求。进入21世纪以来，我国城镇化呈现快速推进之势，城镇常住人口由2000年的4.7亿人增加到2015年的7.7亿人，城镇化率从2000年的36.22%上升到2015年的56.1%，年均提高1.36个百分点。到2020年，我国城镇化率将超过60%。城镇化的快速发展，城市人口规模的扩大，为发展休闲农业等服务型农业新业态提供了巨大的市场客源。长期生活在城市的人由于受到城市环境、生活和工作的压力，对观光休闲、欣赏大自然的美感有强烈的需求。据北京市调研，每年有67.13%的家庭到郊区休闲旅游，其中16.19%的家庭每年到郊区旅游10次以上。

完善便利的基础设施增加了新业态的有效供给，创造了新业态发展的良好环境。新型城镇化的推进，促进了城乡基础设施的建设和完善。农村基础设施和公共服务大幅提升。在路网方面，截至“十二五”末，全国农村公路总里程突破397万公里，西部地区81%的建制村实现公路通畅。农村“村村通电话、乡乡能上网”基本全覆盖。在村容村貌提升方面，各地大力开展“美丽乡村”建设，村容村貌得到大幅提升，大大提升了乡村旅游的可进入性。乡村旅游基础设施和接待服务条件的提升，吸引了越来越多的市民选择郊区游。

3. 机遇三：新一轮科技革命和产业变革孕育兴起

进入21世纪以来，各种密集的科技创新层出不穷，新一轮以新能源、新材料、信息网络、生物制药、节能环保、低碳技术为主的技术革命不断向纵深发展，在诸多领域引发了巨大而深刻的产业变革。移动互联网、智能终端、大数据、云计算、高端芯片等新一代信息技术发展带动众多产业变革和创新，促进了以物质生产、物质服务为主的经济发展模式向以信息生产、信息服务为主的经济发展模式转变。生物产业相关技术继续纵深发展，已是当今社会新的经济增长点，生物技术创新产生了一系列重大创新成果，是当今科技革命的重要战略性新兴产业。在农业领域，以现代生物技术、信息技术为主的技术革命不断向农业渗透，对农业全产业链将产生变革性影响，重塑农业价值链。

新技术革命引发了农业生产方式大变革，尤其是以信息互联带来生产方式大变革。例如，各地发展智慧农业、精准农业，应用物联网、大数据、空间信息、移动互联网等信息技术于农业生产的在线监测、精准作业、数字化管理等方面。构建农业物联网测控体系，越来越多的农场实施了水肥一体化、智能节水灌溉、农作物病虫害监测预警等精准化作业，施肥用药减少，品质产量提高。目前，在设施农业上，温室环境自动监测与控制、水肥药智能管理等加快推广应用。在畜禽养殖上，精准饲喂、发情监测、自动挤奶等在规模养殖场实现广泛应用。在水产养殖上，水体监控、饵料自动投喂等快速集成应用。

技术进步为农业创造了巨大的市场空间。以农产品微电商为例，它既代表了一种新技术，又是一种商业模式的巨大创新。利用电子商务强大的网络功能，可以跨越时间和地域的障碍，使农产品供需双方及时沟通，从而减少了交易环节，降低交易成本，有效拓宽农产品销售渠道。例如，2015 年我国农产品网络零售交易额超过 1500 亿元，比 2013 年增长 2 倍以上，网上销售农产品的生产者大幅增加，交易种类尤其是鲜活农产品品种日益丰富。农业生产资料、休闲农业及乡村旅游电子商务平台和模式不断涌现。

4. 机遇四：全面深化农村改革，进一步激发农村资源活力

农村改革深入推进，将进一步激发农村资源活力，为农业新业态的发展提供持续动力。当前和今后一个时期，以农村集体产权制度、农业经营制度、农业支持保护制度、城乡一体化体制机制和农村社会治理制度改革作为全面深化农村改革的重点，将促进农村生产力的更大解放和城乡关系的更好改善，激发农村资源资产要素活力。截至 2015 年，全国土地承包经营权确权登记面积超过 3 亿亩，预计到 2020 年左右，确权登记颁证将在全国完成，为进一步完善农村土地权能和权益关系，提高农地资源配置和生产经营效率打下了基础。新型农业经营体系加快构建，家庭农场、合作社、龙头企业等新型农业经营主体达到 250 万家。农村土地征收、集体经营性建设用地入市、宅基地、农村集体资产股份权能改革试点稳步开展，国有林区、国有林场、集体林权、农垦改革等有序推开，农产品价格形成机制改革进一步深化，农业支持保护、农村社会保障、农村社会治理制度和城乡一体化发展的体制机制逐步完善。

在农村集体经济制度改革方面，农村集体经济组织与工商资本的合作增多，沉睡多年的农村集体资产和闲置资源被重新激发，各省份结合自身

情况探索农村集体经济的实现形式，整合集体土地等资源性资产和闲置农屋发展民宿经济的案例不断出现。贵州省扎实推进农村资源变资产、资金变股金、农民变股东改革试点（简称“三变”），在资源变资产方面，以股权为纽带把各种资源要素整合到产业平台，重点盘活农村土地、劳动力、资本、技术等资源要素，对农村资源进行清产核资、登记备案、评估认定，投资入股企业、合作社、家庭农场等经营主体，聚集各类生产要素，激活农业农村发展潜能，创新农业发展思路，实现农村共享发展。据统计，省级试点中拥有土地、林地等资源性资产 1404.2 万亩，已通过“三变”改革入股 23.7 万亩，入股折价 1.95 亿元；流转土地、林地等资源 38.54 万亩；农民宅基地及其他物权量化 5.16 万宗。在资金变股金方面，将各级各部门投入到农村的发展生产和扶持类财政资金在不改变资金性质的前提下，通过合同或者协议方式，入股到各类农业规模经营主体后，同等享有出资权利。各“三变”改革试点县筹集可变资金合计 22.87 亿元，通过“三变”形成股金 14.69 亿元，占可变资金总额的 64.23%。农民变股东方面，已有 21 万人贫困人口通过各种形式变成股东，农民自有资金量化入股 58782 万元。如北京市怀柔区田仙峪村、密云区干峪沟村盘活利用农村闲置房屋发展健康养老、民俗旅游试点进展顺利。北京农村产权交易所是北京唯一一家专业从事农村要素流转交易的服务平台，成立于 2010 年，到目前累计成交农村产权交易近 200 宗，成交金额 15 亿元，流转土地面积超过 4 万亩。北京市农村产权交易中心创新交易方式开展了电子竞价，2014 年初，北京市门头沟区一块 500 亩的深山荒地，通过电子竞价方式拍出逾千万元租金，村民每年可获得 20.5 万元收益。

5. 机遇五：农村创业创新氛围渐浓

在新业态的孕育壮大过程中，新的发展理念、新的机遇和新的挑战下，更需要的是普遍性的创新创业的扎实行动。近年来，随着大众创业、万众创新的深入推进，越来越多的农民工、中高等院校毕业生、退役士兵和科技人员、社会精英等到农村创业创新，一批充满情怀、富有理想、敢于创新的新农人应运而生，为推进农业现代化增添了新的元素和新的能量。据估算，目前我国新农人总量大约在 200 万人，这些新农人思维新、理念新，敢于尝鲜，不断创新，在丰富农业业态、改变农村面貌、促进产业融合等方面，发挥了一定的积极作用。2016 年农业部组织总结了北京市密农人家科技有限公司总经理孔博创办农产品电商平台等100个农村创新创业典型案例，作为全国农村创业创新优秀带头人典型案例向社会推介，将激励更多的返乡下乡人员创业创新，进一步营造全社会关心支持农村创业创新的良好氛围。在政策支持上，国家先后下发了《推进农民创业创新行动计划（2015—2017年）》（国办发［2015］47号）），《国务院办公厅关于支持返乡下乡人员创业创新 促进农村一二三产业融合发展的意见》（国办发［2016］84号）、《国务院办公厅关于完善支持政策促进农民持续增收的若干意见》（国办发［2016］87号）等，积极营造创新创业的政策环境，努力搭建创业创新平台等，良好的氛围将进一步促进农村创新创业群体的高度活跃，人数越来越多、领域越来越宽、起点越来越高，农村创业创新的热潮兴起，广阔天地大有作为的格局正在形成。

第九章　当前我国农业新业态发展的现状与特征

一、数据来源与衡量指标

随着经济的发展和科学技术进步日益加速，农业新业态呈现多元化发展的态势。行业的发展规模和发展趋势决定了行业的发展空间。为此，本章重点分析农业新业态所处的发展阶段及呈现的特征。对农业新业态发展的特征分析离不开定量的数据支撑。

（一）数据来源

关于全国数据。就目前而言，由于大多数新业态处于发展初期，大多数尚未形成较大规模，因此对业态的监测数据较少，从《中国统计年鉴》等国家统计局路径尚不能直接查到关于新业态的时间序列数据。大部分新业态的数据来源于农业部、科技部、商务部等部门监测数据。休闲农业总产值、接待人次等数据来源于农业部；农产品电子商务交易额来源于农业部、商务部等；生物农业涵盖了种业收入、生物农药、生物肥料、生物疫苗、生物饲料等领域，数据来源于农业部、科技部等相关部委，数据可追溯到 2007 年。

相关规划数据。主要有《生物产业发展规划》《“十三五”全国农业农村信息化发展规划》《全国农业现代化规划（2016 — 2020 年）》《全国农村经济发展“十三五”规划》《关于大力发展休闲农业的指导意见》（2016 年）《“十三五”国家战略性新兴产业发展规划》《全国农产品加工业与农村一二三产业融合发展规划（2016—2020 年）》等。

（二）业态衡量指标（见表9-1）

（1）休闲农业。衡量业态发展总量的指标包括休闲农业总收入、休闲农业年接待人次；衡量业态发展质量的指标包括休闲农业人均消费额、休闲农业总收入与农业总产值比。由于休闲农业起步早，发展规模大，关于休闲农业的统计数据较为丰富。

（2）会展农业。衡量业态发展总量的指标为会展农业总收入，这里的总收入一般包括门票、展位租赁以及带动周边民俗旅游收入。北京依托其国际交流中心、科技创新中心等会展资源优势，会展农业走在全国前列。北京市农委自2010年开始对会展农业总收入进行部门统计。

（3）创意农业。目前创意农业尚未单独形成一个产业，多以创意元素的形式融入休闲旅游当中，目前尚未有关于创意农业的统计数据。

（4）城市农业。目前发展较多的是阳台农业，目前尚未有关于阳台农业的统计数据。

（5）智慧农业。用农业物联网等信息技术应用比例来衡量智慧农业发展水平。

（6）农产品电子商务。业态发展的总量指标为农产品网络零售额；业态发展质量指标主要是农产品网络零售额占农业总产值比重，此外还有物流成本占总成本比重、生鲜农产品冷链流通率、生鲜农产品损耗率等涉及流通领域的指标。

（7）农业大数据应用。目前主要用于信息服务等“三农”服务领域，尚未开始农业大数据的商业化应用，尚未有关于农业大数据应用的统计数据。

（8）生物农业。作为新兴产业，生物农业发展的总量指标为生物农业年产值。这里的生物农业包括生物育种、生物疫苗、生物农药、生物肥料、生物饲料等。此外，产业集中度指标也是衡量产业规模化发展水平的一个重要指标，如生物育种的产业集中度、生物肥料的产业集中度等。

（9）农业众筹。处于个别试点探索阶段，目前尚未有相关统计数据。

（10）订单农业。属于组织方式创新，目前尚未有相关统计数据。

（11）社区支持农业。处于将国外的社区支持农业理念引入国内，进行本地化探索阶段，目前尚未有相关统计数据。

（12）农村养老服务业。处于个别试点探索阶段，目前尚未有相关统计数据。

（13）农业社会化服务业。以农机合作社为主，衡量指标包括：农机合作社作业服务总面积、农机合作社服务总面积占全国农机化作业总面积比重；部分省份也统计了农机合作社土地托管、土地流转面积占全省土地流转规模经营面积比重指标。

（14）农产品私人定制。处于个别试点探索阶段，目前尚未有相关统计。

（15）生态农业。关于生态农业的技术指标较多，如亩均化肥施用量、水资源利用系数、测土配方施肥比重、农业废弃物综合利用率（主要农作物秸秆综合利用率和畜禽养殖废弃物资源化利用率）等。尚未有关于生态农业的产值指标。

（16）工厂化农业。技术水平可以用单位面积产出来衡量，但产业发展的经济总量指标尚未有相关统计。

表 9-1 业态衡量指标

	业态类型	衡量指标	资料来源
服务型农业新业态	休闲农业	休闲农业总收入 休闲农业年接待人次 休闲农业人均消费额 休闲农业总收入与农业总产值比	农业部
	会展农业	会展农业总收入	农业部
	创意农业	无	无
	城市农业	无	无
创新型农业新业态	智慧农业	农业物联网等信息技术应用比例	农业部
	农产品电子商务	农产品网络零售额 农产品网络零售额占农业总产值比重 物流成本占总成本比重 生鲜农产品冷链流通率 生鲜农产品损耗率	农业部、商务部
	农业大数据应用	无	无
	生物农业	生物农业年产值 生物农业增加值占国内生产总值的比重 产业集中度	农业部、科技部

续表

	业态类型	衡量指标	资料来源
社会化农业新业态	农业众筹	无	无
	订单农业	无	无
	社区支持农业	无	无
	农村养老服务业	无	无
	农业社会化服务业	农机合作社作业服务总面积 农机合作社服务总面积占全国农机化作业总面积比重 农机合作社土地托管、土地流转面积占全省土地流转规模经营面积比重	农业部
	农产品私人定制	无	无
内部融合型农业新业态	生态农业	农业废弃物综合利用率 “三品”认证农产品比例	农业部
综合型农业新业态	工厂化农业	单位面积产出	无

二、农业新业态发展的总体特征

从业态发展总量、发展结构、发展速度看，当前，我国农业新业态总体呈现“快、活、强”的发展特征。

（一）新业态的发展总量

“快”——新业态发展体量不断增大。

——服务型新业态发展总量。①休闲农业。根据农业部数据，2015年，全国休闲农业和乡村旅游接待游客超过22亿人次，营业收入超高4400亿元。从业人员790万人，其中农民从业人员630万人，带动550万户农民受益。“十二五”时期休闲农业游客接待数和营业收入年均增速均超15%。②会展农业。根据北京市农委数据，2015年，北京市会展农业总收入33亿元。这里的会展农业总收入包括门票、展位以及带动周边旅游收入。就目前而言，北京会展农业走在全国前列，北京农业展会项目约占全国的1/10，将北京市会展农业总收入乘以10，由此估算全国会展农业总收入330亿元。③创意农业尚未形成产业，城市农业也处于探索起步阶段，将创意农业和城市农业总收入忽略不计。由此估算得出，2015年服务型农业新业态总收入 4730 亿元。

——创新型农业新业态发展总量。①生物农业。根据 2012 年公布的《生物产业发展规划》，预计到 2015 年，全国生物农业年工业产值将达到 3000 亿元。②农产品电子商务。根据《“十三五”全国农业农村信息化发展规划》，2015 年农产品网络零售交易额超过 1500 亿元，比 2013 年增长 2 倍以上。③智慧农业。智慧农业目前尚未有数据可统计。忽略不计。由此估算得到，2015 年创新型农业新业态产值 4500 亿元。

——社会化农业新业态发展总量。根据现有数据，只统计农业社会化服务业这一新业态。根据农业部农业机械化管理司数据，截至 2015 年底，全国农机合作社数量已经达到 5.4 万个，全国农机合作社经营活动总收入达到 814 亿元（见表 9-2）。农机化服务是农机合作社的主营业务，其收入达到 567 亿元，其中包括田间作业收入 431 亿元，修理服务收入 80 亿元。由此得出，2015 年社会化农业新业态总收入达到 814 亿元。

——内部融合型农业新业态发展总量。我国“三品一标”（无公害农产品、绿色食品、有机农产品和农产品地理标志）认证产品的年产量已占同类农产品商品量的 40%以上，认定的种植业产地占全国耕地 45%以上。但尚未找到关于生态农业的经济总量指标数据。

——综合型农业新业态发展总量。尚未查到工厂化农业的经济总量指标数据。

根据现有可查阅到的数据，估算得出，截至 2015 年末，全国可统计的农业新业态总收入保守估算为 10044 亿元，相当于当年农林牧渔业总产值（107056 亿元）的 9.39%。而 2013 年，农业新业态总收入才 6299 亿元，新业态总收入相当于当年农林牧渔业总产值（96995 亿元）的 6.49%。说明新业态的发展体量在不断增大。2013—2015 年，休闲农业、会展农业、生物农业、农业社会化服务业新业态年均收入（产值）增速均超过 20%，远高于全国农林牧渔业总产值年均增速 4%的水平，各农业新业态发展速度好于农业整体水平。其中，农产品电子商务新业态 2013—2015 年年均增速甚至达到 41%。农业新业态作为农业经济增长的新生力量，有力地增强了农业的发展后劲。

表 9-2　2015 年农业新业态发展体量

单位：亿元

	新业态类型	新业态指标	2013 年	2015 年	2013—2015 年 年均增速（%）
服务型农业新业态	休闲农业	休闲农业总收入	2700	4400	27
	会展农业	会展农业总收入	210	330	25
	创意农业	—	—	—	—
创新型农业新业态	生物农业	生物农业产值	2083	3000	20
	智慧农业	—	—	—	—
	农产品电子商务	农产品网络零售交易额	750	1500	41
	农业大数据应用	—	—	—	—
社会化农业新业态	农产品众筹	—	—	—	—
	订单农业	—	—	—	—
	农业社会化服务业	农机合作社经营总收入	556	814	21
	农村养老服务业	—	—	—	—
	社区支持农业	—	—	—	—
	农产品私人定制	—	—	—	—
内部融合型农业新业态	生态农业	农业废弃物综合利用率	—	—	—
综合型农业新业态	工厂化农业	—	—	—	—
合　计	6299	10044			

资料来源：《生物产业发展规划》《“十三五”全国农业农村信息化发展规划》《全国农业现代化规划（2016—2020 年）》《全国农村经济发展“十三五”规划》《关于大力发展休闲农业的指导意见》（2016 年）《“十三五”国家战略性新兴产业发展规划》《全国农产品加工业与农村一二三产业融合发展规划（2016—2020 年）》。

（二）业态的创新速度

“活”——业态创新活跃。

随着产业创新和产业融合的深入发展，农业新技术、新产业、新业态、新模式不断涌现，业态内部产品日益丰富，业态创新加速推动了传统农业转型升级，进而引发了农业生产方式、组织方式的变革。

一是新的业态类型不断涌现。在创新型农业新业态方面，随着互联网技术的引入，涉农电商、物联网、大数据、云计算等亮点频出，从精准农业到智慧农业，从网络电商到移动电商、微信电商和社交电商，从常规的线上网店购买到近年来涌现的 O2O 模式（Online to Offine，线上网店与线下消费融合服务），还有新兴的 M2C 模式，即从工厂直达消费者的电子商务创新模式，C2B 模式（消费者对企业），即从消费者开始进行产品的设计制造，加工商品的主导权交给消费者，实现个性化定制和消费者主权，新的信息消费催生了一批新商业模式；在社会化农业新业态方面，农业众筹、农村养老服务业、农业托管服务等农业新业态应运而生；在服务型农业新业态方面，以体验、教育、养生为主的市民农园、教育农园、养生农业、运动农园等新业态蓬勃发展（如图 9-1 所示）。

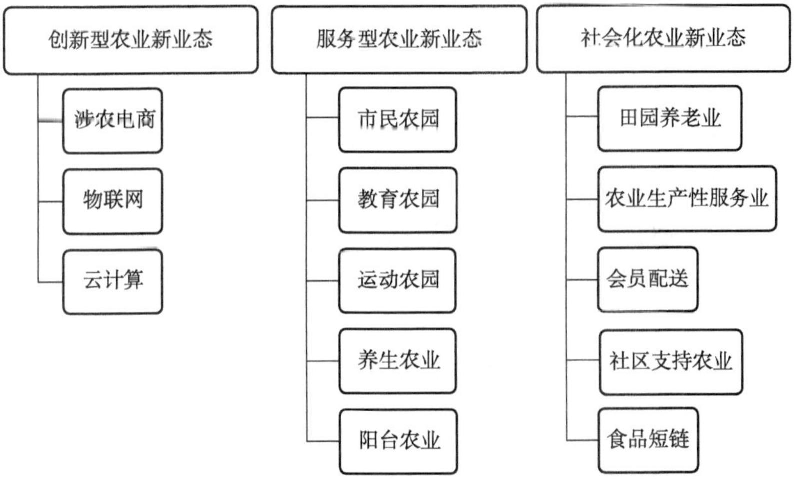

图 9-1　农业新业态类型创新

二是业态内部产品日益丰富。以个性化、多样化需求为主，服务型农业新业态内部产品日益丰富。休闲农业新业态正在由最初简单的“吃农家饭、住农家院、摘农家果”等观光产品向休闲农庄、乡村酒店、特色民宿、自驾车房车营地、户外运动等休闲度假产品发展。从功能上看，从最初的观光、采摘，向休闲、体验、养生、健身，乃至商务、度假等功能多样化、产业融合化、服务综合化方向发展。北京市怀柔区北沟村的瓦厂酒店是京郊早期精品乡村酒店的代表，来自美国的设计师将废弃瓦厂租赁下来，在尽可能保留瓦厂特色外观的前提下，对瓦厂内部进行创意设计，打造出具有乡村风情的精品乡村酒店。未来，乡村酒店和特色民宿的发展空间巨大。在景观农业方面，大田景观、林下景观等景观农业产品不断丰富。在创意农业方面，围绕包装创意、栽培创意、用途创意、亲情创意等手段，创意农业产品类型异彩纷呈，先后出现了农业产品创意、主题公园创意、农业节庆创意、异域文化创意、饮食文化开发、医农同根开发等产品。在会展农业方面，先后出现了农业会议、展览、展销、节庆活动、农业嘉年华等会展农业产品类型（见表 9-3）。

表 9-3　农业新业态产品创新

典型业态	产品类型
休闲农业与乡村旅游	房车营地、古村聚落、葡萄酒庄、乡村酒店、休闲农庄、养生山吧、山水人家、采摘篱园、垂钓渔庄、国际驿站、特色民宿
景观农业	大田景观、林下景观、园区景观
创意农业	农业产品创意、主题公园创意、农业节庆创意、异域文化创意、饮食文化开发、医农同根开发
会展农业	农业会议、展览、展销、节庆活动、农业嘉年华

三是业态创新速度表现为由缓慢渐进到快速发展。例如，休闲农业的农家乐起始于 20 世纪 80 年代，发展到 2010 年的乡村酒店大约用了 30 年时间，而从乡村酒店拓展到特色民宿、运动公园、市民农园在北京则仅仅用了 3~5 年。此外，信息技术对农业的革新速度越来越快。从 2011 年微信软件应用到 2013 年农产品微商兴起，只用了 2 年时间。又如，农业物联网技术在 4~5 年前还略显陌生，如今却给我国农业生产方式带来了深刻变革，并逐渐成为农业创新发展的新生力量。

（三）主力业态发展情况

“强”——主力业态凸显。

所谓主力业态，是指在一定时期内占有市场份额大、带动作用强的业态。从现有发展看，表现突出的有休闲农业、农产品电子商务、生物农业三个产业，是现阶段农业新业态发展的主力业态。其中，农产品电子商务新业态的增长速度最快，休闲农业和生物农业的市场规模较大。

2015 年休闲农业总收入 4400 亿元，农产品网络零售交易额超过 1500 亿元，生物农业产值 3000 亿元，这三个新业态占到现有农业新业态发展总量的 89%，市场份额大。在带动农民增收方面，预计到“十三五”末，休闲农业带动全国农民受益面将达到 3500 万人，引领带动作用突出。农产品电子商务在有效拓宽农产品销售渠道、缓解农产品卖难问题、促进农民增收方面的作用日益突出，发展农村电商已成为贫困地区精准扶贫的一个重要手段。从发展潜力看，休闲农业在“十三五”将保持年均 10%的增速，农产品电子商务“十三五”期间将保持年均 40%的增速，生物农业将保持年均 10%的增速，发展潜力大（见表 9-4）。

表 9-4　农业新业态发展总量及增速预测

	业态类型	业态指标	2015 年产值或市场规模	2020 年产值或市场规模	年均增长（%）	带动作用
服务型农业新业态	休闲农业	休闲农业年接待旅游人次（亿人次）	22	33	8.4	预计到 2020 年，全国农民受益面达到 3500 万人
		休闲农业年营业收入（亿元）	4400	7000	10	
	会展农业	会展农业总收入（亿元）	330	670	15	会展业带动效应为 1∶9
	创意农业	—	—	—	—	—
创新型农业新业态	生物农业	生物农业产值（亿元）	3000	4830	10	—
	智慧农业	农业物联网等信息技术应用比例（%）	10.20	17	10.8	—
	农产品电子商务	农产品网络零售交易额（亿元）	1500	8000	40	—
		农产品网上零售额占农业总产值比重（%）	1.47	8	40.3	—
	农业大数据应用	—	—	—	—	—

续表

	业态类型	业态指标	2015年产值或市场规模	2020年产值或市场规模	年均增长（%）	带动作用
社会化农业新业态	农产品众筹	—	—	—	—	—
	订单农业	—	—	—	—	—
	农业社会化服务业	农机合作社经营总收入（亿元）	814	1310	10	—
	农村养老服务业	—	—	—	—	—
	社区支持农业	—	—	—	—	—
内部融合型农业新业态	生态农业	—	—	—	—	—
综合型农业新业态	工厂化农业	—	—	—	—	—
合计			10044	21843	16	

资料来源：《生物产业发展规划》《“十三五”全国农业农村信息化发展规划》《全国农业现代化规划（2016—2020年）》《全国农村经济发展“十三五”规划》《关于大力发展休闲农业的指导意见》（2016年）《“十三五”国家战略性新兴产业发展规划》《全国农产品加工业与农村一二三产业融合发展规划（2016—2020年）》。

三、农业新业态发展的生命周期阶段特征

新业态发展有一个从萌发到发展壮大的发展过程。按照产业经济学的生命周期理论，将业态发展分为萌芽期、成长期、成熟期、衰退期四个阶段（见表9-5）。识别行业生命周期所处阶段的主要指标有市场增长率、需求增长率、产品品种、竞争者数量、企业利润等。

1. 萌芽期

新业态产生的新产品投入市场，便进入初创期。此时，顾客对产品还不了解，只有少数追求新奇的顾客可能购买，销售量很低。在这一阶段，由于技术方面的原因，产品不能大批量生产，因而成本高，企业利润低，产品也有待进一步完善。

2. 成长期

顾客对产品已经熟悉，大量的新顾客开始购买，市场逐步扩大。产品大批量生产，生产成本相对降低，企业的销售额迅速上升，利润也迅速增长。竞争者看到有利可图，将纷纷进入市场参与竞争，使同类产品供给量增加，价格随之下降，企业利润增长速度逐步减慢，最后达到生命周期利润的最高点。

3. 成熟期

市场需求趋向饱和，潜在的顾客已经很少，销售额增长缓慢直至转而下降，标志着产品进入了成熟期。在这一阶段，竞争逐渐加剧，产品售价降低，促销费用增加，企业利润下降。

4. 衰退期

随着科学技术的发展，新产品或新的代用品出现，将使顾客的消费习惯发生改变，转向其他产品，从而使原来产品的销售额和利润额迅速下降。于是，产品又进入了衰退期。

表 9-5 产业生命周期特征

	萌芽期	成长期	成熟期	衰退期
市场需求	产品被少数顾客购买，满足少量群体	产品被市场熟知，市场逐步扩大	市场需求趋向饱和	市场需求降低
企业竞争度	少量企业进入	大量企业进入，竞争逐渐加剧	竞争逐渐加剧	高
企业利润	低	迅速增长	下降	迅速下降

（一）服务型农业新业态发展的生命周期阶段分析

1. 休闲农业整体进入成长期

休闲农业整体进入成长期，处于黄金发展阶段，根据生命周期发展规律，未来市场竞争逐渐加剧，面临转型升级。

目前，休闲农业在我国已形成整体发展态势，休闲农业与乡村旅游已基本为市场所熟知。休闲农业产品类型逐渐丰富，规模不断扩大，组织化程度不断提高，利润呈加速增长。随着城乡居民生活水平的提高、闲暇时间的增多和消费需求的升级，休闲农业仍有旺盛的需求。今后一个时期预计居民人均年休闲旅游将超过 5 次，由此估算全国休闲旅游市场规模将超过 80 亿人次，与现阶段年接待人次 22 亿人次的规模相比，休闲农业市场远未达到饱和，未来发展空间仍很大。由此推断休闲农业整体已经度过萌芽期，进入到成长期阶段，未来一段时间休闲农业仍将处于黄金发展期。但是，随着越来越多的主体参与到休闲农业中，休闲农业的竞争将逐渐加剧。特别是在一些休闲农业发展较快的大城市，这些城市的休闲农业已进入到成长期的中段，市场竞争加剧，强大社会资本的注入对现有休闲农业形成了强大的冲击，大城市休闲农业发展面临转型升级。

从产业形态来看，目前休闲农业产业形态由最初的观光采摘向休闲、体验、养生、健身、商务、度假等多功能发展，由粗放的外延式发展向内涵式提高转变，休闲农业品牌化、高端化、规模化发展趋势明显。产业发展的文化创意驱动日益明显。

从年接待人次与营业收入来看，2010 年，全国各类休闲农业年接待游客 4 亿人次，营业收入 1200 亿元。到 2015 年，全国休闲农业和乡村旅游接待游客超过 22 亿人次，营业收入超高 4400 亿元，已成为农业和农村经济发展的亮点之一，彰显出广阔的发展前景，成为繁荣农村、富裕农民的重要产业（见图 9-3、表 9-6）。

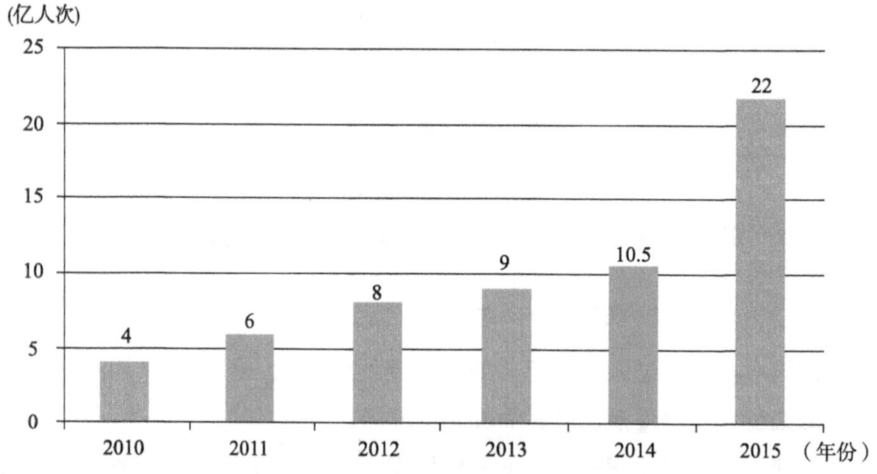

图 9-2　2010—2015 年全国休闲农业接待人次

表 9-6 2010—2015 年全国休闲农业接待人次与营业收入情况

年份	2010	2011	2012	2013	2014	2015
接待人次（亿人次）	4	6	8	9	10.5	22
营业收入（亿元）	1200	1500	2400	2700	3600	4400

资料来源：农业部。

从发展的体量看，用休闲农业总收入与农业总产值比来表征农业为市民提供休闲、度假、观光等的生活服务水平。这里用比值而不是占比，主要是因为休闲农业总收入并不包括在农业总产值中。2010 年，我国休闲农业与农业总产值比为 0.01737∶1，到 2015 年，我国休闲农业与农业总产值比已经为 0.04110∶1（见表 9-7）。

表 9-7 2010—2015 年全国休闲农业与农业总产值比

年份	2010	2011	2012	2013	2014	2015
休闲农业总收入（亿元）	1200	1500	2400	2700	3600	4400
农业总产值（亿元）	69320	81304	89453	96995	102226	107056
休闲农业与农业总产值比	0.01731∶1	0.01845∶1	0.02683∶1	0.02784∶1	0.03522∶1	0.04110∶1

资料来源：国家统计局、农业部。

从发展效益看，休闲农业人均消费量反映了休闲农业盈利情况。根据农业部数据，2012 年，我国休闲农业人均消费水平为每人次 87 元。事实上，人均消费量有个基本饱和的度，当达到这个基本饱和度后，会有一个爬坡徘徊的阶段，进一步蓄积能量，寻找新的增长点。例如北京市在 2005—2012 年，休闲农业人均消费量从 67 元增长到 98 元，增速较快。2012 年后，休闲农业人均消费量基本在 100 元左右徘徊（见表 9-8、图 9-3）。这个 100 元即是北京休闲农业人均消费量的一个基本饱和水平。要想在此水平上进一步提高，需要对休闲农业进行提档升级，进一步挖掘市民消费的新增长点。

表 9-8　2010—2015 年北京休闲农业人均消费量

年份	2010	2011	2012	2013	2014	2015
接待人次（亿人次）	3329	3512	3636	3751	3825	4043
营业收入（亿元）	25. 15	30. 4	35. 93	37. 56	36. 17	39. 17
人均消费量（元）	75. 54	86. 56	98. 83	100. 13	94. 56	96. 89

资料来源：农业部。

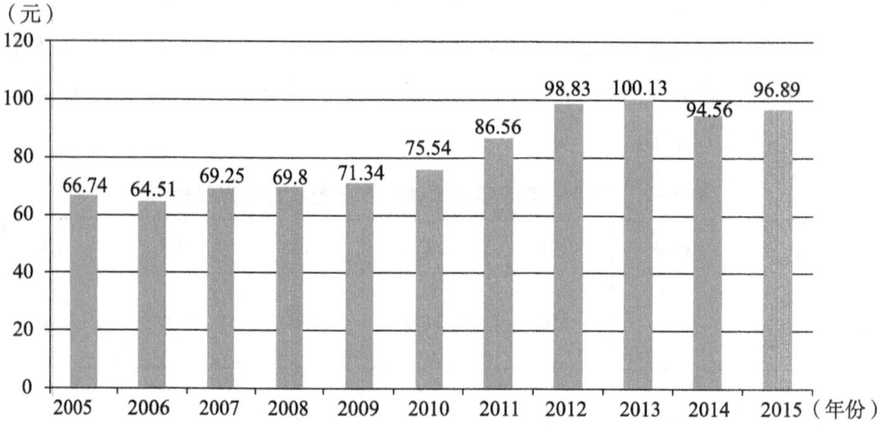

图 9-3　2005—2015 年北京休闲农业人均消费量

从业态的集约化发展程度看，利用农业部 2011 年 1 月 25 日下发的《农业部办公厅关于开展全国休闲农业摸底调研的通知》中所获的数据，2010 年，从事休闲农业的全职从业人员人均产值 5. 41 万元，是同期全国农业劳动力的劳均产值 1. 97 万元的 2. 75 倍，表明休闲农业从业人员具有更高的劳动生产率。从土地产出率看，休闲农业单位经营面积创造了巨大的经济效益，全国平均土地产出率达 179967 元/公顷，是全国农业土地产出率 28941 元/公顷的 6. 22 倍，这也说明了农业新业态较传统农业具有更好的效益。休闲农业的产出效率见表 9-9。

表 9-9　休闲农业的产出效率

类型	劳均产值（万元）	土地产出率（元/公顷）
农家乐	5. 748	1050784
休闲农庄	5. 492	323024

续表

类型	劳均产值（万元）	土地产出率（元/公顷）
休闲农业园区	5.556	110361
民俗文化村（镇）	3.724	178528
总体平均	5.408	179967

资料来源：刘瑞红，安岩，霍学喜．休闲农业的组织模式及其效率评价［J］．西北农林科技大学学报，2015（3）：83-89.

目前，休闲农业发展现状与爆发式增长的市场需求还不相适应，发展方式还比较粗放，存在思想准备不足、基础设施滞后、文化内涵挖掘不够、产品类型不够丰富、服务质量有待提高等问题，亟须提档升级。

随着城乡居民生活水平的提高、闲暇时间的增多和消费需求的升级，休闲农业仍有旺盛的需求，仍将处于黄金发展期。今后一个时期预计居民人均年休闲旅游将超过5次，全国休闲旅游市场规模将超过80亿人次。伴随着休闲经济向体验经济发展，以体验、租赁为主市民农园、教育农园、特色民宿、休闲农庄的业态将成为一大趋势。随着收入水平的提高，农业观光休闲将由单纯的观光体验进入到文化和教育阶段。即农业为广大市民，尤其是青少年提供接触农业、体验农耕文化、接受农业教育的功能越来越凸显。此外，根据国际发展经验，总体上人均GDP 3000美元的休闲农业主要为观光采摘；7000美元主要为操作体验度假；而超过13000美元以上则主要为租赁。由此可预知，未来教育体验、农地租赁等将会成为休闲农业发展的一大趋势。

2. 会展农业市场趋向成熟

会展农业增速放缓，市场趋向成熟，行业总体进入竞争整合阶段。

会展农业的历史较长，自1959年全国农业展览馆建成起，标志着会展农业开始受到关注。会展农业包括农业展会、展销、会议、节庆活动等。目前，会展农业市场趋向成熟，进入竞争整合期，其特征有两个：一是农业展会数量增速逐渐放缓。根据农业部市场与经济信息司的农业会展统计数据，2004—2008年，我国农业会展经历了一个数量快速增长的“井喷”时期。据不完全统计，这5年间每年新增农业会展活动近百个（包括各种规模、类型的农业会展）。进入到2009年后，农业会展数量增速逐渐放缓，见表 9-10。二是行业竞争加剧，会展资源重组现象增多。据不完全统计，2011 年度停办的农业会展超过 20 个，其中近六成的停办项目举办届数不足 3 届。从业态增长潜力看，未来新开发的农业会展和农业节庆个数将较少，个数增速放缓，业态发展更多的是对现有展会、节庆活动的整合与突破，打造会展品牌，增强展会、节庆衍生产品开发能力和市场化运作模式等。例如，农业嘉年华就是在现有农业展览、展销、节庆活动的基础上，融入体验、互动、创意等元素而开发的新的农业会展产品。连续举办四届的北京农业嘉年华实现总收入 22 亿元，已经成为北京农业的一张新名片。

表 9-10　2009—2014 年全国农业展览情况

年份	中等规模以上展览实际数量	展览总面积（平方米）	参展商总数（家）	参观总人次	平均值		
					展览面积（平方米）	参展商数量（家）	参观人次
2009	179	2930000	104000	13760000	16372	580	76000
2010	230	4367000	137000	38410000	18978	597	167000
2011	237	5070000	165000	37120000	19808	646	145000
2012	245	5880000	159000	17170000	21611	586	63000
2013	253	6300000	179000	12970000	24918	708	46000
2014	267	6950000	230000	23771000	26051	692	71000

资料来源：中国国际贸促会农业行业分会代表在参加《2016 中国会展经济研究会年会暨中国（珠海）会展经济论坛》上的发言。

3. 创意农业、城市农业整体处于萌芽期

创意农业多以创意元素的形式融入休闲旅游产品和活动开发中，尚未具备较大规模的市场份额，尚未有专门从事创意农业的组织，故创意农业还未单独形成一个产业。城市农业总体上处于示范推广阶段，处于萌芽期。

创意开始融入农业，目前创意农业的产品类型主要有农产品创意、农业动漫创意、农业主题公园创意、节庆活动创意、融合产业创意、异域农业文化创意、农食文化创意、医农同根创意八种模式，这些卓有成效的农业创意异彩纷呈，创造了丰厚的经济效益。例如，在农产品创意方面，通过包装创意、栽培创意、用途创意、亲情创意等手段，改变了农产品传统的食用功能和传统用途，使得普通农产品变成了商品、纪念品，甚至成为艺术品，从而身价倍增，提高了附加值。典型的有玻璃西瓜、玻璃苹果、盆栽果菜、豆塑画、五谷画、葫芦工艺品等。在农业动漫创意方面，一些农业节庆活动与动漫相结合，设计了活泼可爱的农业卡通形象。如北京市昌平区的草莓娃娃、怀柔的人参娃娃、顺义花博会吉祥物等。

阳台农业开始走进城市，在一些大城市已有不少公司开始进行盆栽果蔬，发展阳台农业。北京近两年大力推动农业走进城市，支持阳台农业发展，但总体上处于初期推广阶段，未形成大气候。国内有垂直植物墙，能自动浇水光照通风，可以在室内形成良好的生态环境。例如，杭州机场出机口就设置了一面很大的植物墙。城市农业有望走进千家万户以改善室内空气。

（二）创新型农业新业态发展的生命周期阶段分析

1. 生物农业已是新兴产业

生物农业已是新兴产业，整体上已进入大规模产业化的起始阶段，有着广阔的发展前景。

生物技术是当今世界发展最快、潜力最大、影响最深远的高新技术之一，也是发生新一轮科技革命和产业变革的重点领域，是当今全球最为活跃的战略性新兴产业。世界各有关国家都将生物技术及其产业化视为国民经济新的增长点。近年来，随着农业生物技术不断取得重大突破并迅速产业化，生物农业逐渐成为国际农业竞争的重点和发展的制高点，世界各国政府纷纷将农业生物技术纳入优先支持的技术领域，生物农业已成为发达国家新的经济增长点。

从国际上看，美国为了确保其在生物技术产业的领先地位，建立了高层协调机制和产业组织体系，每年投入生物技术研发的经费达 380 多亿美元，已先后形成了 5 个生物谷，培育了 1400 多家生物技术企业。为发展生物质能源农业，规划到 2020 年，生物质燃料将取代 10%的燃油消费，2050 年达到 50%。欧盟自 20 世纪 90 年代初开始，就要求成员国大力发展生物质能源，积极发展能源农业，以缓解能源供需矛盾，改善环境。按照欧盟的要求，到 2020 年生物质能源在传统燃料市场中占有 20%的比例。英国是世界上第一只克隆羊“多莉”的诞生地，英国政府提出的“发展生物技术”战略报告的目标是保持生物技术位于世界第二的水平。日本提出和确立了“生物产业立国”战略作为新的国家目标。新加坡制定了“5 年跻身生物技术顶尖行列”的目标，把新加坡建成“生物岛”。韩国也制定了生物技术发展计划，准备到2010年成为世界前7列的生物产业强国。

在我国，2007年国家发改委发布《生物产业发展“十一五”规划》，紧紧围绕保障粮食安全和促进农产品结构调整，加速生物农业技术的研发及广泛应用，提升农业生产效益。设置“专栏5生物育种专项”，围绕提高农产品品质、效益，促进农业产业结构调整，选育并大面积推广100~150个优质、高产、高效、多抗的农业新品种；推广应用30~50个抗虫、抗旱、抗逆能力强的防护林、经济林、能源林、速生工业用林等新品系。设置“专栏6绿色农用生物产品专项”，明确提出加速生物农药、生物肥料等绿色农用生物产品产业化应用。开发并推广生物农药、生物肥料、植物生产调节剂、生物饲料添加剂等重要农用生物制品15个左右，开发并推广应用畜禽新型疫苗等动物用生物制品和制剂40~50种；增加生物农药、生物肥料、微生物全降解农用薄膜的使用比例，有效缓解农业面源污染。

2010年国务院发布的《关于加快培育和发展战略性新兴产业的决定》中，对快速健康发展的重点领域之一的生物产业明确提出，着力培育生物育种产业，积极推广绿色农用生物产品，促进生物农业加快发展。2011年7月，科技部发布的《关于印发国家“十二五”科学和技术发展规划的通知》，在“大力培育和发展战略性新兴产业”中，对于生物产业方面，提出大力发展生物农业关键技术和装备，实施生物种业和农业生物药物等科技产业化工程；推动传统产业制造过程的绿色化、低碳化，加快发展绿色农用生物产品，促进优质高效农业发展。

2012年国务院发布《生物产业发展规划》，提出要充分发挥我国丰富的农业生物资源优势，加强生物育种和农用生物制品技术研发能力建设，促进创新资源向企业集聚，加快发展新品种研发、产业化和推广应用，推动生物育种产业加快发展，促进农用生物制品标准化高品质发展。预期到2020年，生物产业将成为我国国民经济的支柱产业，而生物农业在其中占有相当的份额。

生物农业主要包括生物育种、生物饲料、生物疫苗、生物肥料和生物农药5大产业。从年产值看，生物育种占74.7%，生物饲料占8.6%，生物疫苗占7.0%，生物农药占2.7%，生物肥料占1.2%，其他占5.8%。生物农业呈现产业规模不断扩张、产业增长快速平稳、产业结构优化升级趋势明显的特点。在生物育种方面，2001年来，我国国家和省两级共审定新品种15000多个，是2001年前审定总和的7.5倍。在全国范围内主推品种更新换代2~3次，良种在农业科技贡献率中的比重由2006年的36%提高到2014年的43%，主要农作物良种覆盖率达到95%以上，有力地支撑了我国粮食生产增产以及其他主要农作物的单产提高和品质提升（见表9-11）。在生物农药方面，2008—2012年，我国生物农药销售收入保持年均38%的增速（见表9-12）。在生物疫苗方面，2000—2010年，我国生物疫苗市场规模保持年均21%的增速；2010—2015年，保持年均24%的增速（见表9-13）。

表9-11 2007—2014年我国种子行业市场规模统计

年份	2007	2008	2009	2010	2011	2012	2013	2014
种子行业市场规模（亿元）	300	352	418	502	582	625	668	750

资料来源：《种子硅谷建设研究报告》，中国国际工程咨询中心。

表9-12 2008—2014年中国生物农药销售收入及增长情况

年份	2008	2009	2010	2011	2012	2013	2014
销售收入（亿元）	86.22	128.80	161.14	218.37	321.29	287.24	284.34
同比增长（%）	19.96	49.38	25.11	48.49	47.13	-10.6	-1.01

资料来源：《2014生物农药发展与应用交流大会》会议材料。

表9-13 2000—2015年动物疫苗市场规模统计

年份	2000	2009	2010	2011	2013	2015	2020预计
生物疫苗市场规模（亿元）	10	58	68	81	110	151	330
增速	年均复合增速21%			年均复合增速24%			

从发展阶段看，随着近几年我国大力推动生物农业的技术创新，生物农业研发水平取得了较大进步，有些领域在国际上已处于领先水平。但与国际发展水平相比，我国生物农业总体仍处于大规模产业化的起始阶段。从发展潜力看，未来生物农业将有着广阔的发展空间。例如，在生物农药方面，随着农药零增长行动的实施，未来生物农药、高效低毒低残留农药将大面积推广应用，以确保到2020年主要农作物病虫害绿色防控覆盖率和农药利用率均达到40%以上，在这样的发展背景下，生物农药将呈现出良

好的市场发展前景。在生物疫苗方面，我国生猪养殖业仍处于规模化初期，规模化继续提升将带来疫苗需求的继续增长，未来生物疫苗将具有更广阔的空间。预计到2020年，我国生物疫苗市场规模有望达到330亿元，2011—2020年复合增速为20%。

2. 农业大数据处于萌芽期，智慧农业由萌芽期向成长期迈进

智慧农业总体上处于萌芽期向成长期迈进阶段，大多用于试点示范，尚未真正实现产业化，大规模商业化应用还需要时间。农业大数据应用处于萌芽期，大数据新型资源要素价值尚未真正显现，处于数据的共建共享阶段，农业大数据的挖掘与应用尚未真正开展，还未找到有效的应用模式。

智慧农业已开始示范应用。在全国层面上，国家发改委、农业部分别在黑龙江、北京、天津、安徽、上海、江苏以及新疆、内蒙古等地开展了一系列物联网应用示范工程，各级地方也做了大量农业物联网推进工作，应用领域主要包括设施种植、设施养殖、大田作物、农产品物流追溯、农机监控和生态环境监控，初步形成了一批农业物联网技术软硬件产品、应用模式和一批应用典型，显现了农业物联网应用发展的强劲势头。

智慧农业尚未实现产业化。按照生产性、商品性、求利性和组织性的条件，智慧农业处于试点示范阶段，尚未真正实现产业化，大规模商业化应用还需要时间。具体表现在以下方面：①尚未形成大规模的需求。小规模的家庭经营是目前农业的一大特色。这样的经营规模，一方面，不适合应用大型的精准农业装备；另一方面，由于经营收入在农户总收入成本中所占比重较小，而智慧农业装备的应用成本相对较高。因此，农民应用积极性难以得到提高。此外，就目前农民而言素质较低，在应用高智能的精准农业装备方面存在一定困难。②没有产生成熟的市场。智慧农业目前主要处于项目支持下的技术研发和示范应用阶段，真正有大量供需双方参与并自由交易的市场还没有形成。③生产主体规模化和标准化程度低。目前国内大部分智慧农业装备制造厂家规模较小，且每家企业的产品各成体系，不同企业产品的配套性和互换性比较差，产业标准化程度低。

未来农业物联网应用的发展态势强劲，根据《“十三五”全国农业农村信息化发展规划》，2015年，我国农业物联网等信息技术应用比例为10.20%，“十三五”期间将保持年均10.8%的增速，预计到2020年，我国农业物联网等信息技术应用比例达到17%。

农业大数据处于共建共享阶段。目前，农业大数据有四种类型：一是统计数据，数据具有权威性；二是监测数据，来源于行业主管部门；三是调查数据，主要来源于市场调查；四是电商数据，主要来源于对各大电商网站的后台各指标数据的统计，数据具有一定的权威性。淘宝、天猫、京东等农产品电商的大型支撑平台具有丰富的电商数据。目前，农产品大数据应用典型的案例有两个：一是“京东大脑”的大数据与精准推荐技术。2016 年，京东推出“京东大脑”，为消费者带来了极具个性化、区域化的推荐结果，帮助不同地区与不同消费习惯的人群获得最适合自己的高品质年货推荐商品，让消费者购物更加便捷。推出了面向农村市场的“乡亲 App”，其基于中国乡村客户特性和消费数据，可以精准推荐符合地域、用户需求和消费习惯的产品，让乡村推广员、京东帮店主有卖不完的好货。极大地帮助农村消费者更方便地购买到了优质年货，同时也可以最大程度降低购买成本。利用“乡亲 App”，农村消费者还可以发布优质本地农货，逐步实现农产品上网，借助京东的平台将农产品卖向全中国乃至全世界。二是淘宝的农产品电商平台消费分析。2014 年，阿里巴巴面向全球首度开放数据，提供包含农产品在内的以往的销售信息和“淘宝指数”服务，用可视化图表的方式向用户展现排行榜、搜索指数、成交指数、市场细分。商家可以根据以往的销售信息和“淘宝指数”进行生产、库存决策。淘宝还会根据消费者的时间偏好、消费偏好等在合适的时间为其推荐合适的产品。数据开放之后，线上线下的数据能够串联起来，用户既是数据提供方，也是数据使用者。如图 9-4 至图 9-6 所示。

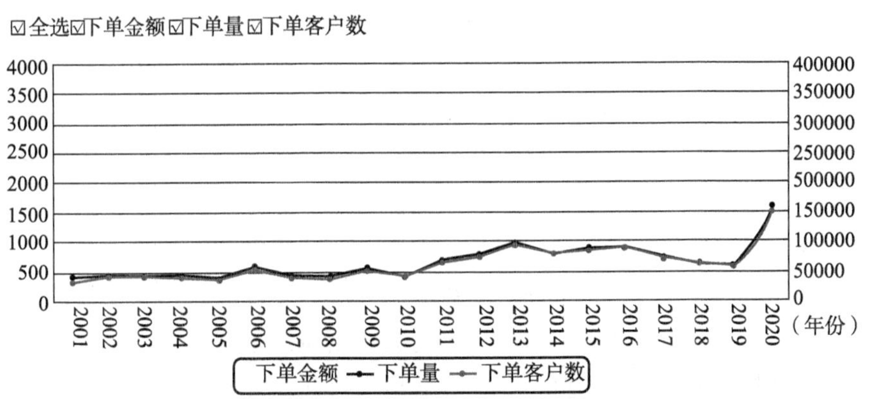

图 9-4 京东后台数据——经营概况趋势分析图

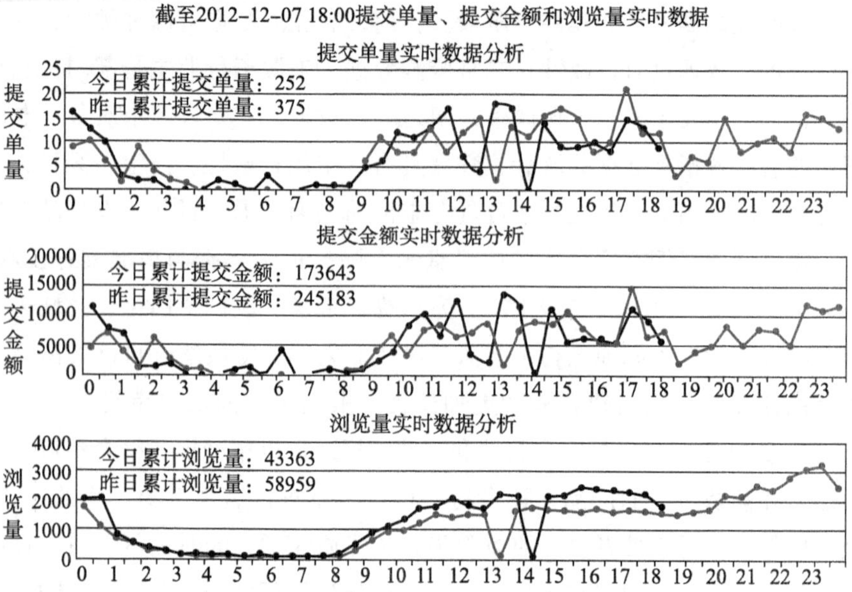

图 9-5　京东后台数据——经营实时概况图

» 广告位详情

下载

每页显示 10 条

广告位	收费类型	曝光次数	广告点击量	影响浏览量	影响订单量	影响订单金额	影响访次店铺占比
商品精选	收费	52,963	194	2,562	20	20,552.00	0.25%
推广商品	收费	119,162	341	3,182	44	59,513.70	0.44%
总计	收费	172,125	535	5,744	64	80,065.70	0.68%
商品精选	免费	0	116	2,135	19	23,781.60	0.14%
推广商品	免费	0	12	230	2	2,605.00	0.02%
总计	免费	0	128	2,365	21	26,386.60	0.16%

1-6/6条

首页 上一页 1 下一页 尾页

图 9-6　京东后台数据——广告效果详情图

农业大数据还未形成普遍应用的局面，未找到有效的应用模式。具体表现在：①理念的应用快于数据的应用。目前，人们普遍意识到，数据是有价值的，可以对数据进行分析和挖掘，从中获得有用信息，但很多数据没有找到合适的用途。②大数据应用仍停留在初级技术阶段。多数应用仍然适用传统分析流程和工具，只是扩大了数据的来源，增加了数量，缺乏开发技术和应用模式上的创新。③数据的开放和交易尚未形成市场的主流形态。以京东、淘宝为例，目前推出的大数据应用基本为内部服务，由于法律和数据交易机制的不健全，这些交易平台在对外开放和交易数据上保持谨慎态度。未来随着大数据挖掘应用的进一步拓展，农业大数据这一新的服务业态将取得较大发展，大数据这种新型资源要素的价值将越来越凸显。

3. 农产品电子商务

农产品电子商务已经走出萌芽阶段，进入到成长期的快速推进阶段。但是全社会爆发式增长还没有到来，各种“瓶颈”和问题正在显现，在平台运营、农产品标准化、仓储物流等方面均有待破题。

农产品电子商务呈现快速发展态势：一是电商销售产品类型日益增加，从大宗农产品扩充到生鲜农产品。从 1998 年全国棉花交易市场成立，通过竞卖市场交易方式采购和抛售国家政策性棉花。进入到 2005 年开始，生鲜农产品开始在网上进行交易。2005 年易果网成立，2008 年沱沱工社开始做生鲜农产品交易。之后涌现了一大批生鲜电商。二是电商营销模式不断创新，B2C、C2C、C2B、O2O 等各种农产品电商模式竞相推出。三是电商平台如雨后春笋般出现，呈现蓬勃发展态势。淘宝、天猫、京东等是农产品电商的大型支撑平台，而中粮我买网、沱沱工社、本来生活等垂直电商经营水平不断提高，一亩田、美菜等 B2B 型电商作用日益突出。2014 年我国有各类涉农电商 3.1 万家，其中涉农交易类电商有近 4000 家，呈现蓬勃发展的态势。

2013 年，相当数量的省、自治区、直辖市农产品电子商务交易额同比增长超过 100%。全国依托淘宝网、1 号店、京东等第三方平台以及个体之间的电子商务平台，实现农产品网络零售 700 亿元。生鲜农产品电子商务交易额在生鲜农产品交易额的比例达到 1%。其中，淘宝、天猫平台上，生鲜相关类目同比增长 194.62%，支付宝交易额超过 13 亿元。中国电子商务研究中心监测数据显示，截至 2014 年 11 月 11 日，我买网整体销售订单同比增长 650%和 500%以上。根据阿里巴巴研究中心测算，2013 年阿里各平台农产品销售额达 500 亿元。

但电商企业的盈利能力普遍不强，农产品电子商务主体的经济利益还不高。资料显示，目前国内农产品电商接近 4000 家，但其中仅仅只有 1%能够盈利、7%有巨额亏损、88%略亏、4%持平。农产品电商利润空间无法覆盖高昂的成本，多数企业在烧钱铺市场，尚未收回投资回报。在平台运营、农产品标准化、仓储物流等方面均有待破题。例如，最早的农产品电商在北京配送一单农产品的物流费用在 40 元左右。2013 年顺丰根据北京六环以内平均每天的订单数和配送成本，计算得出当时同行平均每一个订单的物流配送成本大概在 47 元，整个业内至少都在 40 元以上，还不包括整个仓储、IT、客服系统等成本。近几年随着物流体系的不断完善，物流成本明显降低。根据 2015 年课题组对北京冷链物流企业的调研，郊区冷链物流配送成本为 12～15 元/单，只略高于普通快递费。但对于中西部地区，物流成本仍然是制约生鲜农产品电商的一个重要方面。

（三）社会化农业新业态发展的生命周期阶段分析

1. 订单农业、社区支持农业、农业生产性服务业进入成长期

订单农业、社区支持农业、农业生产性服务业发展已有一段时间，目前已度过萌芽期，进入成长期的不断探索完善阶段。

订单农业有几种新的表现形式：一是以流通、餐饮为主体的服务性企业为主导的原材料直供基地模式，例如呷哺呷哺公司、顺丰优选等；二是企业与农产品基地对接的租用、托管模式，将农产品基地作为公司员工的休闲体验基地和农产品购买基地，为公司员工提供内部福利。社区支持农业作为一种理想的生产经营模式，有一定商机，但发展确实面临实实在在的困惑，需要不断探索完善。基于互联网的社区支持农业近几年发展迅速。在农业生产性服务方面，出现了流转生产经营权的土地托管合作社，包括菜单式托管（半托型）、全程托管（全托型）、承租型合作、土地入股等模式。

2. 农业众筹、农村养老服务业、农产品个性化定制处于萌芽期

农业众筹、农村养老服务业、农产品个性化定制的发展主要服务于特定消费群体，目前在一些大城市开始作为新的组织方式的创新来探索试点，整体处于萌芽期，还未形成气候，也存在诸多有待解决的问题，但这些新业态的出现可以视为一种农业多样化发展的新趋势，且这些新业态瞄准特定的消费群体，也决定了其收益率会较高。

例如，北京市昌平区崔村镇青水果园以生产苹果为主，园主有十多年的果树种植经验，一直以采摘、零售的方式经营自家果园。2015 年，该果园开始在附加值上下功夫，走私人定制路线。其根据客户需求，在果品种植和产品包装上做文章，客户预定的是带字的特级果，要求苹果上印“福、禄、寿、喜、恭喜发财”等字样，包装箱也提出了特别要求，只要

每箱5个苹果、10个苹果两种规格，用来给老人拜寿。接受客户订金后，园主从疏花、疏果起，就考虑优先培育特级果，9月初苹果摘袋后，从中选出5000个优质果，将印有客户指定文字的贴膜贴在苹果上，然后定期转果，保证苹果受光均匀。并根据客户要求，定制一批包装箱。10月底，苹果全部下树、装箱，送给客户。青水果园当年7亩果树产了3万斤苹果，其中5000个属于“私人定制”。普通苹果的采摘价为每斤10元，零售价为每斤6元，而“私人定制”的苹果卖到每个10元，利润比普通苹果高240%。

（四）内部融合型农业新业态发展的生命周期阶段分析

按照生产性、商品性、求利性和组织性的条件，生态农业还没有形成产业，尚处于生态农业发展模式的探索阶段。主要表现在：①尚未形成有效需求。与智慧农业一样，生态农业技术装备的应用会提高农业生产成本，对小规模经营的农户来讲，应用的积极性并不高。②没有产生成熟的市场。生态农业主要处于项目支持下的技术研发和示范应用阶段，或者被合作组织、企业等大规模经营主体采用，真正有大量供需双方参与并自由交易的多级市场还没有形成。③生产主体规模小，标准化程度不高。截至目前，还没有出现国内外知名的大型农业废弃物循环利用技术设备生产制造商。通过对北京德青源农业科技股份有限公司的调研发现，由于目前行业标准不健全，缺乏规范，加之知识产权保护不足，导致仿制品横行，企业蒙受巨大损失。

（五）综合型农业新业态发展的生命周期阶段分析

植物工厂目前只是一个示范点，处于萌芽期。

大型植物工厂现阶段主要用于科研单位的试验研究和示范，部分学校等单位也引进小型植物工厂用于展示。总体上说，植物工厂作为工厂化农业的高级阶段，现阶段还处于萌芽期。奥地利、丹麦、美国、日本等国都先后建立了一批植物工厂，用于试验研究和示范，为工厂化农业发展展现了美好前景。从国内看，在北京等科技力量比较强的地区建有植物工厂的示范点。例如，位于通州区的北京市植物工厂工程技术研究中心，建有国内首个拥有自主知识产权的智慧温室，应用多学科技术，将再生能源、现代农业装备以及物联网技术有机融合，实现从育苗、移栽、生产、收获、采摘包装、储藏全程自动化，是目前我国配套生产设备最为齐全的低耗高效、生态环保的智慧植物工厂。北京京鹏科技公司承建的高科技温室装备已出口40多个国家，创造产值2亿元。北京农众物联科技有限公司主要进行植物工厂技术的研发与技术输出，公司在北京市平谷区建有单体面积2.6万平方米的北京平谷植物工厂，单体面积居世界首位。目前，北京农众物联科技有限公司采用总部基地的形式进行运营，在全国各地建设各类植物工厂，自成立以来，先后向国有企业、学校、会议组委会等单位或部门建设了多个植物工厂。

农业新业态生命周期特征见表9-14。

表9-14　农业新业态生命周期特征

	萌芽期	成长期	成熟期	衰退期
服务型农业新业态	创意农业、城市农业	休闲农业	会展农业	—
创新型农业新业态	农业大数据	生物农业、智慧农业、农产品电子商务	—	—
社会化农业新业态	农业众筹、农村养老服务业、农产品个性化定制	订单农业、社区支持农业、农业生产性服务业	—	—
内部融合型农业新业态		生态农业	—	—
综合型农业新业态	植物工厂	—	—	—

四、农业新业态发展的地域特征

（一）农业新业态发展的东中西部地区差异特征

农业新业态发展与经济发展水平密切相关，经济越发达的地区，农业新业态发育越充分。在服务型农业新业态方面，虽然休闲农业在全国已形成整体发展态势，但东部地区休闲农业的发展水平明显高于中部地区和西部地区。农业部农业休闲网公布的统计数据显示，在登记的693个休闲农业点中，东部地区占47.5%，中部地区占27.1%，西部地区占25.4%。此外，根据农业部公布的2015年全国休闲农业与乡村旅游星级示范创建企业（园区）名单统计，东部地区149个，中部地区74个，西部地区45个，呈现出东中西的空间梯度格局（见表9-15）。在会展农业方面，农业展会在地域分布上存在较为明显的不平衡，“东—中—西”部差别明显。从大的区域上看，东部地区为农业会展举办的主要集中地区，而中西部间的差距不大，中部略高于西部（如图 9-7 所示）。从省份上看，北京、上海、山东和广东等省市包揽了 2009—2014 年间的农业展会数量前三名（见表 9-16）。在创新型农业新业态方面，东部地区由于具有较高的科技资源优势和人才优势，创新要素富集，具备新业态发展的良好创新生态，东部地区生物农业、智慧农业、农产品创新型农业新业态发展较好。

表 9-15　2015 年全国休闲农业与乡村旅游星级示范创建企业（园区）个数

单位：个

东部地区		中部地区		西部地区	
北京	11	山西	0	四川	0
天津	4	吉林	12	重庆	0
河北	15	黑龙江	3	贵州	1
辽宁	9	安徽	9	云南	0
上海	16	江西	8	西藏	0
江苏	35	河南	10	广西	24
浙江	28	湖南	32	陕西	0
福建	5			甘肃	0
山东	18			宁夏	16
广东	1			新疆	4
海南	7			内蒙古	0
				青海	0
合计	149	合计	74	合计	45

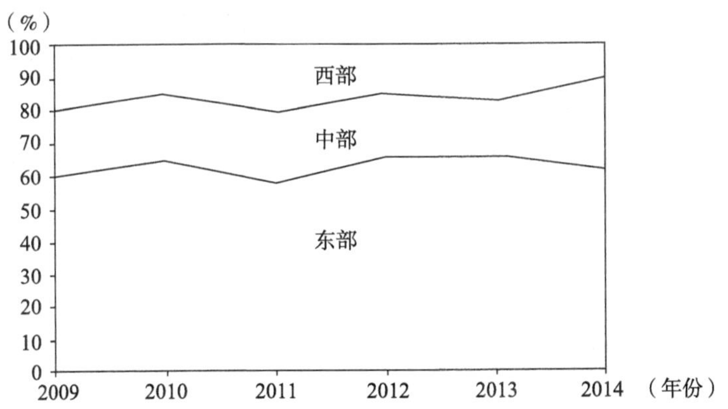

图 9-7　2009—2014 年中国农业展会地域分布

表 9-16 2009—2014 年农业展会举办省（市、区）前三位

年份	2009	2010	2011	2012	2013	2014
第一位	山东（34）	广东（31）	上海（30）	北京（39）	上海（41）	上海（51）
第二位	上海（19）	山东（29）	山东（29）	上海（31）	山东（38）	山东（44）
第三位	广东（18）	上海（28）	广东（21）	山东（27）	北京（35）	北京（41）

资料来源：《中国农业展会发展报告（2015）》。

（二）农业新业态发展的城市差异特征

农业新业态本身是融合的产物，多处于城乡融合的地域。这些地域既有城市的功能，又有乡村的功能，在这些地方，有人有钱有农村自然的资源，彼此结合，属于业态发育比较充分的地区。人口形成了强大的消费能力，为需要一定人口规模方能生成的农业新业态创造了必要的生存条件。城市作为都市农业服务的主要对象，城市带来的人口集中为新业态生成提供了市场支持。城市化水平越高、城市人口规模越大和人口越密集的地区，消费者的消费服务成本越低，服务新业态的生产起点规模就越容易达到，并且为满足众多消费者的不同服务需求要求农业新业态呈现多样性。研究表明，中国城市居民出游市场37%分布在距离城市 15 公里的范围内，24%的市场分布在 15~50 公里范围内，21%分布在 50~500 公里内，500 公里以外的广大空间仅分割了城市出游市场的 18%。依托城市巨大的消费群体，大中城市周边成为推进各类新业态发展的重点区域。

2014 年，农业部、国家旅游局等部门深入推进全国休闲农业与乡村旅游示范县、示范点创建活动，组织了中国最美休闲乡村、中国美丽田园评选评定，开展了全国休闲农业创意精品推介活动，认定并公布了一批中国重要农业文化遗产。大城市依托市民需求强劲、交通便利、基础设施完善等优势，休闲农业发展更为突出。截至 2014 年底，35 个大中城市共有 128 个全国休闲农业与乡村旅游示范县（点），186 个全国星级休闲农业与乡村旅游企业与园区（见表 9-17）。

表 9-17 35 个大中城市全国休闲农业星级园区及示范县（点）情况

	全国星级休闲农业与乡村旅游企业与园区（个）	全国休闲农业与乡村旅游示范县（点）（个）	合计
北京	29	15	44
天津	22	12	34

续表

	全国星级休闲农业与乡村旅游企业与园区（个）	全国休闲农业与乡村旅游示范县（点）（个）	合计
石家庄	4	1	5
太原	1	2	3
呼和浩特	1	0	1
沈阳	4	3	7
长春	5	1	6
哈尔滨	5	5	10
上海	28	19	47
南京	8	4	12
杭州	6	4	10
河北	3	2	5
福州	1	3	4
南昌	17	2	19
济南	2	0	2
郑州	8	4	12
武汉	1	2	3
长沙	13	4	17
广州	1	1	2
南宁	1	2	3
海口	3	1	4
重庆	1	9	10
成都	1	5	6
贵阳	1	2	3
昆明	1	1	2
西安	2	1	3
兰州	0	0	0
西宁	1	3	4
银川	3	4	7
乌鲁木齐	1	3	4
大连	2	3	5
青岛	2	4	6
宁波	7	4	11

续表

	全国星级休闲农业与乡村旅游企业与园区（个）	全国休闲农业与乡村旅游示范县（点）（个）	合计
厦门	1	2	3
深圳	0	0	0
合计	189	128	

资料来源：农业部课题组《中国都市现代农业发展报告 2015》。

大中城市农业新业态发展水平较高。以休闲农业新业态为例，2015年，北京休闲农业与农业总产值比为 0. 10638 : 1，远高于全国平均水平（全国休闲农业与农业总产值比为 0. 04110 : 1）（见表 9-18）。从数据对比看，全国休闲农业落后北京至少 10 年。

表 9-18　2006—2015 年北京休闲农业与农业总产值之比

年份	2006	2007	2008	2009	2010
休闲农业（亿元）	14. 15	18. 10	18. 87	21. 33	25. 14
农业总产值（亿元）	240. 2	272. 3	303. 9	315. 0	328. 0
休闲农业与农业总产值之比	0. 05890 : 1	0. 06649 : 1	0. 06210 : 1	0. 06772 : 1	0. 07666 : 1
年份	2011	2012	2013	2014	2015
休闲农业（亿元）	30. 40	35. 93	37. 56	36. 17	39. 17
农业总产值（亿元）	363. 10	395. 70	421. 8	420. 1	368. 2
休闲农业与农业总产值之比	0. 08372 : 1	0. 09080 : 1	0. 08905 : 1	0. 08610 : 1	0. 10638 : 1

资料来源：《北京统计年鉴》。

此外，大中城市农业新业态占比较大。根据北京市统计，2015 年，北京市仅休闲农业、籽种农业、会展农业 3 个新业态在农业总产值的比重达到23. 59%，新型农业业态已成为都市型现代农业的重要组成部分（见表 9-19）。

表 9-19　2006—2015 年北京市农业新业态收入占农业总产值情况

年份	休闲农业收入（亿元）	籽种农业收入（亿元）	会展农业收入（亿元）	农业总产值（亿元）	休闲、籽种相当于农业总产值比（%）
2006	14. 15	7. 75	—	240. 2	9. 12
2007	18. 10	9. 91	—	272. 3	10. 29
2008	18. 87	10. 93	—	303. 9	9. 81

续表

年份	休闲农业收入（亿元）	籽种农业收入（亿元）	会展农业收入（亿元）	农业总产值（亿元）	休闲、籽种相当于农业总产值比（%）
2009	21.33	12.84	—	315.0	10.85
2010	21.33	14.57	—	328.0	10.95
2011	30.40	18.11	21	363.1	19.14
2012	35.93	16.08	25	395.7	19.46
2013	37.56	13.98	29	421.8	19.09
2014	36.17	14.03	33	420.1	19.80
2015	39.17	12.67	35	368.2	23.59

资料来源：《北京统计年鉴》。

（三）农业新业态发展的区域空间层级结构特征

具体到某一都市，随着城市化进程的加快，农业新业态发展质量提升。业态类型日益丰富，并在空间上形成层级结构差别。在休闲农业方面，以城市为中心，城市周边50公里以内为观光、采摘、科技、教育、餐饮、购物旅游圈；城市周边50~150公里以内，为观光、休闲、体验、住宿旅游圈；城市周边150~250公里以内，为休闲、度假、特色旅游圈。在业态类型上，具体表现为越靠近城市，越接近城市休闲；越远离城市，越贴近生态休闲。以北京为例，在空间分布上，近郊平原区自然山水资源贫乏，以农业产业自身为载体，以特色农产品为主导，以观赏游览、体验农作为主要方向，高科技农业观光园、农业主题公关、温泉度假村，以及市民租赁农园等项目得到了较快发展。远郊平原和丘陵地带农业资源非常丰富，民风古朴，以观光采摘园、休闲农庄、健身疗养、农村文化体验等为主。远郊山区则结合丰富的自然风光、长城遗址等旅游资源，高端度假酒店、森林度假等项目得到了发展。休闲农业的圈层级别结构特征明显。

五、业态发展组织特征

（一）农业新业态发展的产业集群特征

新业态由产业分散开发向整合资源、统筹开发提升，呈现集群化发展特征。在服务型农业新业态方面，休闲农业由一家一户的单打独斗开始走向区域分工、资源整合和产业合作。将民俗旅游村、观光休闲农业园区与景区（景点）等串联起来，形成特色鲜明、资源互补、利益联结紧密、满足游客多元化需求的集群式乡村旅游目的地，取得了一定成效。从经营规模上看，开始从一家、一户、一园的分散状态，向一沟一谷、一片一带、一个乡镇甚至几个乡镇的规模化、集群化方向发展。在创新型农业新业态方面。四川、浙江、江苏等开始大力推动农产品电子商务产业园区发展，推动新业态向产业园区集聚。产业园区通过聚集电商企业、生产方、第三方供货商、产品设计与包装企业等产业链相关环节企业，打造线上集聚和交易平台，打通并拓宽生产企业与电商企业之间的渠道。同时，为农户、合作社等农业主体提供多平台代运营服务，引导农民专业合作社、种养营销大户进驻农产品线上市场，有效地提升了农产品电子商务新业态的集聚效应与规模效应。

根据产业经济学的原理，让“小、散、低”的产业成长，路径有二：一是产业的集聚发展，通过产业集聚提高产业的规模效益。通过产业在空间的集聚实现规模效应和群体优势，提高区域产业竞争力和产业集中度。产业集聚是一条相对有效的路径选择。如荷兰的花卉产业集聚、美国的加利福尼亚葡萄酒产业集聚以及国内的寿光蔬菜产业集聚等。二是组织方式的升级。通过组织方式的升级提高产业的专业化、集约化水平。

1. 新业态集群带发展模式

指在一特定地理区域内，围绕一个新业态集聚多家企业，形成此新业态的规模效应和品牌效应。事实上，我国已形成了山东寿光蔬菜产业集群、云南昆明花卉产业集群等多个产业集群的典型案例。在新业态的产业集群方面，依据资源禀赋，典型案例有北京房山葡萄酒庄产业集群等。

典型案例：北京房山葡萄酒庄产业集群

房山区拥有北京最大的山前暖区，全年日照时数达2600小时，具有昼夜温差大，升温快，日照充足，土壤有机质、矿物质含量丰富等特点，与法国波尔多具有相同纬度，被法国专家誉为“世界上最适合种植酒庄葡萄的地方”。

2010年，房山退出矿山开采等低端产业，面临产业的转型发展。房山区将葡萄酒产业定位为房山农业产业结构调整的主导产业，大力发展酒庄葡萄酒产业。截至 2015 年，房山区共签约酒庄 33 家，签约面积 3 万余亩。其中，已进入酿酒生产阶段的酒庄 18 家，2015 年房山区酒庄葡萄酒总产量超过 1000 吨，形成以葡萄酒庄为载体，融商务、旅游、观光和文化等产业于一体的高端酒庄集群，打造了包括波龙堡酒庄、莱恩堡酒庄、南窖金杏湾酒庄、丹世红马家沟酒庄等一批高端酒庄，成为房山区高端生态产业的标杆。六年来，通过酿酒葡萄种植，房山区共完成环境修复 2 万余亩，实现了荒山荒坡绿化，构筑了绿色生态屏障；周边环境和配套设施建设得到较大改善，推进了美丽乡村建设，带动了酒庄旅游和乡村旅游发展，解决农民就业 2000 余人。

2. 沟域经济发展模式

指在一个沟域内集聚多个不同类型新业态，通过各新业态的功能互补和产业合作，提升区域内新业态的发展合力。沟域经济是区域多业态集聚发展的一个典型模式。沟域经济以自然沟域为单元，以其范围内的产业资源、自然景观、人文遗迹为基础，通过对山水林田路村和产业发展的统一规划、有序打造，实现一二三产相融合、点线面相协调、带动区域发展的沟域多业态集聚发展模式。

20 世纪初，北京在关闭矿山、寻求替代产业的过程中，逐步探索出产业与生态环境友好发展的沟域经济发展模式。2008 年，北京市发布《关于推进山区沟域经济发展试点工作的指导意见》，对沟域经济概念进行了确立。2010 年，北京市出台了《北京市人民政府关于促进沟域经济发展的意见》，正式将沟域经济发展作为北京山区发展的重点。自 2011 年以来，北京建设市级重点沟域 22 条，形成了怀柔天河川、白河湾，延庆满韵汤河白桦谷、四季花海、百里山水画廊，密云酒香之路，平谷九里山桃花谷，门头沟妙峰山玫瑰谷等一批知名沟域。截至 2015 年，沟域总投资达 120 亿元，惠及 8 个区，34 个乡镇，378 个行政村，面积 3029 平方公里，人口 20 万人，成为富裕山区农民、加快城乡统筹、建设生态闻名的有效模式。

典型案例：北京密云司马台—雾灵山国际休闲度假沟域

北京密云司马台—雾灵山国际休闲度假沟域全长 50 公里，170 平方公里，跨古北口、太师屯、新城子 3 个镇，16 个行政村。自然风光优美，有司马台长城等历史遗迹。该沟域定位由观光旅游为主向休闲度假旅游为主转变，打造高端休闲度假区。在乡村旅游新业态发展方面，目前沟域内有市级民俗旅游村8家，1家古北水镇高端度假酒店，二寨沟山野拓展园和东关村骑行步道2家运动养生新业态，1家司马台乡村酒店，1家紫海香堤香草艺术庄园创意农业新业态以及司马台古庙文化节等会展农业新业态。农业新业态的发展带动了当地农民就业增收，2014年“五一”黄金周期间，以古北水镇（司马台长城）为核心的度假区实现了最大限度试运营，游客极其火爆，3天客流总数达到6万人次，综合收入将近900万元。西部以紫海香堤香草园为核心，民俗接待人次1.22万，旅游收入142万元，其中古北口村三天共接待游客3720人次，实现旅游收入52万元，司马台新村共接待游客5200人次，实现旅游收入78万元。东部以雾灵山为核心的雾灵溪谷内，民俗接待人次2.6万，旅游收入480万元。

典型案例：密云酒香之路沟域经济产业带

巨各庄镇位于密云区东部，距县城7.5公里，京承高速、密兴路穿境而过，交通区位优势明显。全镇总面积107.8平方公里，26个行政村，常住人口23142人，是北京市政府确定的42个重点小城镇之一，密云区十二届八次全会将巨各庄镇定位为绿色发展区和绿色拓展区。“酒乡之路”沟域经济建设以新密兴路和久黄路为主线，西起蔡家洼村，东至前厂村，北至查子沟村，两侧为浅山丘陵地带，由西向东延伸，沟域全长约30公里，用地面积约80平方公里。经过几年的建设，巨各庄镇的葡萄种植面积已经达到7000亩，其中鲜食葡萄4000亩，酿酒葡萄3000亩，发展葡萄基地15个，建设葡萄长廊1万米，各项基础设施及旅游设施逐步完善，酿酒、鲜食葡萄也已进入盛果期，打造了张裕爱斐堡国际酒庄、天葡庄园、8号基地、蔡家洼玫瑰情园等一批精品采摘园和极具特色的旅游观光景点，吸引了巨丰欣悦酒庄及两家精品家庭式酒庄落户此镇，打造了集农业观光、采摘、酿酒、休闲旅游于一体，一二三次产业融合发展的特色精品产业。在农业新业态发展方面，沟域内现有17家葡萄采摘园，张裕爱斐堡国际酒庄、8号基地、天葡庄园等一批葡萄酒庄，蔡家洼玫瑰情园等景观农业以及葡萄酒酿造节、草帽文化节等节庆体验活动。2015年仅葡萄产业实现税收7600万元，带动了农民就业创业、收入增加。

3. 特色小镇发展模式

围绕区域特色，多个新业态在一个小镇内形成产业集聚化、规模化发展。特色小镇是以新理念、新机制、新载体推进业态集聚、业态创新和业态升级的一种发展模式。例如，浙江省建设的特色小镇预计将成为浙江七大产业的高度聚集地，成为浙江七大产业发展“另辟蹊径”的典范。

典型案例：北京大兴魏善庄月季小镇

魏善庄镇是大兴区南中轴延长线的重要节点，是大兴区的中心腹地。2017 年世界月季洲大会在此召开，利用此契机，该镇结合镇域内花卉园区资源，大力弘扬月季文化，深入推进月季产业、文化创意及休闲旅游业等一二三产业融合发展，打造了充满浪漫文化气息的魏善庄月季小镇品牌。目前，该镇发展了 13 个以月季为主题，各具特色的产业园区，集聚了休闲、体验、会展等多个新业态。纳波湾月季园成功升级为集科普、示范、推广、国际交流和接待休闲旅游等多种功能于一体的国内一流、世界知名的月季文化中心；亿水阳光古老月季园以古老月季品种展示为特色，后续发展科普、推广等相关产业；爱情海玫瑰文化博览园是以爱情为主题的国内首个婚庆文化示范基地。目前，魏善庄镇月季产业面积达 5000 亩，引进国内外月季新品种 2300 余种。同时，借助月季产业园区的连带优势，吸引泰迪低碳乐园等中高端休闲旅游品牌入驻，带动了本镇经济发展。

4. 多村抱团发展模式

按照一村一特色，将几个村组合起来，形成错位互补和协同发展格局，几个村抱团发展，形成各具特色、竞相开放的局面。

典型案例：成都“五朵金花”

成都“五朵金花”是以“花香农居”“幸福梅林”“江家菜地”“东篱菊园”“荷塘月色”命名的观光休闲农业区，为国家 AAAA 级旅游景区，现已成为国内外享有盛名的休闲旅游娱乐度假区。2003 年，成都市在三圣乡举办“中国成都首届花博会”之际，借此机遇，将花博会周边的五个村庄在原来经营花卉的基础上，由政府统一规划，因地制宜，错位发展，在 12 平方公里的土地上，分别打造了幸福梅林、江家菜地、东篱菊园、荷塘月色等不同特色的旅游村，人称“五朵金花”。近几年来，年均接待游客 1000 万人次左右，年产值 1.8 亿元，解决了上万农民的就业安置，加快了城乡一体化步伐。

5. 产业园区发展模式

产业园区是推动农业新业态集聚发展的重要承载平台。目前，在新业态的发展过程中，各地逐渐加大了产业园区的扶持力度，积极引导新业态向产业园区集聚，出现了农产品电商产业园、种业科技园等一批农业新业态产业园区。

典型案例：通州国际种业科技园

通州国际种业科技园区位于通州区于家务回族乡，园区占地面积1.5万亩，其中核心区面积5000亩。目前，园区引进了科研单位和国内外知名育种企业60余家，包括已上市企业4家，准备上市企业2家，农业部1+8、北京市1+5种业科企联合创新、首都籽种产业科技创新服务联盟理事单位中的企业9家。园区定位为科技服务职能，通过搭建平台为种业企业提供多种科技服务。园区建有物联网技术集成与应用中心，可以实现对育种过程的智能化识别、描述、分析、监控、管理和控制等；建设有现代农作物高通量育种研发服务中心，可以为众多企业、科研单位提供检验、测试服务；建设有作物种质资源共享交流中心。园区采取公司运营的模式为企业提供科技、农机、劳务派遣等服务将形成园区的社会化效益，通过举办会议会展活动将形成园区的会展效益。

（二）农业新业态发展的组织模式特征

休闲农业发展主体从以农户经营为主，向农民专业合作社、社会资本参与、专业酒店托管等投资主体多元、股份社会化、经营专业化方向发展。例如，通过组建乡村旅游合作社，实现了民俗旅游户之间的合作，提高了民俗户在资源开发、市场开拓、食材采购等领域的谈判能力。再如，北京市探索专业酒店托管乡村民俗旅游村，有效提升了乡村旅游的产品质量和乡村旅游产品丰度。

1. 山区搬迁整村改造模式

山区具有丰富的山水资源，具有发展休闲农业新业态的自然优势。但由于山区一般经济发展落后，基础设施较差，吸引市民旅游的要素较差。依托山区移民搬迁政策，村民利用搬迁后的新居发展民俗旅游，为没有能力和条件走出山区的普通农民开辟了致富之路，使山区搬迁农民依靠山水美景，通过发展乡村休闲旅游，实现“绿水青山就是金山银山”。

典型案例：北京房山区四马台村

四马台村位于北京市房山区霞云岭乡，是典型的山区村，全村有310

户，1100 人，村民居住在沟内两侧，长期受泥石流和洪水等自然灾害的威胁，农民住的是土石结构的石板房。2004 年起，开始实施整建制搬迁工程，利用 3 年时间，完成搬迁工程建设。村民全部住上了二层别墅，优美的环境、完善的设施，极大地提高了全村旅游接待能力和水平。在实施新村建设时，为村民发展乡村旅游接待预留了空间，别墅内的卧室全部配有独立的卫生间和太阳能洗浴。别墅内有 5 套标准间客房，每间收费 100 元，一天可收入 500 元，每月 4 个双休日，就可收入 4000 元，每年有 7 个月旅游旺季，每户村民至少可收入 28000 元，靠民俗旅游接待村民人均可增收 7000 元以上。目前，四马台村市民民俗旅游接待户已有 230 户，成为市级民俗旅游度假专业村。

2. 龙头项目带动模式

在条件较好的地方引进新业态发展的龙头项目，通过大项目的带动，舞动“龙头”从而带动“龙身”，达到区域的业态集聚发展。

典型案例：密云区古北水镇项目

古北水镇位于北京市密云区古北口镇，坐落在司马台长城脚下。古北水镇由中青旅控股股份有限公司发起投资，总占地面积 9 平方公里，总投资逾 45 亿元，项目自 2010 年开始启动建设，2014 年元旦开始试营业。目前，古北水镇已成为集观光游览、休闲度假、商务会展、创意文化等旅游业态为一体，服务与设施一流、参与性和体验性极高的综合性特色休闲国际旅游度假目的地，成为京城东北部及京承高速沿线重要的旅游集散门户，对密云区财税收入，拉动档次经济发展、壮大旅游产业、促进农民增收致富起到了有力的引导与推动作用。仅 2015 年“五一”小长假景区就接待游客 6.7 万人次，实现旅游综合收入 1600 万元。截至 2015 年 6 月，古北水镇累计接待游客 50 万人次，实现旅游综合收入 1.6 亿元，占全区景区综合收入的一半。发挥辐射作用，古北水镇的发展壮大了周边民俗旅游发展，带活了长 50 公里的司马台—雾灵山沟域，周边的民俗旅游迅速升温，整个沟域旅游容量和旅游收入大幅增长。2014 年，西部以香草园为核心的汤泉香谷接待游客 50 余万人次，同比增长 28%；东部以雾灵山为核心的雾灵溪谷接待游客 80 余万人次，同比增长 33%；全年司马台—雾灵山沟域共接待游客 230 余万人次，是上年的 2.3 倍，旅游综合收入达 3.2 亿元，是上年的 3.6 倍。古北水镇脚下为司马台新村，在古北水镇带动下，

2014年司马台新村接待游客14万人次，年均增长40%；人均收入4.5万元，是2009年古北水镇开业前的4.7倍。

3. 组建合作社模式

合作促分工、分工促分业、分业促专业，通过组建乡村旅游专业合作社，解决乡村旅游社会化服务交易成本过高的难题。通过分业促专业，有效降低了乡村旅游新业态发展的社会化服务成本。

典型案例：密云石城乡村旅游合作社

为解决乡村旅游摘掉“小、散、低、乱”的帽子，北京市密云区石城镇成立民俗旅游合作社。合作社主要开展以下服务：①统一床上用品洗涤配送。由合作社将按宾馆标准制作的床单、被罩统一配发到民俗旅游户，在每个民俗旅游村设立“中转站”，聘请1~2名村民负责本村床上用品的统一保管、收发，由专业洗涤公司洗涤、消毒、熨烫。合作社联社制定了完善的规章制度，对押金、正常洗涤费用、特殊洗涤费用（顽固污渍）、损坏赔偿等方面做了明确的退订。②统一主要菜品价格。合作社针对餐饮市场部规范，压价压质、恶性竞争，哄抬价格、载客欺客等问题，统一制作了点菜单，对一些主要的菜品实施统一定价。③统一采购主要外购食材。有效降低了民俗接待户采购成本。④统一订立服务标准和规范。为解决农民在乡村旅游服务中的服务不规范现象，合作社统一制定了服务标准，从如何摆桌上菜、沏茶倒酒，到如何接打电话、招呼客人，从饭菜质量到住宿接待，都做了较为详细的规范。⑤统一会议、培训、娱乐等基础设施的建设管理和宣传营销。⑥统一门头牌匾和外立面的设计与制作。合作社聘请专业设计公司设计风格统一的门头牌匾和指路牌，保持乡村民俗建筑风格的统一。通过民俗旅游合作社的建立，极大地提升了石城镇乡村旅游的服务水平，有效解决了乡村旅游仍普遍存在产品初级、模式单一、市场饱和、竞争恶性等一系列问题，这一模式被大力推广。

第十章　农业新业态取得的成效与问题

一、农业新业态发展取得的成效

（一）服务型农业新业态成为促进农民增收的重要途径

服务型农业新业态发展迅速，成为促进农民增收的重要途径。以拓展农业多功能为主线，休闲农业与乡村旅游、会展农业、景观农业、创意农业等新业态体量不断增大，产品类型不断丰富。

一是休闲农业与乡村旅游发展迅猛，已经开始提档升级。“十二五”时期以来，全国休闲农业与乡村旅游接待人数和营业收入保持年均10%以上的增速。2015年，全国休闲农业和乡村旅游接待游客超过22亿人次，营业收入超高4400亿元，从业人员790万人，其中农民从业人员630万人，带动550万户农民收益，成为繁荣农村、富裕农民的重要产业。休闲农业与乡村旅游产品业态不断丰富，发展水平不断提升。休闲度假、旅游观光、养生养老、农耕体验、乡村手工艺体验等功能不断拓展，休闲农庄、乡村酒店、特色民俗、自驾车房车营地、户外运动等度假产品不断丰富，品牌化、高端化、规模化发展水平迅速提高，产业发展的文化创意驱动特征日益明显。尤其是大城市郊区，休闲农业已成为提升市民幸福指数，促进农民增收，实现农业开放发展的重要产业。2015年，成都市休闲农业与乡村旅游接待游客9519万人次，占旅游接待总人数的49.75%，贡献近五成；实现乡村旅游收入200亿元。北京市休闲农业与乡村旅游已成长为拥有从业人员10万人，年接待游客3825万人次，年产值近40亿元的都市型现代农业优势产业。

二是会展农业创新了都市农业发展新形式，起到了以会兴业的作用。

会展农业以会议、展览、展销、节庆等活动为表征，不仅带动旅游、物流、交通、餐饮服务等产业发展，而且聚合农业产业链上的诸多环节和产品，是都市现代农业的高端产业形式和经济形态。各地整合乡村特色资源，围绕农业生产过程、农民劳动生活和农村风情风貌等主题，开展特色农业农事节庆活动，提高了区域品牌影响力，成为区域的亮丽名片。①农业节庆是“农业搭台、文化表演、经济唱戏”的一种新的方式。根据调研总结，现有农业节庆有四类：第一类，农作物节庆，主要为各类花卉节庆、水果节庆、谷物节庆等。如成都崇州油菜花节已成为四川现代农业和文化旅游国际化活动的一大品牌，有效促进了一三产业互动发展。已连续举办 23 届的北京大兴西瓜节，塑造了大兴西瓜这一区域地理标志品牌。第二类，动物类节庆，如螃蟹节、鱼王美食节、虹鳟鱼美食节等。第三类，民俗文化类节庆。如清明节前，满族传统节日“颁金节”“虫王节”等。第四类，综合活动开发类节庆，如农耕文化节、农博会等。②依托大城市所具有的频繁的经济贸易活动，农业会议会展开始在一些大中城市兴起。北京成功举办了世界草莓大会、世界园艺博览会、世界种子大会、世界马铃薯大会、世界葡萄大会等国际性农业会展 11 项，农业节庆活动 60 多个，2015 年会展农业实现产值 33 亿元。北京农业嘉年华连续举办了 4 届，产值超过 12 亿元，农业嘉年华已成为北京都市农业的一个新品牌，展会的经济效益和品牌效应日益显著；平谷区借助国际桃花音乐节，带动当地 22 万亩桃园，10 万农民走上致富道路。通过会展，起到了以会兴业的作用。目前，大多数农业会展采取政府主导型运作模式。政府主导型展会更多的是实现展会对产业的带动、社会影响等作用。向市场化转型，采取政府主导市场运作将是会展农业的发展趋势；此外，增强节庆衍生产品开发能力也是未来会展农业可持续发展的一个重要考虑点。

三是创意农业将创意与农业相融合，提升农产品附加值。创意，也俗称为“点子”，其通过旧元素+新组合，使得创意农业不是去满足消费，而是去创造消费。根据波特的竞争发展理论，经济发展可分为资源要素驱动阶段、投资驱动阶段、创新驱动阶段、财富驱动阶段。部分大中城市的现代农业已进入到创新发展阶段。根据调研，目前创意农业主要包括四个方面：产品创意、服务创意、环境创意和活动创意。①产品创意。指产品功能与造型推陈出新或赋予文化新意。通过包装创意、栽培创意、用途创意等手段，使普通农产品变成了商品、纪念品，甚至成为艺术品，从而身价倍增，提高了附加值。如玻璃西瓜，将农产品变成了可供长期观赏的艺术品，可作为一个纪念品，把乡愁带在身边，单个西瓜价格可达 500 元，远高于普通鲜食西瓜的价格。再如，北京市门头沟区王平镇西马各庄樱桃种植专业合作社，通过一个小小的包装创意，使产品文化得以彰显，让消费者在创意感动中有了消费的激动和行动，合作社市场占有率迅速提升。北京市大兴区孝义营村将孝义文化融合到馒头中，开发孝义馒头，全村村民人均收入达到 1.5 万元。盆栽果蔬菜通过将矮化果树、蔬菜种植在花盆里，让城市居民体验了阳台菜园的趣味性、蔬菜的安全性等。一个盆栽西瓜，一根瓜藤上结出三四个拳头大的西瓜，淡墨色的条纹，青翠欲滴，一盆能卖到 200 元，仍供不应求。在用途创意方面，北京平谷区有 23 万桃树，一般情况下桃树种植 15 年后需要更新。为充分利用桃木，平谷区开发桃木的创意工艺品，将农业废弃物资源得以利用。此外还有豆塑画、麦秸画、五谷画、羽毛画、南瓜灯、蛋壳工艺品、葫芦工艺品、异型果等。②服务创意。通过提供与顾客人际互动的多元化或新颖化的体验，创造生活愉悦的价值。目前各地出现较多的薰衣草庄园，将主要的服务对象定位于情侣，为其提供浪漫的婚纱摄影服务，将农业从物质生产提升到文化创造的层次；以土地租赁体验为主的都市农园，通过乡下有我一分地，让城市人在紧张的节奏中暂停下来，体察自然生命周期，使都市人的意欲更加顺乎自然，合乎规律。都市农园将农业的生产方式转化为市民周末离不开的生活方式，使得城市居民在农村有了一分牵挂、一分乡情，给了消费者劳动、交友、体验等价值，一亩地租金可达 4 万元；位于北京延庆八达岭镇的发泄农场，定位于压力过大的白领阶层，让游客通过肆意打砸玉米秸秆达到发泄愤怒和释放压力的目的，这些独具特色的服务使得农产品增值和农业增效。③环境创意。通过创意的环境感动顾客心灵。如目前较多农业生产园区在向休闲园区的转型过程中，注重园区创意元素的打造，游客每走 5 步看到创意性的环境，流连忘返。④活动创意。定期或非定期举办创新活动，提供消费者学习体验。根据经验，吸引游客在园区停留 2 小时以上，园区就会有商机。因此，可在园区里面开展特色小活动，吸引游客慢下来，停下来。例如北京番茄联合国每年举办番茄大战，把不太适合吃的番茄用特殊材料处理软化后，市民开展番茄大战，得到了情感发泄，找到了朋友。第三届北京农业嘉年华，时值 3 月北京尚未回暖，通过创意和科技的力量，在温室大棚种植了大面积的向日葵，呈现出满园金色花海的景象，打造了冬天里的秋天，成为一年中的“第 5 季”，吸引大批游客驻足留影。

（二）创新型农业新业态成为创新驱动农业现代化发展的先导力量

创新型农业新业态发展势头强劲，成为创新驱动农业现代化发展的先导力量。一是以“互联网+”、农业物联网和精准农业为代表的信息农业取得明显进展，有力引领和驱动了农业转型升级。以移动互联、物联网、云计算、大数据等为代表的现代信息技术快速创新，信息技术对农业的渗透、扩散和融合，在广度和深度上呈现加速趋势，传统农业的生产经营格局被颠覆。尤其在农业生产、农产品流通、农业信息技术服务等方面取得一定成效。①在生产信息化方面。以物联网、移动互联、云计算、大数据等信息技术及智能农业装备为核心的智慧农业在农业生产领域开始示范应用和集成推广，推动了现代农业生产的实时监控、精准管理、溯源管理、远程控制和智能决策等。在大田种植上，遥感监测、病虫害远程诊断、水稻智能催芽、农机精准作业等开始大面积应用。在设施农业上，温室环境自动监测与控制、水肥药智能管理等加快推广应用。在畜禽养殖上，精准饲喂、发情监测、自动挤奶等在规模养殖场实现广泛应用。在水产养殖上，水体监控、饵料自动投喂等快速集成应用。②在流通信息化方面。农产品流通模式发生嬗变，以电子商务为主要形式的新型流通模式快速崛起，在流通主体、组织方式、上下游影响等方面都呈现了积极的创新和变化。2015 年农产品网络零售交易额超过 1500 亿元，交易种类尤其是鲜活农产品品种日益丰富。其中，阿里平台完成农产品销售额 696 亿元，经营农产品的卖家数量超过 90 万个。在发展模式上，形成以了菜管家、我买网、拼好货、天鲜配等为代表的垂直电商平台，以京东、天猫等为代表的综合性电商平台和以合作社或企业自建农产品网络平台三种模式。随着社会化网络工具的普及，论坛、QQ、微信等微电商平台模式成为农产品电子商务的新亮点。从实地调研看，农村物流体系特别是冷链物流体系落后，农产品生产标准化、质量等级化和包装规格化等相关标准化体系缺失，电子商务管理人才缺乏是农产品电子商务面临的三大主要问题。③在农业信息技术服务方面。12316“三农”综合信息服务中央平台年均受理咨询电话逾2000万人次。建成运营益农信息社7940个，公益服务、便民服务、电子商务和培训体验开始进到村、落到户。基于互联网、大数据等信息技术的社会化服务组织应运而生，服务的领域和范围不断拓展。二是生物农业以技术创新和产业化应用为重点，为现代农业发展提供技术支持和路径。以提升生物农业的自主创新和成果产业化能力为重点，涉及生物育种、生物疫苗、生物饲料、生物化肥、生物农药等共同构成的现代农业生物产业发展迅速，增强了农业科技自主创新能力。在育种领域，先后选育并大面积推广应用了近200个优质、高产、高效、对抗的农业新品种。北京华都峪口禽业培育的“京红”“京白”蛋鸡品种成为具有自主知识产权的优秀蛋鸡品种。在生物疫苗领域，伟嘉人等一批生物科技企业为动物安全和疾病预防发挥了重要作用。在生物饲料领域，大北农集团的福建漳州基地成为亚洲生产能力最大，技术水平最先进的预混合肥料生产基地。在生物肥料领域，餐厨废弃物资源化研发利用等一批新技术的推广，提高了资源的循环利用效率。根据资料整理，全国生物农业产值近500亿元，预期到2020年，生物产业将成为我国国民经济的支柱产业，而生物农业在其中占有一定的份额。

（三）社会化农业新业态不断探索服务城乡的新路径

社会化农业新业态发展活跃，不断探索服务城乡的新模式和新路径。一是农业众筹开始起步，农产品众筹不断试水。基于健康食品的高度需求，国内已出现了尝鲜众筹、大家种等众筹平台，开始尝试对农产品进行众筹，有成功也有失败，积累了一定经验。由于农产品具有滞后性，相较于其他产品，产品周期较长，客单价较低，保值期短，种植户还要承受灾害风险和市场风险。众多因素杂糅在一起，使得农业融入众筹这种新模式的阻力也越大，但已是未来发展的趋势。农场众筹方兴未艾。2014年，由安徽农民、聚土地团队和阿里巴巴聚划算平台等联合推出的“首个互联网定制私人农场”——“开心做地主”，将百姓手中的“散钱”聚合起来进行再投资，投资者不仅可获得私人农场一年四季的无公害蔬菜，还可获得去当地旅游的免费门票和住宿等。首批项目共有3000多个家庭认购土地面积430余亩，项目销售额200余万元。近300户农户签订了土地流转合同，流转费用每年每亩大约800元，期限一年。其中，流转的土地很多笔仅为几分地。目前，京东、本来网、正谷基地等电商也陆续在网上推出了私人定制农场的服务。尽管电商投资私人定制农场已经有了一定规模和人气，但因为该模式涉及项目投入，土地使用，以及物流、配送等环节，并没有形成更大规模效应，在全国范围内复制的可行性尚在探索中。多数认购用户仍然抱着试试看的心态，要形成稳定的商业模式和营收平衡，尚有很长一段路要走。二是订单农业形式不断创新。根据对北京、上海、成都等几个大城市订单农业的调研，目前订单农业呈现几种新的表现形式：①以流通、餐饮为主体的服务性企业，向前延伸产业链，建立原材料直供基地模式，例如呷哺呷哺公司、顺丰优选等；②企业与农产品基地对接建立租用、托管关系，将农产品基地作为公司员工的休闲体验基地和农产品购买基地，为公司员工提供内部福利。如北京的阿卡农庄，目前已有甲骨文、IBM、松下、大众等500强企业中的200家作为其会员，为公司员工提供内部福利。③社区支持农业在探索中完善。以小毛驴市民农园等为代表的传统社区支持农业不断丰富农场产品和服务，探索市民农园的盈利点。开心农场和QQ农场是基于互联网的新型社区支持农业的表现形式。QQ农场运营商一方面从农民手中有偿取得土地，另一方面和有食品安全需求的消费者建立合作，通过互联网应用平台，在农民和消费者之间建立合作关系。通过互联网应用平台，消费者可以在线购买土地，在线打理土地，远程安排农民翻地、施肥、播种等工作，与其他消费者进行经验交流和食品交换等。现实版“QQ农场”在各地发展较为火热。④农村养老业盘活了农村闲置资产，增加了农民财产性收入。根据课题组2015年对北京市休闲农业的问卷调研，86.1%的老人有强烈意愿到农村享受新型的养老方式，在这里开始一段山清水秀、空气清洁、生态环境优美的田园式休闲养老生活。通过转让、租赁、入股、合作经营等方式，将农民闲置的房屋资产整合利用，打造休闲旅游、度假养老、娱乐营地等产业，盘活经营了现有农村闲置房屋，促进农民就业，满足多样化服务需求，赋予农民更多的财产权和收益权。例如，北京市怀柔区田仙峪村，组织将农民手中的闲置房屋统一流转到北京田仙峪休闲养老农宅专业合作社，以合作社的方式与社会资本开展合作，打造国奥乡居养老社区。目前，该村养老社区第一批已流转闲置房屋30处，为拥有这些院子的农民带来近1700万元的收入。将闲置的村委会办公楼建成综合服务中心，给村集体带来了 155 万元收入。为配套农事活动体验流转了村里 60 亩农用地，每年租金 20 万元左右，同时吸纳本村 19 名农村妇女就业。除个人的收入外，合作社每年还获得养老社区经营利润 10%的分红，用于对社员和全村农民的二次分红。通过让资产动起来，增加了农民财产性收入和工资性收入。再如，北京市密云区北庄镇干峪沟村有 43 户院落，全村只留守着不到 10 户八九十岁的老人。2013 年，村里成立干峪沟农宅合作社，农民将自家的闲置房和土地出租给合作社，由合同社统一流转给企业用于开发星级乡村酒店。合作社根据每家的房源土地数量按年支付给农民租金。根据测算，全村 43 户宅院出租了 33 处，平均每个宅院年租金 6000 元，5 年一递增。作为旅游项目的副产品，果树等农产品的农场经营权也承包给合作社，农民也相应从中获益。

（四）融合型新业态树立了农业绿色发展新理念

人类农业经历刀耕火种、传统小型农业和工业化农业等形态之后，正在进入农业的生态化阶段。根据经验，世界主要国家实施农业生态转型的转折点大多在人均 GDP 1 万美元到 3 万美元之间。我国社会经济发展水平已经接近和达到实施农业生态转型的拐点。国务院在《关于加快转变农业发展方式的意见》中提到，由依赖资源消耗的粗放经营转到可持续发展上来。围绕转变农业发展方式，以生态农业、循环农业、低碳农业为主的农业内部融合型新业态逐渐受到重视。一是生态农业、循环农业发展模式集成创新。推动农业内部种养结合，在资源利用节约化、产业链接循环化、废弃物处理资源化方面，探索农林牧渔多业共生的生态农业生产方式。较典型的包括稻—鱼种养结合模式，牧—沼—粮、猪—沼—菜、猪—沼—茶等以沼气为纽带的农业系统内能量多级利用和物质良性循环模式，北京“四位一体”等以沼气为纽带的农业家庭型循环经济模式，以“副产物—食用菌—菌糠—肥料—大田作用”为代表的农业副产物多级利用和良性循环模式等。如云南龙云大有实业公司，依托 2 个现代化优质蔬菜种植基地，建成年出栏优质肥猪 3000 头的标准化生猪养殖场，实现了菜叶养猪、养羊，猪粪及农家肥还田的有机循环，促进了农业内部的产业整合和价值增值。二是生态农业新业态发展水平不断提升。比较典型的案例为上海市崇明区的“稻虾鳖蟹共生”稻田立体混养生产模式。该模式在传统稻田养鱼、养虾的基础上，以原生态生物链方式，严格按照一定的投放比例进行稻田虾、鳖、蟹的共生养殖。目前已在合作社推广 1000 亩，每亩收益 1.5 万元左右。产品以会员制的形式销售，目前会员有 400 多名，实现了经济效益、社会效益和生态效益的有机统一。

（五）综合型农业新业态引领农业工厂化发展

与传统农业相比，工厂化农业具备土地集约性和自动化、机械化的生产优势，能够在人工环境中连续作业，从而在一定程度上摆脱自然的制约，是未来科技农业的发展方向。工厂化农业技术起到了对传统的土地、劳动力要素的替代。日本和荷兰是世界上工厂化农业最先进的国家。例如，日本一座 800 平方米的小蔬菜工厂，栽培速生菌苗和小白菜，折合每亩年生产 10 万公斤，只需 2 个工人管理，生产效率远高于传统农业。我国在工厂化育苗以及食用菌的工厂化生产方面取得一定发展。作为工厂化农业高级发展阶段的植物工厂，目前主要用于科普教育与展示，尚未真正用于生产。

二、农业新业态产生的作用及影响

总体来看，各地依据自身特色，创新农业发展理念，探索形成了类型多样、丰富多彩的农业新业态。不断探索和创新的农业新业态对农业、农村和农民产生了多重效果。

（一）树立了农业公众新形象

农业新业态改变了社会大众对农业的传统认知，树立了农业公众新形象。通过产业功能拓展和产业形态创新，丰富多彩的农业新业态，提升了农业形象和效益。功能多元、形态高端的农业新业态改变了人们对传统农业背朝天的印象。新业态告诉人们，农业不仅是一种生产方式，满足人们的物质需求，更是一种城市居民离不开的生活方式，满足人们对休闲、体验、教育、文化传承等多种精神需求。农业不单单是传统的土地、劳动等常规要素的投入，效益低下的传统农业，更是现代信息技术、现代智能装备等高新技术集成渗透，现代经营管理创新、高附加值的高效型农业。各种创新理念推动农业新业态实现了快速和充分增值，使得农业产业得到了由弱到强的发展，农业不再是弱产业，而是发展有奔头的幸福产业。

（二）促进了农业转型升级

促进了农业产业转型升级，成为新的经济增长点。农业新业态创新活跃、产业融合度高，引领带动性大的作用正在得到加强。以新技术、新装备为特征的信息农业、生物农业、工厂化农业加快发展，有效推动了产业向价值链高端提升。物联网技术逐渐开始应用于农业生产中，提升了农业的生产管理水平；农产品电子商务推动了农产品流通模式的创新。服务业对农业的渗透融合逐步深入，休闲农业、创意农业、会展农业体量不断增大，在现代农业产业体系中的地位日益突出。另外，新业态发展实践中的纵向及横向的产业融合，意味着更多资源在向农业和涉农部门流动，资源在农业和涉农部门产生更高的资源配置效率，实现更多的价值增值。新业态的产生和发展为现代农业提供了新的增长点和广阔的发展空间。以业态发展相对成熟的休闲与乡村旅游为例，从发展体量看，以若干大城市为例，2015 年，上海休闲农业与乡村旅游总收入 19 亿元，相当于当年农业总产值的 17%。成都休闲农业与乡村旅游总收入超过 175 亿元，相当于当年农业总产值的 27%。北京休闲农业与乡村旅游总收入 40 亿元，相当于当年农业总产值的 11%。天津休闲农业与乡村旅游实现总收入 50 亿元，相当于当年农业总产值的 10%。休闲农业与乡村旅游新业态在农业中占据重要地位。从发展速度看，以天津为例，“十二五”期间，天津休闲农业与乡村旅游连续五年保持增幅 25%以上，远高于农业 9%的年增速。

（三）成为农民增收的新门路、新空间

农民收入的增加，来自就业机会增加、产品和服务质量的提升，以及生产成本的降低。农业与旅游业的结合，将提升农业的生产功能与激活农业的生活、生态功能有机结合，推动农业生态、生活功能的市场化实现，增加了农民就业机会。生态、生活功能的实现和文化的融入提升了农业服务价值和文化价值。例如，成都是全国农家乐的发源地，在有“中国农家乐第一村”之称的郫县友爱镇农科村，全村农家乐游客年接待量超过 100 万人次，人均收入达到 3 万余元，旅游核心区的人均纯收入高达 8. 5 万余元。信息农业将农业信息技术产业化，改变了传统的农业生产经营管理模式，使农业生产经营管理走向科学和高效，节约了经济资源，降低了生产

经营成本，有利于提高农民收入。生物农业增加了农业产量，改善了产品品质，提高了农产品生态附加值，并且生产了生物能源、生物制剂等衍生产品，进一步增加了农业产业增值空间。田园养老业等通过激活农村土地、住宅市场，增加了农民财产性收入。从各地实践看，对农民增收表现突出的有休闲农业与乡村旅游、景观农业、创意农业、农产品电子商务、田园养老业等产业。

（四）催化了新的消费需求

农业新业态催化了新的消费需求，带动形成了居民消费新热点。我国模仿型、排浪式消费阶段基本结束，个性化、多样性消费成主流。新业态更好地满足城乡居民多层次、个样化的消费需求，并不断创造和引领新的消费需求和消费模式，带动形成居民消费新热点和国民经济增长点，促进农业由“生产导向”向“消费导向”转变。将互联网、云计算等应用于休闲农业而产生的农场托管和农场体验，催化了体验式消费和参与式消费需求的增长。农业生产者与消费者的角色更加模糊，越来越多的消费者希望参与到农产品和食品生产过程中，扮演设计者和生产者的角色。体验式、参与式农业逐渐成为新的消费热点。此外，森林运动公园的出现使得运动养老成为一个新的消费热点。阳台农业的出现使得阳台菜园逐步进入市民家庭，受到市民的追捧。

（五）吸引了更多社会力量进入农业农村

通过发展农业新业态，吸引了更多社会力量进入农业农村，成为城市要素流动的新渠道，一方面，通过农业新业态的发展，农村闲置房屋、剩余劳动力等向城市流动。另一方面，越来越多的城市人才、资本、项目、科技等生产要素进入农业、农村领域，从事农业新业态，增强了新业态产业的要素支撑，促进了以城带乡。新业态成为城乡要素流动的新的重要渠道。例如，北京每年有上百亿元社会资本进入农业农村领域，而这些资本有85%投资于农业新兴业态中。再如，越来越多的“海龟”回国、城市青年下乡或乡村进城求学然后再回乡的高学士人士，有经营工商业的成功者出于对农业的深厚情怀，参与农业新业态发展。他们植根于农村，创业于农业，也正是这种新的资金、人才、理念的加入，为新业态注入了新的力量，推动了新业态向更高层次创新发展。阿卡农庄坐落于北京市昌平区，掌门人洪宇虹获得美国管埋学博士，回国后曾任戴尔公司高管，又一手创办了云服务公司，其成功地将 IT 企业的管理思路、创新模式应用关于农庄管理，将云服务与农庄结合起来，打造了“云上”的农庄。目前阿卡农庄共有近 2 万名个人会员和包括壳牌、松下、大众、IBM 在内的 200 家 500 强企业在其获得蔬菜大棚托管服务和农场体验服务。

三、农业新业态发展面临的突出问题

虽然农业新业态取得了一定成绩，但新业态的发展总体上还处于培育时期，使其真正成为新的经济增长点，在业态创新和产品供给方面、业态的体制机制和政策支持方面等还存在诸多问题。

（一）农业新业态发展总体水平还不高

一是创新型农业新业态创新能力不足。从整体看，创新型农业新业态还处于产品和技术引进为主，并向自主开发发展的初期阶段，技术创新能力与产业化水平落后于发达国家。①自主创新成果尚显不足，缺乏核心竞争力。在生物育种方面，与美国等发达国家相比，我国农作物品种选育水平大约落后 20~30 年。95%的种子企业没有品种研发能力，企业缺乏核心竞争力。最具研发能力之一的隆平高科 2009 年科研投入 4000 多万元，仅相当于孟山都公司的千分之六，企业的研发投入较低。生物肥料领域的技术创新与产品研发相对薄弱，产品更新换代慢，虽然目前生物肥料产品中使用的菌种已有 150 种之多，但大多数企业生产的都是“固氮、解磷、解钾”等传统产品，产品中的菌种针对性不强，缺少符合市场需求的新功能产品。②产业集中度较低，缺少在技术水平和产品品质上有代表性的领军企业。以生物育种产业为例，我国农作物种业的市场化进程只有十几年时间，尚属初级阶段，企业表现为多、小、散、弱，产业集中度低。目前我国持证种子经营企业 5064 家，而美国仅 700 多家，印度 600 多家。2012 年前十强种子企业销售额仅占国内种子市场份额的 28%，而美国前 5 位大企业销售额占全国市场份额的 75%，世界前十强种子企业垄断了全球 70%的种子市场。2009 年孟山都公司种子销售收入达 73 亿美元，接近我国所有企业的种子销售收入。生物肥料领域同样面临“小、散”状况。虽然目前的微生物肥料生产企业已有850多家，但多为中小型企业，菌剂类企业年产量一般在几百吨左右，超过上千吨的厂家屈指可数。菌肥类企业年产量多在0.5万~1万吨左右，少数企业能达到4万~5万吨，只有个别企业达到10万吨以上，行业中知名或旗舰型的企业较少。③技术供给与现实农业生产主体的需求存在矛盾，一定程度上抑制了创新型新业态发展壮大。以智慧农业这一新业态为例，一方面，体现较高水平的农业物联网成本较高，普通农户无力承担。一套物联网设备，因其核心传感器的不同，价格从一万元到几十万元不等，在农业整体比较效益低、以小农户分散经营为主的情况下，物联网设备因价格偏高很难大面积推广。另一方面，普适化、低成本化的农业信息技术产品较少。目前，市场上相对成熟的信息化产品大都为大中型企业或合作社设计，易用、实用的信息技术的产品缺乏。此外，一些系统模块复杂度较高，受用户能力的限制和成本制约，大面积推广受到限制，尚未真正得到充分利用和推广。

二是服务型农业新业态个性化、高端化服务产品供给能力不足，集约化程度不高，与现阶段日益增长的消费需求形成结构性矛盾。这是制约服务型新业态发展的突出问题。服务型农业新业态的发展以服务市民需求为导向。随着经济社会的发展，市民对休闲、体验、教育、度假、养生等的需求增加，但满足上述需求的农业新业态产品供给明显不足。主要表现在：①特色化、差异化的乡村旅游产品少。表现在针对不同游客的个性化需求，进一步细分乡村旅游住宿产品，向乡村化、特色化、差异化方向发展，满足顾客多元化需求的特色民宿、乡村酒店、房车营地等产品开发不足。②参与性、体验性项目开发不够，难以满足游客对体验的需求。随着休闲经济向体验经济的发展，消费者对参与性、体验性乡村旅游产品的需求越来越高。而目前大多数休闲农业园区停留在观光采摘阶段，附加值较高的体验、科普、教育等参与性、体验性项目开发不够，功能不够凸显，具有观光、休闲、体验、教育等多种功能的综合型休闲农园较少。例如，近几年为满足市民参与体验农业活动的需求，利用远程视频监控技术的科普种收模式的市民农园、教育农园等体验性乡村旅游产品在青少年以及白领消费者中越来越受欢迎，具有非常大的消费潜力。而目前，具备这类体验性的乡村旅游产品不多，难以满足游客对“娱”的需求，致使停留时间短，农民增收有限。③商务、养生等高端度假类产品较少。企业开展商务活动、农事研修活动、个人养生活动的需求越来越多，满足上述需求的时尚化、高端化的高端乡村旅游产品不多。此外，少数地方开发的业态项目同质性强，雷同严重，缺乏差异化竞争和深度开展，抢资源、争市场过于激烈，导致资源过度开发、市场无序竞争、环境严重破坏。④业态集约化水平不高。在土地硬约束不能突破的情况下，服务型农业新业态的发展只能向资源集约化利用要效益，朝精致化方向发展。根据课题组对北京市2012年申报参评北京市星级休闲农业园区的172个园区资料的整理，68%的园区规模小于500亩，17%的园区规模在500~1000亩，15%的园区规模大于1000亩。面积大的园区其效益不一定高，园区规模与园区面积的相关度很低。例如，大兴区魏善庄草莓生态园面积为353亩，2012年通过采用新技术和观光采摘，亩收益达到20万元。这说明在用地成本高，不可能大规模铺摊子的情况下，业态走精致化、特色化道路，也可以取得良好的经济社会效益。鉴于此，《北京休闲农业园区（企业）评定标准》未过分强调园区规模，而是设定了亩收益的指标，意在引导园区向管理要效益、向科技要效益、向创意要效益，做专做精，而不是一味贪大求全。⑤部分新业态产业化程度不高、内生发展动力不足。如创意农业被宣传描绘成“欣欣向荣，前景无限”，但实际上，由创意打造到落地，进而形成产业，还有很长的一段路要走。再如，会展农业中的一些节庆活动，基本上是依赖政府生存发展，财政扶持力度越大，节庆活动就越红火，一旦政府不扶持，便难以持续。

（二）新业态发展与农民利益联结不紧密

一是农民对新业态经营的参与度不高。目前，大多数农民以土地流转、提供产品和作为产业工人参与到新业态中，而真正作为新业态经营主体，进入到新业态经营领域的较少。二是紧密型利益联结模式较少。以“公司+农户”“公司+合作社+农户”“合作社+农户”等，形成入股分红、多次返利、合作经营等股份制、股份合作制等紧密型利益联结机制的经营模式还比较少。例如，黑龙江农业产业化龙头企业与基地农户的合作，采取利润返还的合作方式占15%左右，采取按股分工方式的仅占5%。三是订单协作型利益联结机制不健全。在订单农业新业态发展中，普遍存在与农民的合同签订、运作、监管不规范问题。规范性合同少，意向性协议多，存在着内容不全面、标准不具体、责权不明确等问题，给合同履行带来难度。事实上，已出现较多订单农业违约现象。未来需要通过政策制定来完善订单协作型的利益联结机制，强化信用体系。四是利益分配比例不尽合理。以闲置农宅利用为例，尽管在闲置农宅利用过程中，各方都建立了利益分配机制。但由于农民对闲置房屋等财产的商业价值把握不够，对闲置房屋的估值不足，以较低的价格将闲置房屋流转，随着新业态的发展，农民开始认识到房屋价值低估时已为晚。农民作为弱势群体，将自己手中新的要素资源参与到新业态中，普遍存在对要素价值的认知不足，导致村集体和村民分配比例偏低的现象，农民的财产性收益需要得到进一步合理评估。

（三）农业新业态发展需要更完备的基础设施支撑

与传统农业相比，高水平的农业新业态需要更有力的基础设施作为支撑。休闲农业和农产品电子商务是目前最具活力的农村新产业新业态，对农民增收效果非常明显。以农业物联网和信息化建设为主的智慧农业也是一个重要的农业新业态。从智慧农业、休闲农业和农产品电子商务这三个农业新业态发展来看，农业生产的田间水利等基础设施、农村信息化和物流网络建设、乡村路网和乡村环境净化美化是当前农业新业态发展在基础设施方面面临比较突出的问题。上述农业农村基础设施建设滞后，延缓了新业态的发展，增加了特色资源开发利用难度，加大了农业新业态发展的成本和风险。

一是农业生产基础设施需加强。目前农业的基础设施远不能满足农业新型业态发展的需要。在创新型农业新业态发展方面，农户和大部分合作社农业基础设施较差，规模化水平低，不具有高水平信息化技术推广的基础。农业生产水平和经营方式的低下一定程度上制约了高水平信息化技术和装备的推广应用。尤其在物联网、智能装备等现代信息技术与农业生产过程的全面深度融合和应用方面，迫切需要提升农业基础水平以适应新业态发展。在服务型农业新业态方面，将现有的以服务于生产的基础设施布局向服务于生态、生活的基础设施布局转型，需要一个过程。现有的农业基础设施主要针对一产，从便于生产角度出发而设计。着眼于推动农业由一产向三产转型升级，以便于农业生态、生活功能的发挥为目的，迫切需要提升林间路网配套、园林小景观、健身步道、休闲观景场所、游乐科普设施、认养认领地、餐饮养生场所等基础设施配套水平，为生态景观功能、生活服务功能的发挥打好基础。

二是农村信息化和物流网络基础设施建设需跟进。首先，随着信息化对农业的不断渗透，各类农业新业态对信息化基础设施的要求越来越高。而目前我国农村信息化基础设施建设滞后，主要体现在作为农村信息化建设的主要组成部分之一的农村宽带普及率仍较低。2015 年，全国农村互联网普及率 32.30%，与城镇地区互联网普及率 67.9%相比，农村宽带网络建设仍然较为落后。其次，农产品电子商务是未来具有高速增长潜力的农业新业态之一。目前，京东、阿里、苏宁等电商巨头纷纷将渠道下沉，进军农村市场，农村物流配送网络的不健全成为制约农村电商发展的最大瓶颈。目前，在大部分省份，现有的物流配送网络基本已覆盖到县一级，而延伸到乡镇，甚至村一级的配送网络尚待开发。

三是乡村路网和乡村环境需提升。服务型农业新业态的发展需要生态田园般的自然乡村环境和互联互通的基础设施。而目前我国中西部地区农村与城镇基础设施互联互通衔接性不强，农村中路网不完善，道路等级低，自然村之间及村内道路硬化率低。一些村庄具备良好的休闲旅游资源，但村庄的供水设施、垃圾污水处理、农事景观观光道路、休闲辅助设施等基础设施不完善，村容环境急需净化美化，以提升村庄吸引市民的能力，提升休闲服务能力。

（四）农业新业态发展的要素制约突出

新业态发展人才、技术、资本等要素配置不高，存在要素瓶颈约束。目前，土地、资金、人才等要素供给不足，成为农业新业态发育及成长的突出制约。一是农业建设用地管控严格。许多农业新业态发展离不开必要的配套厂地、用房和设施，但土地红线触碰的风险很大，土地要素供给不足导致许多新业态项目难以正常实施。二是新业态发展所需的高素质、综合型人才短缺。当前，农村劳动力老龄化、农村社区空心化现象突出，已有从业人员专业知识、技能水平难以适应新业态发展需要。农业新业态呈现复合型产业特征，迫切需要既懂种养技术，又懂包装设计、营销策划、品牌推广、文化创意等的综合型人才。但现实中这类人才的缺口相当大，有时候即使能够引进相关人才，还存在农村条件差、短期回报率低等问题，导致人才流失。目前休闲农业经营管理人才、农产品电子商务网络技术人才、农村养老服务业服务人才等严重不足。虽然近几年，随着农业创新创业氛围的兴起，一些大学生、返乡农民工、企业成功人士以及城市白领等组成的“新农人”参与到农业新业态中，但目前这部分群体占比还较少。三是新业态发展融资困难。新业态体现了融合性、创新性，迫切需要资金支持，但目前获得资金的途径较少。由于新业态发展处于探索期或成长期，大多规模小，风险大，政府的扶持资金和社会资本注入较少。现有的农村金融产品、服务和贷款抵押方式相对较少，租用土地及大量农业设施又不能抵押，能够得到银行贷款的规模十分有限，直接融资渠道狭窄，融资难、融资贵问题比较突出。

（五）新业态发展需管理体制改革和政策突破

一些改革措施落实不到位，新业态监管方式和政策体系相对滞后，还不能适应新旧动能接续转换、产业结构升级的要求。一是新业态的市场监管体系亟待完善。新业态蓬勃发展，种类繁多，但新业态监管尚未及时跟进，存在多处空白。监管标准缺失导致监管缺位严重，违法行为不能得到及时处理，对新业态的发展形象产生不利影响。首先，缺少新业态的分类标准。统一的分类标准便于新业态的市场发展和行业管理，但目前此处于空白。一些新业态的融合性特征明显，产业边界模糊，新业态企业的行业性质较难认定。例如，课题组调研北京农众物联科技发展公司，该公司以推广植物工厂为主，但目前，该公司既不能认定为农业企业，也不能被认定为工业企业，致使公司目前无法申请农业项目。其次，缺少新业态的行业规范和准入标准。制定行业管理规范，引导其专业化发展，是新业态监管的一个重要方面。为适应休闲农业的发展，国家层面出台了《全国休闲农业与乡村旅游示范县和全国休闲农业示范点基本条件与标准》《农业部关于休闲农庄的建设指导意见》等文件。在地方层面上，四川省旅游局牵头制定了《四川省乡村旅游示范县、乡、村评定标准》和《农家乐/乡村酒店旅游服务质量等级划分与评定》，对于认定的乡村旅游示范县、乡、村和农家乐和乡村酒店授予相应的标牌，杭州市、黄山市、张家界市等作为先行者也先后颁布民宿客栈管理实施办法，对乡村民宿的管理规范进行了初步探索。但是总体来看，新业态的行业规范目前只在少数行业和地方标准中有所关注。例如，市民农园新业态由于没有明确的规范，一些违规违法的“大棚房”项目也打着“市民农园”“市民菜园”“开心农场”的幌子出现，严重影响了这一业态的健康发展和公众形象。最后，部分新业态监管问题突出，突出表现在农产品电子商务方面。例如，农产品电子商务中“追溯码”已呈现出泛滥的势态。贴有追溯码的农产品和食品越来越多，但追溯码“遮头盖面”“鱼目混珠”，让消费者难以辨识，溯源信息不全面、更新不及时、生产信息缺失是常见的问题。农产品电子商务的发展，使得流通业态发生了很大变化，传统的法律法规尚未对新型业态进行有效监管，相关机构责任不明确，使得农产品电商发展初期农产品质量安全风险极大地暴露出来。

二是新业态发展需要农村改革的进一步深入。首先，资源要素市场定价体系不完善。目前，农村地区的农宅和历史文化等资源要素的市场定价体系尚不完善，尤其是一些古村落的历史价值没有得到足够的重视和保护，容易造成村集体和村民利益受损。其次，相关保障农民利益法律政策体系需要探讨。如在农村闲置房屋盘活利用过程中，出现的宅基地有偿退出问题。闲置农宅利用所涉及的宅基地及其地上房屋产权归属、收益权和转让权限制、集体经济组织成员权等问题尚待解决，部分政策与现实情况存在冲突，导致农民的集体资产收益权、宅基地使用权和新居民居住权等权益无法保障。按照党的十八届三中全会精神，针对推进农民住房财产权抵押、担保、转让等问题完善相关政策，推动山区闲置农宅盘活利用。与此同时，在现行法律和制度约束下，农村宅基地和农宅的所有权主体分别为村集体和农户，导致相应的权能赋权强度不一致。应重点探索宅基地有偿获得、使用与退出机制，宅基地交易与流转宅基地成员权边界问题，更好地保障和实现农民集体经济组织成员权利。最后，新业态创新模式的设计需要考虑多方政策因素。突出表现在与农民利益联结较为紧密的社会化农业新业态方面，如利用闲置房屋发展农村养老服务业或民宿旅游。课题组调研了密云区塔沟村农村闲置房屋利用。其做法为，农民将闲置房屋入股成立村级合作社，由村级合作社与企业合作共同开发将闲置房屋打造成乡村酒店。企业目前已投入 500 万元进行房屋的改造，并进行了乡村酒店的试营业。但调研中发现，该合作存在较大风险。合约签订时明确给农民的租金是年6000元，现在农民看到自己的房屋一天即可盈利1000元，开始萌生退社的想法。因为根据合作社法自愿退出的原则，村民可自愿退出收回房屋，这样一来，企业对闲置房屋的投入将无法实现收益。

三是新业态缺乏政策的统筹协调。各地对农村产业发展中呈现出的新变化、新趋势认识不够，培育新业态的意识没有形成，面上情况不清楚，缺乏有针对性的政策措施。新业态的发展主要是市场主体自我发展，缺乏一个统筹协调、引领支持的载体和抓手。

四、未来农业新业态发展态势

（一）向更大规模发展

现有新业态扩大规模，发展体量不断增大。在技术、需求、产业链等多因素驱动背景下，未来农业新业态将爆发式增长。城乡居民生活水平的提高，闲暇时间的增多和消费需求的升级，使休闲农业仍有旺盛的需求，未来休闲农业仍将处于黄金发展期。休闲农业产业规模进一步扩大。随着休闲经济向体验经济的发展，体验式、参与式农业将取得飞速发展。根据相关规划显示，全国休闲农业营业收入将由2015年的4400亿元增加到2020年的7000亿元。农业物联网等信息技术应用比例将由2015年的10.20%增加到2020年的17%，农产品网上零售额占农业总产值比重将由2015年的1.47%增加到2020年的8%，年均增速将达到40.3%。

（二）向更宽领域拓展

由于信息技术的不断创新和发展，信息消费未来可能孕育更多的新兴业态，迎来更丰富多彩的消费热潮。美国Gartner公司预测，未来三年里将有十大主要领域的技术在行业中产生重大影响，并拥有巨大发展潜力。十大主要领域有：移动设备的多样性和管理、移动App和应用成熟、万物互联、混合云和混合IT作为服务代理、云端/客户端的架构、个人云时代、软件定义一切、标准化的信息技术服务、智能机器、3D打印。这些领域的说法与我国目前相关的提法也大同小异，主要集中在移动互联网、物联网、云计算、智能终端和新兴软件的关键应用技术上，并更加强调个性化需求。

（三）向更高水平迈进

创新型农业新业态将朝提高自我创新能力和提高产业化水平方向迈进。服务型农业新业态将进一步拓展农业多功能，提升农业服务能力。社会化农业新业态将随着城乡互动的紧密而不断融入新的要素，探索新的业态组织模式。随着绿色发展理念的深入，内部融合型农业新业态对资源的利用率将提高。综合型农业新业态将不断探索农业工厂化发展路径，提高农业的集约化程度。

（四）向规范化、品牌化方向发展

根据产业发展规律，当产业发展到一定体量后，产业的发展质量开始逐渐受到重视，产业将朝规范化提升。建立行业标准，规范业态发展行为，是提升业态竞争力和业态现代化管理水平的有效措施之一。以休闲农业为例，近年来休闲农业市场需求日趋旺盛，呈现出休闲农业普遍化、休闲生活常态化、休闲市场全球化、休闲消费个性化及休闲选择精准化等特点。为推动休闲农业健康发展，部分省市出台了一些相关管理办法或标准，北京市制定了《北京市观光农业示范园评定标准》、江苏省制定了《农业观光园建设规范》等，通过适时建立休闲农业的标准化，引导休闲农业向规范化、国际化、差异化方向发展，切实增强了休闲农业市场化竞争实力。另外，新业态要做大做强，必须朝品牌化方向发展。且随着中高端消费群体的增大，未来新业态的品牌化将有一个很大的发展空间。

第十一章　农业新业态的培育路径与政策建议

一、农业新业态培育的原则

（一）坚持创新驱动，凸显产业引领性

创新是引领发展的第一动力。未来5~10年，是全球新一轮科技革命和产业变革从蓄势待发到群体迸发的关键时期。随着新一轮技术革命的深入，创新的重点从应用技术创新向关键技术、核心技术、前沿技术创新转变，从跟随模仿式创新向源头创新、引领式创新跃升。在农业领域，以信息技术、生物技术等前沿科技引领农业产业快速发展的态势越发明显。占领了科技制高点，就占领了农业的未来。农业新业态的培育，应坚持创新驱动，着力提升业态原始创新能力，通过高新技术创新和应用来提升新业态发展水平。

（二）坚持需求导向，提升业态服务性

以农业多功能拓展为主线，推动农业由生产向服务转型，提升农业的服务功能，提高农民服务市民的能力。深入挖掘农业的休闲、体验、教育、养生等多种功能，加强农业与农耕文化传承、创意农业发展、乡村旅游、传统村落传统民居保护、林下经济开发、森林旅游、美丽乡村建设等的有机融合，鼓励引导新业态朝规范发展，满足有效需求和差异化个性需求。

（三）坚持城乡互促，提高业态要素集聚力

新业态的发展，需要新的要素的注入。农业新业态的发展，更多的发

生在城市周边，以服务城市居民为目的。农业新业态的发展，要坚持城乡互促，营造城乡要素互融互通的氛围，通过城乡要素的有效流动，提升业态发展活力，最终富裕农民。

（四）坚持体制创新，强化农民利益联结

发展农业新业态，根本目的在于增强农业竞争力，增加农民收入。因此，必须坚持以农业为基本依托，以绿色发展为导向，确保农民利益不受损、就业有保障、增收有途径。坚持共享发展理念，让农民更多受益、拓宽农民收入来源，逐步建立农户参与农业新业态发展的紧密型利益联结机制，促进农民增收。

二、农业新业态培育的分类引导

依据不同类型农业新业态的特点，采取不同的发展策略。依据创新型农业新业态技术创新较强的特征，创新型农业新业态培育的重点在于加快科技创新和产业化推广；依据服务型农业新业态融合发展的特征，服务型农业新业态培育重点在于以需求为导向，提高农业的服务能力；依据社会化农业新业态开放发展特征，社会化农业新业态的发展重点在于增强城乡要素的流动和农业的开放发展；内部融合型农业新业态的发展重点在于循环农业模式的探索；综合型农业新业态的发展重点在于技术集成创新应用。

（一）推动创新型农业新业态朝“高产、优质、高效”发展

紧紧把握全球新一轮科技革命和产业变革重大机遇，培育发展新动能，加强生物农业、智慧农业等创新型农业新业态的科技创新和成果转化，提升创新能力。

1. 加快生物农业创新和产业化步伐

把握生命科学纵深发展、生物新技术广泛应用和融合创新的新趋势，加快生物农业创新和产业化步伐。在生物育种方面，重点提高生物育种自主创新能力，构建生物种业自主创新体系，加快农业生物育种向高效精准育种升级转化；重点开展优质、高产、营养、安全、资源高效利用、适应

标准化生产的农业动植物新品种。推进生物技术培育新品种产业化，打造具有核心竞争力的育繁推一体化种业企业。在生物疫苗方面，推动新型动物疫苗、生物兽药、植物新农药的规模生产与应用，推动农业生产绿色转型。在生物肥料和生物饲料方面，重点开展高效生物肥料产品和新型绿色生物饲料。以生物农业发展占领农业的制高点，提升农业核心竞争力。

2. 推进智慧农业、农业大数据应用等信息农业发展

采取自主创新与引进消化吸收相结合的方式，围绕应用和产业急需，重点突破农业生产智能决策和农业机械智能装备化水平，推进智能传感器、卫星导航、遥感、空间地理信息等技术应用，增强对农业生产环境的精准监测能力。研究制定农业物联网应用技术标准。以智慧农业发展引领农业生产方式的变革。

3. 大力推动农产品电子商务

推进互联网技术在农业生产、加工、流通等环节的应用与推广，重构农业农村经济产业链、供应链、价值链，培育多元化农村电子商务市场主体。以农产品电子商务新业态的发展引导农业经营方式的变革和流通模式的重塑。

（二）推动服务型农业新业态朝“设计精细、功能多元、产业高端”发展

农业新业态培育的重点在东部地区和城市周边。适应这些地区消费水平提高的需要，服务型农业新业态将朝“设计精细、功能多元、产业高端”发展。

1. 积极发展体验型农业新业态

创新农耕体验活动，引导推动休闲农庄、乡村酒店、特色民宿、自驾车房车营地、户外运动等乡村休闲度假产品的开发，大力发展休闲度假、旅游观光、养生养老、创意农业、农耕体验、乡村手工艺等，促进休闲农业的多样化、个性化发展。

2. 增强服务型农业新业态的文化内涵

强化对服务型农业新业态经营场所的创意设计，提升服务型农业新业态的文化软实力。加大对农业文化遗产价值的发掘，发展具有文化内涵的

休闲乡村，加快乡土民俗文化的推广、保护和延续，带动农业文化消费。

3. 推进多业态集聚发展，提高业态发展的合力

根据调研，一个地区业态的集聚能力越强，业态发展越好。多业态合力发展，比单一业态的作用更加明显。如北京市房山区利用会展节庆发展景观农业、创意农业，以举办春季北京国际长走大会为契机，在长走路线周边建设农业景观，打造了“城市之间·水岸花田”景观品牌，在沿村种植千亩油菜花、葵花，形成大面积花海，并成功举办第一届花田节，收到了很好的效果。多业态共融的合力更能促进业态的发展。

4. 鼓励发展屋顶农业、阳台农业等城市农业业态

推动农业从田间地头走进楼宇房舍，发展盆栽园艺、立体农业等，让农业走进市民生活，改善市民起居环境。

（三）推动社会化农业新业态朝“开放性、便利性”发展

鼓励新要素参与到农业新业态中，通过新要素的注入，提高社会化农业新业态的发展活力。鼓励农民以闲置房屋、林权等参与到农业新业态发展中，鼓励股份型、股份合作型等紧密型农民利益联结模式，保障农民利益。

（四）推动融合型农业新业态朝“绿色、可持续”发展

以融合型农业新业态的发展引领农业绿色发展新理念。加强农林废弃物回收利用。推广秸秆腐熟还田技术，支持秸秆代木、纤维原料、清洁制浆、生物质能、商品有机肥等新技术产业化发展。鼓励利用畜禽粪便、秸秆等多种农林废弃物，因地制宜实施农村户用沼气和集中供沼气工程。推广应用标准地膜，引导回收废旧地膜和使用可降解地膜。

（五）鼓励综合型农业新业态的示范推广

以综合型农业新业态的发展探索引领农业高效集约发展新模式。目前，以工厂化农业为主的综合型农业新业态具有小众性特征。加强植物工厂等的示范推广，围绕植物工厂初始成本高与能源负荷大问题，探索植物工厂的新型材料和模式。

三、农业新业态培育的分阶段引导

农业新业态种类繁多，各业态发展方向不一，发展阶段特征也不尽相同，应采取不同的发展战略。在萌芽期，应加快产业的科技创新和成果转化，为产业发展提供技术支撑；在成长期，应想办法扩大市场需求，推动科技成果转化和产业化，促进产业快速发展；在成熟期，应扩大要素投入，推动产业集聚发展，促进产业做大做强；在衰退期，应着力关键技术变革，推动产业转型升级（见表 11-1）。

表 11-1　农业新业态培育的分阶段引导

	典型业态	发展路径
萌芽期	创意农业、城市农业、农业大数据、植物工厂等	加快产业的科技创新和成果转化，为产业发展提供技术支撑
萌芽期向成长期过渡	智慧农业	发展重点在于加强技术支撑、扩大市场需求
成长期	休闲农业、订单农业、社区支持农业、农业生产业服务业、生态农业等	着眼于扩大市场需求和推动产业集聚发展和品牌化提升，做大做强
成熟期	会展农业	扩大市场需求

（一）推动萌芽期新业态的科技创新和成果转化

创意农业、城市农业、农业大数据、植物工厂等新业态处于萌芽期，培育的重点在于提高萌芽期新业态的自身创新能力，一方面加快新业态自身的科技创新水平，为业态发展提供技术支撑；另一方面通过加强成本转化等降低业态创新成本，增强新业态向成熟期迈进能力。

（二）提升成长期和成熟期新业态的供给水平

休闲农业、订单农业、社区支持农业、农业生产业服务业、生态农业处于成长期，业态的竞争会逐渐激烈，未来重点应着眼于扩大市场需求，提升产品供给能力，支持成长期农业新业态以产品供给能力的提升来占据更大的市场份额。

（三）加快萌芽期新业态的典型示范、辐射引导和熟化推广

大力推进创意农业、城市农业、农业大数据、植物工厂，以及智慧农业等新业态的试点示范与推广。聚焦重点品种、重点地区、重点领域和重点方向，优先在现代农业示范区，组织实施一批基础好、成效高、带动性和推广性强的示范项目。通过典型示范、辐射引导以及熟化推广，成熟一批推广一批，以点带面逐步扩大新业态的发展空间，加快萌芽期新业态向成长期迈进的步伐。

（四）加快成长期新业态的产业集群建设

产业集聚既是产业做大做强，提高国际竞争力的必要途径，也是产业发展成熟的重要标志。如美国硅谷的信息产业集聚区和新兴的生物技术、医疗设备产业集聚，好莱坞的影视娱乐产业集聚，华尔街的金融业集聚，我国台湾地区新竹工业园区的电子通信设备、精密机械和生物技术集聚区等。

遵循产业集群形成、演进升级的内在规律，综合考虑各地的区位优势、产业基础和资源禀赋，积极推动以上下游企业分工协作、品牌企业为主导、专业市场为导向的新业态集群建设，提升新型业态的核心竞争力。分类培育一批新业态重点县或示范县，打造优势业态产业集群。按照因地制宜、实事求是的原则，在休闲农业、农村电商已经开展示范县和重点县建设的基础上，在生物农业、农业物联网应用、创意农业等方面，再确定一批县（市、区），扶持培育一批重点县或示范县，发挥示范引领作用。加快推动新业态主体向产业园区集聚。

（五）推进成长期新业态的品牌化发展

品牌化是市场经济条件下重要的一项发展战略。拥有自主品牌，既有利于明确产品的市场细分和定位，从而建立起稳定的顾客群，又有助于强化形象打造，保护创新，增强市场竞争能力。对于差异化程度低、市场竞争激烈的农产品而言，品牌化更是彰显自身独特品质和特色、获得竞争优势的必要选择。因此，推动农业新业态发展壮大、打造品牌是必不可少的一项内容。如新疆维吉达尼良心干果、本来生活的褚橙和阳澄湖大闸蟹

等，这些农产品一般都带有讲故事、品牌设计完整等元素。品牌得到提档升级，产品附加值提高，做到了农产品优质优价。

另外，应按照不同类型农业新业态的生命周期特征，明确在各业态成长过程中业态主体与政府的角色定位。在业态萌发期的推进主体主要是政府推动力和创新带动力发挥主要作用。在萌芽期，如果让市场完全调节资源配置，就会形成投入低、发展缓慢，新业态主体对于基础研究和应用研究的积极性不高的局面。政府可以直接实施财政扶持，以推进新技术研发和技术创新，使业态在萌发期加速发展。在成长期，推进主体主要是市场推动，同时也不能忽视政府和创新的作用，使其在成长期快速成长。在成熟期，主要靠业态的自我发展，政府主要扮演管理者角色。成熟期中具有较大规模的业态主体竞争优势确定，会形成自然垄断，给后进入业态的其他主体设定进入壁垒，影响资源配置效率，此时需要政府干预才能打破垄断。在变革期，业态面临着产业转型，要解决这些具体问题，单靠业态主体自主创新是难以完成的，此时也需要政府通过创新服务职能的手段，促进业态主体间的协调，并制定适应变革期业态发展的支持政策，推进产业完成结构调整与升级。

四、农业新业态培育的分区引导

以提升新业态集聚能力为主，加快全国农业新业态重点区域布局。

整体而言，东部地区和城市具有较高的经济发展水平，具备新业态发展的需求支撑；部分城市创新要素集聚，具备农业新业态创新发展尤其是创新型农业新业态发展的沃土。故东部地区和城市周边是农业新业态培育和发展的重点区域。

（一）加快农业新业态的全国优势区域布局

重点推动东部地区和城市周边新业态的发展。具体到各个新业态，重点在创新要素富集的大城市如北京、深圳、上海、杭州等和若干农业发展大省如山东、江苏、浙江等，推动生物农业的产业化集群发展；重点在优势农产品区域、大中城市郊区和特色农产品区域择优、适度扩大智慧农业的示范规模和范围；重点在大中城市周边、名胜景区周边、特色景观旅游名镇名村周边、依山傍水逐草自然生态区、少数民族地区和传统特色农区发展服务型农业新业态。重点在大中城市和东部城乡统筹步伐较快区域发展农业众筹、社区支持农业、农村养老服务业、农产品私人定制等社会化农业新业态。

（二）在若干重点城市树立新业态发展的标杆

强化北京会展农业、生物育种等新业态发展的领军地位；强化深圳等城市生物农业发展的技术创新水平；提升上海、成都等城市休闲农业、创意农业等服务型业态引领水平，提升天津、苏州等地的智慧农业发展水平，争取在重点城市产生一批新业态发展的领军企业。

五、农业新业态发展的支撑体系

（一）营造产业创新和产业融合发展的氛围

农业新业态的特征体现在创新性和融合性两方面。大力推进产业创新和产业融合，提升业态供给能力。深入实施创新驱动发展战略，营造业态发展的生态环境。推动自主创新，特别是扶持原创性研究。聚焦突破核心关键技术，进一步提高农业新业态自主创新能力，全面提升产品和服务的附加价值和国际竞争力。重点提高生物育种自主创新能力，构建生物种业自主创新体系；围绕应用和产业急需，重点研究大田生产、设施生产、畜禽养殖和农产品质量安全监管等方面智能决策模式和智能控制技术设备，提高农业物联网的产品开发与应用能力。深入开展大众创业、万众创新。鼓励有条件的地方和各类协会、中介组织等探索建立农民创业创新基金。依托现有各类开发区和农业产业园区，形成一批农民创业创新园区。选择一批知名农业企业、合作社、小康村、农产品加工和物流园区等，创建一批农民创业创新见习基地。加强对自主创新产品的政府购买力度，补贴应用端，鼓励采购自主创新的首套设备、首批产品。以政府购买创新产品推动企业自主创新的动力形成。深入推进产业融合，把握信息、文化、教育、健康、养老等服务消费需求不断升温的趋势，推动服务型农业新业态由提供休闲向体验式发展。适应电子商务、网络购物等新兴消费的快速增长，加快农村电子商务布局，同时加大服务型新业态的信息化建设步伐。

（二）建立紧密型利益联结机制

完善订单协作型利益联结。建立订单农业信用体系，规范订单格式、内容和签订程序，实施合同审查备案制度，逐步实行合同可追溯管理。将有效的利益联结机制与政策支持相挂钩，鼓励工商资本、产业化龙头企业与农民合作社、专业大户、家庭农场、普通农户签订保护价收购合同或者高于市场价收购合同，采取按收购量对农户进行利润返还或二次结算等利润分成方式。推广股份合作等紧密型利益联结机制。鼓励有条件的地区开展农村土地和集体资产股份制改革。鼓励地方政府探索发布辖区内农村土地指导价，为农户资产入股提供议价基础。引导龙头企业和农民合作社通过双向入股方式实现利益联结。

（三）加大基础设施和公共服务支撑

农业新业态发展所需要的技术创新、人才、信息等服务需求，单靠市场难以完全解决，需要政府在重要领域和关键环节提供公共服务。加快新业态发展的信息化公共服务平台建设，重点针对服务型农业新业态发展，以信息化手段提升新业态的服务水平。增强休闲农业、会展农业等服务型农业新业态的线上线下营销能力，鼓励社会资本参与休闲农业宣传推介平台建设，加快构建网络营销、网络预订和网上支付等公共服务平台，全面提升行业的信息化水平。强化新业态运行监测分析，探索建立新业态监测统计制度。体现融合特征的农业新业态不再只是农产品生产，而成为一个与二、三产业融会贯通的综合性产业。由于新业态具有跨界的特点，且新业态企业规模小、变化快，这在一定程度上给新业态的统计监测带来了困难。目前，新业态发展较充分的东部地区和若干大城市，先期启动新业态的动态监测。对新业态的统计监测以及对新业态指标的监测，建议与现行国民经济核算体系相衔接，以增加值指标为核心，重点关注总产出指标。

加强产地预冷、集货、分拣、分级、质检、包装、仓储等基础设施建设，强化农产品电子商务基础支撑。以鲜活农产品为重点，加快建设农业农村电子商务标准体系。完善动植物疫病防控体系和安全监管体系，建立全国农产品质量安全监管追溯体系，提升信息化监管能力和水平。加强农业农村基础设施建设。着力改善开展休闲农业村庄的道路供水设施、宽带、停车场、厕所、垃圾污水处理、游客综合服务中心、餐饮住宿的洗涤消毒、设施农事景观观光道路、休闲辅助设施等基础服务设施，改善休闲农业基地的种养条件，实现特色农业加速发展。推进村容环境净化美化和休闲服务能力同步提升。

（四）完善要素支撑的政策体系

新业态处于发展初期，是新生事物，离不开政府支持。创新财政资金使用方式。目前在国家大力推动农村产业融合发展等政策的引导下，各地对新业态的发展给予了财政倾斜支持，拨出专门经费支持休闲农场基础设施建设、教育农园补贴、组织文化宣传等。例如，天津大力实施休闲农业精品培育项目，对每个项目给予 50 万元扶持资金。陕西省对国家级和省级休闲农业示范县（区）、休闲农业示范园等每年给予 10 万~20 万元不等的扶持资金。青岛对乡村旅游特色村一次性扶持奖励 20 万元。国家对新业态的财政资金支持一定程度上对新业态的发展起到了助力作用。为了使财政资金发挥更大的效用，各地开始探索创新财政资金使用方式，出现了以奖代补、先建后补、财政贴息、财政资金入股等新业态资金扶持方式。推广 PPP、众筹等投资模式，扩大信贷抵押担保范围，创新仓单质押、基金入股等方式，引导和鼓励农户与新型经营主体联合共建、共办共享，多渠道解决新业态发展中的资金难题。

充分利用好农村产业融合发展投资基金。以国家探索建立农村产业融合发展投资基金为契机，以股权投资等形式带动社会资本投向农业新业态发展领域。对于新业态发展较好的东部地区和城市周边，鼓励地方政府建立区域性农村产业融合发展基金，加强对重点农业新业态的支持，拓展新业态融资渠道，鼓励社会资金参与农业新业态发展。近年来，一些高端农业新业态项目由于其高收益性逐渐引起了投资基金的关注。积极引导私募股权投资基金、创业投资基金以及各类投资机构投资新业态发展项目。加强人才支撑。开展新业态新型经营主体培育，支持各地引进大型电商企业、星级酒店、农业产业化龙头企业发展壮大新业态，培育参与新业态的新型农场农庄、农民合作社、乡村酒店等新型经营主体。支持各地通过盘活闲置房屋、农村老宅老院、可利用林场、宜渔宜游水面、集体建设用地等资产资源培育农民增收新业态。调整优化农村劳动力资源培训、农业技能培训等项目资金安排，支持新业态人才培训、认定和就业工作。

（五）加强新业态市场监管与规范

政府部门在积极培育新业态时要扮演好引导和统筹规划的角色，加强业态规范管理，打造新业态健康发展环境。加大对现有农业新业态行业标准的制定和宣贯力度，指导各地分层次制定相关标准，逐步推进管理规范化和服务标准化，促进农业新业态的规范有序发展。

加快制定农业新业态的行业标准。首先，建议国家层面出台新业态的行业标准。随着新业态的发展逐渐完善，统一的分类标准便于新业态的市场发展和行业管理。其次，为新业态制定行业管理规范，可引导其专业化发展。如国家层面对休闲农庄设定了行业标准，对休闲农庄的规范发展起到了较好的引导规范作用。根据目前新业态发展现状，迫切需要建立新业态行业标准的有葡萄酒庄、客栈民宿、市民农园、教育农园、乡村酒店等新业态类型，建立国家层面的行业标准，制定基础设施、管理规范、服务标准、安全卫生、环境保护等方面的相关标准和良好操作规范，引导业态规范发展，提升水平。其次，鼓励各地方依据自身地方发展水平，设定新业态的地方标准。

适时提高新业态行业准入门槛。服务型农业新业态技术壁垒性低、门槛较低的特点，较为突出的有特色民宿与农家乐的良莠不齐。建议在信息、服务、管理、设施等方面对服务型农业新业态设定合理的准入条件，保障消费者的合法权益。经营主体散、小、弱不利于新业态的发展，当新业态发展到一定程度后，应适时提高新业态准入门槛，引导新业态朝规模化、组织化发展，提升业态发展档次。

严格规范新业态市场秩序。针对目前新业态发展还不成熟的现状，加大对新业态的市场监管。完善农产品电子交易相关法规，强化终端消费市场监管，净化农产品市场交易环境。

强化宣传推介。以服务型和社会化农业新业态为主，在重大节假日前和重要农事节庆节点，充分利用网络、电视、报纸、微信等，开展全国性的休闲农业精品景点宣传推介，吸引城乡居民到乡村休闲消费。鼓励各地通过传统媒体和互联网等新兴媒体宣传推介精品线路和精品景点，扩大休闲农业和乡村旅游等服务型农业新业态的影响力；鼓励各地举办特色鲜明、影响力大、公益性强的农事节庆活动，努力营造新业态发展的良好氛围。

第十二章　北京农业新业态发展的探索实践

一、北京农业产业融合历程与现状

2003年以来，北京都市型现代农业按照首都的发展定位与需求，从纵深产业化经营为主，向横向的多功能拓展转变，农业与二、三产业关联日益紧密，农业产业融合程度不断加深。

（一）农业产业融合发展历程

北京市20世纪80年代，开始大力推进农产品加工业及农业产业化经营。这一阶段，北京农业主要功能定位是供应城市居民鲜活副食品和部分粮食，突破长期形成的城市郊区农业“以粮为纲”的禁锢和单一的种植业结构局面，解决城市副食品供应不足的问题，起到稳定物价、稳定居民生活和稳定社会等作用。此阶段，我国农村改革建立的以家庭联产承包制为核心、统分结合的双层经营体制发挥了巨大作用。90年代中期，北京进入市场经济转型时期。以市场为导向，以企业为龙头，以家庭经营为基础，建设的“贸工农一体化”“产加销一条龙”的全新经营方式，使农工商贸结成了风险共担、利益均沾的共同体。90年代末期，北京市出台了相应的配套政策措施，大力扶持起了一批以农产品加工为主的农业产业化龙头企业，产业化经营组织的数量大幅上升，辐射带动农户的能力明显增强。

随着北京工业化进程的不断加快，农业生产空间逐渐被压缩，生产资源受到限制、生产成本提高，传统农业逐渐失去了发展空间。与此同时，北京农业已经进入到农业和城市关系的高级阶段，必须用城乡一体化思路统筹城乡发展，坚持以工补农、以城带乡，农村开始共享城市发展成果。2003年，立足首都功能定位和城乡发展全局，以科学发展理念为指导，以市场需求为导向，以现代物质装备和科学技术为支撑，以现代产业体系和经营形式为载体，北京在全国最早提出建设都市型现代农业，全面拓展农业的生产、生态和生活功能，并把它作为农业发展核心战略和方向选择，在全市范围内铺开。2005年，《关于加快发展都市型现代农业的指导意见》出台，北京都市型现代农业从此提档升级、加速发展，农业多功能性得到充分拓展。2007年，北京市委、市政府提出“跳出农业看农业”，农业是少数但绝不等于小数，其不可替代的地位越发明显；农业隐性价值逐步显现，且不断增值；农业环境得天独厚，北京消费、科研、政策等优势无可比拟，初步奠定了北京发展都市型现代农业的理论基础和体系框架。2009年7月，北京市委、市政府提出要重新认识首都“三农”问题：首都的农业是都市型现代农业，是一二三产业相互融合，充分体现人文、科技、绿色特征的低碳产业。首都“三农”的新认识为北京农业的发展指明了方向。

2014年2月，习近平总书记在视察北京时明确提出要建设国际一流的和谐宜居之都目标，在谈到农林水时，特别强调了要调整农业结构，发展节水农业。按照新时期首都城市战略定位对农林水发展的新要求，2014年9月，北京市发布《关于调结构转方式发展高效节水农业的意见》（京发［2014］16号），标志着北京进入以发展生态高效农业为主题的新一轮农业结构调整。该意见指出，调整农业结构，转变农业发展方式，着力构建与首都功能定位相一致，与二、三产业发展相融合，与京津冀协同发展相衔接的农业产业结构，为建设国际一流的和谐宜居之都提供有力支撑和坚实保障。在一系列政策引导下，北京农业进入价值链再造阶段，产业融合成为这一时期农业发展的主要特征。未来一段时间，北京将继续贯彻工业化、信息化、城镇化、农业现代化“四化同步”战略，以高端、高效、高辐射为主要标志，以一二三产业融合发展为路径，融生产性、生活性、生态性于一体，打造高精尖的都市农业产业体系。

北京农业产业融合历程如图12-1所示。

农业产业化阶段

1980—2000年

- ■ 背景
- □ 粮食丰年有余，副食品生产由普遍的短缺转变为供大于求，初步形成自己的农业生产规模，人民生活水平提升，对产品需求多样化、复杂化
- ■ 阶段标志
- □ 20世纪80年代初，北京大力推进农业的产业化经营
- □ 90年代中期，“贸工农一体化”“产加销一条龙”的全新经营方式
- ■ 发展主线
- □ 大力扶持起了一批以农产品加工为主的农业产业化龙头企业，产业化经营组织的数量大幅上升

农业功能拓展阶段

2003—2009年

- ■ 背景
- □ 北京工业化进程的不断加快，北京农业已经进入到农业和城市关系的高级阶段，进入到以工补农、以城带乡新阶段，农村开始共享城市发展成果
- ■ 阶段标志
- □ 2003年，221行动计划，进入到都市型现代农业阶段
- □ 2007年，北京市委、市政府提出“跳出农业看农业”，初步奠定了北京发展都市型现代农业的理论基础和体系框架
- ■ 发展主线
- □ 以农业多功能拓展为主线
- □ 大力拓展4种功能，开发4种农业

产业融合主线明晰

2010年以后

- ■ 背景
- □ 都市型现代农业进一步深入
- ■ 阶段标志
- □ 2009年，北京市委、市政府重新认识首都“三农”问题：首都的农业是都市型现代农业，是一二三产业相互融合，充分体现人文、科技、绿色特征的低碳产业
- ■ 发展主线
- □ 产业链宽度拓宽，长度延长，将农业发展面拓展，走产业融合发展之路

图 12-1　北京农业产业融合历程

（二）农业产业融合发展现状

1. 农业产业融合发展的基础条件良好

随着都市型现代农业的不断深入，围绕农业产业链的延伸和多功能拓展，农业与农村基础设施不断完善，农业自身发展水平不断提升，二、三产业尤其是现代服务业高速发展，为农业产业融合发展提供了良好的产业基础。

（1）农业农村基础设施日臻完善。启动了《北京都市型现代农业基础建设和综合开发规划（2009—2012 年）》，开展以配水节水为中心的农田水利改善工程、以质量提升为中心的农田培肥工程、以改善环境质量为中心的田园清洁循环工程、以农田景观建设为中心的沟路林渠配套工程四大工程，全力打造了 113 万亩优势产业田、优良生态田、优美景观田，农业基础设施条件明显改善，为农业生态、生活功能的发挥奠定了基础。全面实施新农村建设街坊路硬化和绿化、老化供水管网改造和一户一表、污水处理、垃圾分类、户厕改造和公厕建设为内容的“五项基础设施”工程，让农村“亮起来”、农民“暖起来”、农业资源“循环起来”的“三起来”工程，实现了村庄全覆盖，极大地改善了农村的生产生活条件，为农村优美环境增强了要

素集聚能力，为农业与二、三产业融合发展奠定了良好的发展基础。

（2）农业现代化发展水平不断提升。2014 年，北京主要农作物耕种收综合机械化水平达 73%，高出全国平均水平 12 个百分点，粮食生产基本实现全程机械化，设施农业、畜牧业和渔业机械化水平快速提升，分别达到 30.6%、50.5%和 40.6%。种植业实现节水技术全覆盖。围绕应急保障、生态休闲、科技示范等功能，不断强化农业综合生产能力和保障能力。截至 2014 年，北京市共建有设施蔬菜 35 万亩，千亩设施蔬菜标准园 20 个，集约化育苗场 20 个。畜禽标准化规模养殖场 1907 家，规模化标准化养殖场存栏畜禽占全市 80%以上，全市“三品”认证总量 4520 个，“三品”认证农产品产量占全市产量的 40%，“三品”生产比重居全国前列。北京都市型现代农业向“规模化发展、园区化建设、标准化生产”方向发展。2014 年，北京农业劳动生产率 30336 元，土地综合产出率 3865 元/亩，万元农业 GDP 耗水 507 立方米，均处于国内较高水平。

（3）现代服务业高速发展。2015 年，北京市三次产业结构比为 0.6%：19.6%：79.8%，金融、信息传输、软件和信息技术服务业，科学研究和技术服务业等对经济增长的贡献率达到 83.4%，形成了以现代服务业为主体的城市产业结构。现代服务业的快速发展为农业产业融合提供了重要技术和服务支撑。顺应产业融合发展趋势，推进农业与其他产业融合，通过借势北京发达的现代服务业增强首都农业竞争力。

2. 产业内涵日益丰富，多业态蓬勃发展

产业融合发展带动北京农业的外延与功能不断拓展。农业外延拓展产生了籽种农业、会展农业、休闲农业、农产品加工业、农产品物流业等新的产业形态。农业功能不断拓展，在生产功能的基础上，大力开发了生态功能、生活功能、示范功能、教育功能、服务功能等。农业新的产业形态和价值得到了更好的诠释和拓展，实现了农业向二、三产业的进一步延伸，向为城市服务的进一步转变。都市型现代农业产业体系融合特征日益明显。籽种农业、农产品加工业、休闲农业、会展农业、景观农业等成为引领北京农业与二、三产业融合发展的主要力量，着力打造了都市现代农业高精尖产业。

（1）纵向延伸产业链，重点推动农产品精深加工及农业产业化。农产品加工业是三次产业融合的载体，是都市型现代农业的支柱产业。营造农产品加工业发展的良好政策环境，先后印发《关于加快发展农产品加工业推进农业产业化经营意见的函》（京政办发［2009］41号）、《北京市都市型工业调整和振兴实施方案》《关于支持农业产业化龙头企业发展推进农业产业化经营的实施意见》（京政发［2013］20号）等政策文件，大力发展果品保鲜贮藏及精深加工、净菜及脱水蔬菜加工、畜禽肉制品、乳制品、蛋制品加工、饲料及其他生物资源开发及加工转化为主的加工农业，构建发达的农产品精深加工体系。培育壮大了一批起点高、规模大、市场竞争力强、辐射带动面广的龙头企业，形成了一批具有较高知名度和市场占有率的农业品牌。2014年，北京市规模以上农产品加工业总产值1436亿元，"十二五"期间年均增长15%以上，农产品加工业水平处于全国前列。三元食品、鹏程肉食、汇源果汁等品牌知名度不断上升。

（2）横向拓宽产业链，大力发展休闲农业、设施农业、会展农业、景观农业等新业态。都市农业的发展必须面向都市。以服务城市需求为导向，农业全方位展示了其多功能属性，满足了市民"养眼、洗肺、乡愁"等多种精神文化需求。通过让农业进城，让市民下乡，丰富了市民文化生活，拓展了人们的生活空间，拓宽了农业增效空间，实现了农业开放发展。休闲农业呈现"规模扩大、质量提升、品牌升级"的良好态势，吃住行、游购娱功能日益齐全；设施农业发展提升了首都农产品的有效供应和应急保障功能；会展农业极大地丰富了农业内涵；景观农业让北京的农业可看、可参与。2014年，休闲农业与乡村旅游产值36.17亿元，相当于农业总产值的8.61%；设施农业收入51.27亿元，占农业总产值的12.20%。根据相关部门数据估算，会展农业总收入约为33亿元，相当于农业总产值的7.86%；景观农业2011—2014年累计实现总收入近10亿元。

（3）促进产业价值链向高端环节拓展，大力发展农业生产性服务业。生产性服务业专业性强、创新驱动特征显著、产业融合度高、辐射带动作用突出。通过生产性服务业与农业生产有机融合，可实现经济的服务化。依托北京丰富的科技、人才优势，推进农业产业链按照"微笑曲线"向两端延伸，发展价值链的高端环节，大力发展籽种农业、生物农药、生物饲料、农业社会化服务业等新业态。全力打造北京籽种农业作为全国种业科技创新中心、企业集聚中心、交易交流中心和种业发展综合服务平台的"三中心一平台"地位；推进现代生物农业的科技创新和成果辐射；探索农机、植保等农业专业化服务。截至2014年，共有种业企业428家，饲料企业276家，农药生产企业33家，农药经营企业1132家。籽种农业收入14.03亿元，相当于农业总产值的3.34%；农机专业合作社151家，植物诊所31家。

（4）深化农业产业内部融合，加快发展生态循环农业。为满足首都宜居城市建设对生态屏障与优美景观环境的要求，加快转变农业生产方式，大力发展节水农业、生态农业，推动农业循环发展。实现了小麦秸秆全部还田，农作物秸秆综合利用率达85.6%；推广越冬作物35万亩，减少扬尘3500吨；实现测土配方施肥全覆盖，减施化肥近万吨；推广绿色防控技术，减少农药用量10.4%。农田环境总体保持清洁，循环农业示范模式初步形成，为首都“蓝天、碧水、沃土”做出了积极贡献，农田生态与景观服务隐性价值逐步显现。农业特有的生态优势向二、三产业延伸所产生的农业生态经济服务价值得到重大提升。2014年，北京市农业生态服务价值（贴现值）为9850亿元，是当年农业增加值的62倍，与2006年的5814亿元相比增长了69.4%。近万亿元的农林水生态服务价值有力地支撑了全市2万多亿元的GDP运行，农业的生态服务功能得到社会广泛认同。

3. 新技术新商业模式不断涌现，拉近城乡距离

以消费为导向，将“大数据”和“互联网”等新一代信息技术向农业生产、经营、服务领域的渗透、应用，借助信息化等力量实现网络链接，缩短供求双方之间的距离。

（1）现代生物农业发展成效显著。以峪口禽业、伟嘉人生物科技公司、大北农集团、嘉博文公司为代表，涉及生物育种、生物疫苗、生物饲料、生物化肥、生物农药等共同构成的现代农业生物产业发展迅速，市场影响力、品牌知名度全国领先，总体规模近百亿元，占全国生物农业产业的20%左右，北京已经成为农业生物技术科技创新的源泉和科技成果高端辐射的中心。

（2）大力推进农业物联网示范应用，提升都市型现代农业智能化水平。从2010年开始，北京市以承担首批国家物联网示范工程项目为契机，加大农业智能化装备研发力度，探索多种信息技术在农业领域的集成应用，陆续在13个郊区县50多个农业生产基地开展农业物联网应用示范工作，在设施农业、节水灌溉、农机作业、环境监测等方面取得突破性进

展。顺义粮食万亩示范方，已将物联网、北斗导航、4G 通信等现代信息技术全面融入生产领域，亩均节水、节肥、节药、节能达 30%以上。金福艺农生态园区通过物联网技术应用，病虫害发生降低了 50%，减少用工 70%，水、肥等投入品使用减少 60%，亩均节本增收 20%以上。

（3）以电子商务为主要形式的新型流通模式快速崛起。在流通主体、组织方式、上下游影响等方面都呈现了积极的创新和变化。以京东、我买网、佳沃市集为代表的农产品电子商务网站不断丰富电子商务业务，实现了网上选购、物流配送、电子支付等全程服务；以大北农、顺鑫、天安农业等为代表的农产品生产经营企业纷纷自建电子商务运营支撑平台，推进物联网技术在农产品供应链管理、农产品冷链物流全程监控、农产品安全追溯中应用，实现了自有农产品产供销环节的电子化，从而形成了多层次的农产品电子商务网络体系，取得良好效益。

4. 经营主体发展壮大，示范带动作用增强

龙头企业、合作社、农业协会和联盟等新型经营主体蓬勃发展，惠农效益持续提高。2014 年，北京市有国家重点龙头企业 39 个，市级重点龙头企业 123 个，涉农上市龙头企业 10 个，后备上市企业达到 40 家，各类农业龙头企业吸纳劳动力就业 12 万人，农民直接年增收 6.5 亿元。龙头企业在提升农产品安全水平、首都应急保障能力、提升北京农业的核心竞争力、有效带动农户增收致富、推进北京市农业现代化进程中发挥了重要作用。农业合作组织发展壮大，全市农民专业合作社达到 6744 个，辐射带动一产农户 46 万。共培育创建市级示范社 216 家，示范社成员总数超过 3 万户，示范社在标准化生产、规范财务管理、生产基地建设、统一各项服务等方面规范化程度高，引领作用显著。农产品流通协会、农业龙头企业协会、农业互联网联盟等社会组织主动发挥桥梁纽带作用，为行业规范发展，加强区域合作做出了重要贡献。

5. 公共服务支撑有力，引导要素集聚

形成了“部门联动、政策集成、资金聚焦、资源整合”的工作机制。探索构建与农业产业融合发展相适应的公共服务体系。强化信息支撑。搭建了“221 信息平台”“12316”“三农”呼叫中心、益农信息社等公共服务平台。做实信息服务进村入户，推进城乡信息服务的同质化。实现光纤

100%进村，农村家庭电脑普及率达到70%、移动电话普及率达90%以上。建立了市、区、镇、村完善的电子政务体系，农业核心业务信息化水平达到90%以上。加强金融服务，畅通融资渠道，引导金融机构增加对龙头企业的信贷投放。以支撑与服务农业产业为重点，农业科技创新推广体系不断创新完善。以产业为主线、产品为单元，凝聚中央、在京专家资源，建立了10个产业技术体系创新团队，团队总人数达到434人，全年组织产业技术调研1291次，开展新技术攻关360项，高新技术研发水平达到国际领先水平，直接效益超过5亿元，有力地支撑了首都农业发展。2010年起，组织实施了村级全科农技员队伍建设。到2013年，在岗全科农技员2831名，当年共服务农户62.9万人，入户指导38.6万次，解决农民生产难题47018个，农民满意率达到96.5%。全科农技员成为分布在生产一线、将公益性农技推广自上而下拓展延伸到村的重要载体。

二、主要农业新业态发展情况

通过农业多功能的拓展，赋予原有产业新的附加功能，进一步催化新的产业形态和消费业态，使得农业发展面拓宽，增加农业发展的增值环节和空间。

围绕农业多功能拓展这一主线，北京都市型现代农业进行了大力探索。农业的多功能性得到充分发挥，农业发生了重大的功能性和历史性变化，有力支撑和保障了首都经济社会发展。以休闲农业和乡村旅游、沟域经济、会展农业、创意农业为代表，并逐渐拓展到农田艺术景观、中小学校农业科普与农事体验、阳台农业、屋顶农业等其他新业态。

（一）休闲农业

休闲观光农业与乡村旅游是北京农业多功能性的重要体现，为提升市民幸福指数、促进农民就业增收、支撑和谐宜居城市建设发挥了不可替代的作用。大力推动休闲农业提档升级。休闲农业由粗放的外延式发展向内涵式提高转变，休闲农业品牌化、高端化、规模化发展水平迅速提高。产业形态由最初的观光采摘向休闲、体验、养生、健身、商务、度假等多功能发展。产业发展的文化创意驱动特征日益明显。

先后推出了“农产品流通季”、特色农业节庆等系列活动，开展了

“北京最美乡村”评选、休闲农业与乡村旅游示范乡镇创建、星级园区（企业）评定等系列工作，创建了一批全国休闲农业与乡村旅游示范县、全国最具魅力乡村、“中国美丽田园”，北京休闲农业与乡村旅游品牌化、高端化、规模化发展水平显著提高。截至2015年底，共有观光休闲农业园区1328个、民俗旅游户8941户。北京休闲农业已成长为拥有从业人员10万人，年产值近40亿元的都市型现代农业优势产业，休闲农业或将成为京津冀农业协同发展的先导产业。北京市旅游发展委员会在全国首次评定了北京休闲农业与乡村旅游10大特色业态，即房车营地、古村聚落、葡萄酒庄、乡村酒店、休闲农庄、养生山吧、山水人家、采摘篱园、垂钓渔庄、国际驿站，这10种业态在水平、高度上超过了以往的农家乐形式。

“十三五”期间，北京将以优美农田，沟域经济、水岸经济、农业公园、城市农业建设为抓手，大幅度提升观光休闲农业产业发展水平，建设一批集聚连片的休闲农业示范区，打造一批基础设施完善、景观优美、文化主题突出的休闲农业观光农业园，辐射带动农田景观建设，基本形成三季有景、四季覆盖。

（二）景观农业

以“以农造景、以景带旅、以旅促农、农旅结合、协同发展”为理念，北京在景观农业发展上做了大量探索和实践。2011年，北京市启动农田观光季主题活动。观光季利用普通农作物营造景观，通过挖掘农作物的文化底蕴，开发农作物的休闲观光功能，打造具有浓郁特色的优美景观农田，为市民提供与自然和谐共处的田园休闲场所，通过市民的观光消费，达到带动农民增收致富的目的。农田观光季活动已陆续推出油菜、向日葵、薰衣草、水稻、杂粮、中药材、花卉、食用菌、南果等不同主题的农田观光季，向市民推介了312个观光点，吸引2000万人次的市民前去观光休闲。通过市民消费带动，观光点累计实现收入近10亿元。

截至目前，共拥有11万亩景观农田，大田、沟域、园区三大农业景观初具规模，建成了京西稻生态苑、一河十园、水岸花田、上方花海、四季花海、玫瑰情园等一批景观农业景区。如房山区长沟镇以举办春季北京国际长走大会为契机，在长走路线周边建设农业景观，打造了“城市之间·水岸花田”景观品牌，在沿村种植千亩油菜花、葵花，形成大面积花海，并成功举办第一届花田节，收到了很好效果。海淀区利用农业文化遗产，打造的“京西稻”高端农田景观平台，带来了可观的经济效益和生态效益。生态景观农业正在成为农民增收致富的帮手。

预计到2020年，北京将建设景观田20万亩，打造一批都市农业景观，让北京的农业可看、可食用、可参与，让京郊月月有花果，四季能采摘，使首都农业在发挥生产、生态效益的同时，成为市民生产的一部分（见表12-1）。

表12-1　2016年北京市农田观光季推出十大农田景观

10大农田景观	50多条休闲路线	景观点
三月麦田踏青	赵全营去碑营村“都市农业万亩示范方”、通州漷县镇黄厂铺村“家庭农场示范方”以及房山窦店镇窦店村“高产示范方”	领略绿色麦田，一望无际的景象
四月油菜花海	房山韩村河天开花海、海淀上庄京西稻观光园、密云人间花海、怀柔喇叭沟门喜鹊登科等10多个园区	欣赏油菜花海美景
五月牡丹香园	房山琉璃河天香牡丹园、延庆旧县妫州牡丹园、延庆大观头牡丹园、怀柔桥梓镇国色天香牡丹园	观光游览
六月玫瑰情园	北京郊区种植玫瑰8000余亩，门头沟妙峰山玫瑰、延庆四季花海沟域玫瑰、密云区巨各庄镇蔡家洼村玫瑰情园	观赏玫瑰、采摘花瓣、体验制作玫瑰饼
七月草花世界	延庆四季花海、房山天开花海、密云人间花海等沟域	山区沟域的花海怒放，与各种草花进行约会
七月黄芩茶园	黄芩是北京的地道药材，在北京山区种植面积有3万余亩。门头沟斋堂镇黄芩仙谷、门头沟雁翅镇大村灵芝秀、延庆区千家店镇花盆村、房山区史家营镇青云台村、房山区霞云岭景区	供市民游客采茶、休憩
七月向日葵海	北京京郊种植向日葵3万余亩，密云千家店镇百里山水画廊、房山长沟、房山十渡等	观赏向日葵，采摘鲜食葵盘
八月万寿菊台	延庆四季花海	欣赏“遍地菊花黄金谷，两岸青山自然神”景观，体验打花饼、逛花市、尝花宴、花海巡游等活动
九月风情菊园	怀柔区喇叭沟门满族乡“喜鹊登科”满族风情园、房山石楼镇“草根堂”	领略大面积金莲花景观，观景品茶
十月观赏草畔	密云蔡家洼玫瑰情园、密云人间花海、房山天开花海	观赏草婀娜多姿

（三）沟域经济

沟域经济，属于区域经济范围，它是以自然沟域为单元，以其范围内的产业资源、自然景观、人文遗迹为基础，通过对山水林田路村和产业发展的统一规划，有序打造，实现产业发展与生态环境相和谐、一二三产业相融合、点线面相协调、带动区域发展的一种山区经济发展模式。沟域经济的特征一是生态友好，可持续发展；二是高效富民，一二三产相融合；三是点线面协调，调动区域发展；四是发挥优势，各具特色；五是服务首都、服务市民。

沟域经济是北京市探索山区生态与经济并行发展，推动一产向三产发展的一个典型模式，已成为京郊发展的新亮点。

北京山区包括7个山区的83个乡镇，面积为1.04万平方公里，占北京市总面积的62%，共有人口61.8万人，占北京市人口总数的14%。山区是首都北京的绿色生态屏障、水源保护地和可持续发展的关键区域，是北京市生态文明的重要支撑，是市民休闲度假的胜地和特色农产品的生产供给基地。

随着北京市矿山关闭和产业转型调整，山区生态环境大大改善，首都市民休闲旅游需求不断增强。2010年，市政府出台了《关于促进沟域经济发展的意见》（京政发［2010］36号），成为北京沟域经济发展的基本依据。2011年以来，北京市启动重点沟域建设，共实施环境整治工程、生态建设工程、基础设施工程、新村民居工程、特色产业工程五项工程项目600多个，完成投资上百亿元，惠及7个山区区县，24个乡镇，292个行政村，2194平方公里，21万人。涌现出百里画廊、四季花海、古北水镇、天河川、白河湾、十八弯等特色品牌沟域，带动了山区生态环境持续改善、基础设施不断提升、特色产业加快发展，市民沟域旅游活动持续升温，已经成为北京富裕山区农民、加快城乡统筹、建设生态文明的有效模式。

1. 巩固京城生态屏障

沟域经济以生态为底线，是可持续的经济，侧重山、水、林、田、路、村的统一打造，使得北京山区天更蓝、地更绿、水更清。延庆四季花海林木面积比建设前增加了28%；怀柔区的“满韵汤河”林木绿化率达到了76.42%，地表水质达到Ⅱ类标准，全年空气质量达到二级和好于二级的天数达到297天。依托沟域经济发展，北京还涌现出了一批美丽乡村典型，平谷挂甲峪、密云蔡家洼等3个村被评为“中国最具魅力休闲乡村”，怀柔双文铺村等20多个村庄被评为“北京最美的乡村”，占全市总数的1/4。“沟域经济”探索出一条山区生态富民、绿色发展的有效路径，在保护生态环境的基础上解决了发展不平衡、不协调、不可持续的问题。

2. 鼓足山区农民腰包

四季花海的花卉、延寿的栗蘑、天河川的“天河八宴”等各具特色、各成品牌。密云酒乡之路以葡萄为特色，先后流转土地7000亩，发展葡萄园区14个，初步形成了集葡萄种植、加工、休闲旅游、文化创意为一体的产业体系。2014年仅葡萄产业就实现税收7600万元，带动了农民就业创业、收入增加。

房山上方花海发展油菜花、彩葵1500亩，安置就业621人，实现土地流转和花卉收益900余万元，创造了“土地流转收入+就业工资收入+花卉产业确权分利收入”的增收模式。2014年“上方花海”共接待游客30万人，实现旅游综合收入2200万元，户均增收7000余元，实现了从“一方水土养一方人”到“一方水土富一方人”的变化。

3. 形成示范带动效应

“沟域经济”以首都为依托，丰富了市民休闲旅游的选择，也引起了其他地区的关注和效仿。2014年，延庆百里山水画廊、四季花海、冰川绿谷3条重点沟域，共接待游客230万人次，实现旅游综合收入9800万元。怀柔白河湾的9个村共接待游客40万人，旅游综合收入5348万元，人均现金收入18766元，比2007年翻了一番。

在推进“沟域经济”发展中，北京市总结出了“干实事、重实效、创模式”9字真经。干实事，是政策集成，资金聚焦，沟域经济有效集成了山区搬迁、水电路设施、小流域治理和造林等项目。重实效，就是贯彻“新三起来”，实现土地高效流转，资产有效盘活，农民有力组织。创模式，北京沟域经济已形成生态修复切入、龙头景区带动、自然风光主导、特色产业发展、民俗文化展示、文化创意先导六种模式。

（四）会展农业

会展农业是北京农业的新亮点，是都市型现代农业实现形式的一大创新。会展农业以拓展农业多功能为导向，以农业、农俗、农产品为载体，以会议、展览、展销、节庆、农事等活动为表征。会展农业不仅带动旅游、物流、交通、饭店服务等产业的发展，而且聚合农业产业链上的诸多环节和产品，是都市型现代农业的高端产业形式和经济形态。

会展农业成绩突出，极大地丰富了农业内涵。成功举办了世界草莓大会、园博会、种子大会、马铃薯大会、葡萄大会等国际性农业会展 11 项，农业节庆活动 60 多个，农业嘉年华成为首都都市型现代农业新品牌。2012 年，在昌平举办的第七届世界草莓大会，让北京的草莓走向了世界，中国的草莓科研水平至少提速了 5～10 年。在这之后，昌平区年均接待草莓采摘游客 300 万人次左右，草莓观光采摘销售量约占总产量的六成。通州区借助第十八届世界食用菌大会的东风，不断发展壮大食用菌产业，全区林地食用菌生产面积达到 1 万亩、设施食用菌生产面积达到 2000 亩。第二十届北京“种子大会”的举办，促进了北京通州国家种业科技园区和北京丰台种业园区建设，为打造北京“种业之都”奠定了坚实的基础。平谷区的桃花节、大兴区的西瓜节、密云区的鱼王美食节等各类农业会展活动的连续举办，彰显了区域农产品品牌（见表 12-2、表 12-3）。

目前，北京已经初步形成草莓、籽种、食用菌、花卉、西瓜和葡萄六大支柱会展农业产业带，农业产业也正在以会展农业为导向加快向这些产业带聚集，农业附加值呈几何倍数增长（见表 12-4）。据统计，2011 年，北京会展农业总收入达 21 亿元，占都市型现代农业总产值的 15.4%。2012 年，会展农业接待各类参观游览 900 万人次，总收入达到 25 亿元。2013 年，经过了几年的积累和创新，会展农业进入了爆发式增长期，农业会展活动数量之多、级别之高、质量之好前所未有。

表 12-2 北京郊区各区县特色农产品及会展活动一览表

	特色农产品	会展活动
昌平	草莓、苹果、柿子、百合花等	2012 年昌平世界草莓大会、农业嘉年华、草莓文化节、苹果节等
通州	食用菌、樱桃、葡萄、生猪等	第 18 届食用菌大会、蘑菇文化节、樱桃节等
门头沟	纸皮核桃、玫瑰花、京白梨等	妙峰山玫瑰节、京西山茶节、京白梨采摘节等
顺义	特色花卉	花博会、农博会、郁金香文化节等
平谷	大桃	桃花节、大桃采摘节等

续表

	特色农产品	会展活动
密云	水库鱼、蜜蜂、板栗等	养蜂博览会、板栗文化节、鱼王美食节等
怀柔	板栗、核桃、虹鳟鱼等	金秋采摘节（红肖梨、尜尜大枣）、虹鳟鱼美食节等
房山	柿子、梨、食用菌等	柿子节、梨花节等
延庆	葡萄、苹果、板栗、杏等	世界葡萄大会、杏花节、葡萄文化节等
大兴	西瓜、桑葚、梨等	西瓜节、梨花节、桑葚文化节等

资料来源：何忠伟，赵海燕．北京会展农业发展研究［M］．北京：中国农业出版社，2013.

表 12-3　平谷国际桃花音乐节的效应分析

效应点	效应值
农民收入	平谷的 22 万亩世界最大桃园，年产约 2.8 亿斤，年收入逾 9 亿元
农业产业	形成大桃一品带动，大枣、核桃、樱桃等多种果品共同发展的格局，平谷地区的农业产业连续 22 年在北京市排第一
相关产业	有效带动加工业（桃酒、桃花茶、桃木工艺品、小提琴）、旅游业和文化产业等的发展，如目前平谷桃产业已形成了一条龙的绿色产业链，带动当地 10 多万农民走上致富道路
区域经济	依托每年的国际桃花节，平谷成功吸引众多投资企业，产业集群逐步成型，驱动区域经济较好发展，如目前正在打造的中国乐谷，规划面积 10 平方公里，项目建成后，将实现年产值 300 亿~500 亿元，提供就业岗位 5 万个

表 12-4　北京六大会展农业产业带

类型	产业带
草莓	以昌平草莓产业和世界草莓大会、农业嘉年华会展设施为基础，辐射门头沟
籽种	以丰台、顺义籽种产业和世界种子大会会展设施与国际种业交流中心为展示接地，辐射朝阳、海淀
食用菌	以通州食用菌产业和世界食用菌大会会展设施为基地，辐射房山、海淀
花卉	以顺义花卉产业为核心，以第 7 届中国花卉博览会会展设施和北京国际鲜花港为基地，辐射大兴、通州、丰台、朝阳和海淀
西瓜	以大兴西瓜产业为核心，以中国西瓜博物馆等场馆设施为基础，辐射通州、顺义
葡萄	以延庆葡萄产业为核心，以世界葡萄大会会展设施为基地，辐射大兴、通州、密云和顺义

资料来源：何忠伟，赵海燕．北京会展农业发展研究［M］．北京：中国农业出版社，2013.

（五）创意农业

通过科技手段和艺术加工，在农业的生产过程及产品中融入文化内涵，创造出了具有文化附加值、生态附加值、科技附加值和服务附加值较高的，满足人们精神和文化需求的创意农业产品，提升农产品附加值。

目前北京创意农业的产品类型主要有农产品创意、农业主题园创意、节庆活动创意、融合产业创意、异域农业文化创意、农食文化创意、医农同根创意七种模式，这些卓有成效的农业创意异彩纷呈，创造了丰厚的经济效益。

1. 农产品创意

通过包装创意、栽培创意、用途创意、亲情创意等手段，充分利用农业副产品和废弃物，改变了农产品传统的食用功能和传统用途，使得普通农产品变成了商品、纪念品，甚至成了艺术品，从而身价倍增，提高了附加值。

玻璃西瓜：大兴区的玻璃西瓜（也叫水晶西瓜）就是包装创意的一个成功例子。经过如此包装的西瓜就成了可供长期观赏的艺术品，单个西瓜价格可达 500 元，远高于普通供鲜食西瓜的价格。此类创意产品还有玻璃杏、玻璃葫芦、玻璃柿子和玻璃苹果、玻璃梨等。

盆栽果菜：将本来生长在农田的农作物栽种在盆里，如此包装出售，满足都市阳台农业的需求，具有观花、赏果和食用二种功能。怀柔北房城市农业公园的盆栽五彩韭菜每盆 66 元，仍供不应求。在 2009 年平谷农副产品展览会上，南独乐河镇一盆富士苹果盆景以 4 万元的价格成交，充分体现了创意农业产品的高附加值。大兴老宋瓜园栽植的盆栽西瓜，一根瓜藤上结出三四个拳头大的西瓜，淡墨色的条纹，青翠欲滴，一盆能卖到 200 元。

豆塑画：延庆区巧娘工作室创作的“妫川豆塑”以农民手工画作为背景，似拙却自然，与天然豆粒相结合，散发出浓厚的乡土气息。

五谷画：以杂粮，菜籽、草籽为原料，利用其自有形态、色彩经构思、设计、加工制作，装裱而成五谷画，喻义五谷丰登。

干花：平谷区圣林工艺品公司生产的干花约有 3000 多个品种，产品 95%出口欧、美、亚、非等 50 多个国家和地区。

干押花画：昌平区南口镇羊台子村 40~50 岁的妇女一方面把这些特色手工艺品送给住在农家院旅游的客人，另一方面还成为镇、区的表彰用品和出访的纪念品，同时也直接出售市场，获得了多重收益。

葫芦工艺品：葫芦在成熟风干后，经过创意，可以做成各种各样的工艺品，如葫芦彩绘、葫芦雕刻、葫芦烙画。平谷区熊儿寨乡东沟村、顺义区龙湾屯镇丁甲庄村、大兴和通州的葫芦烙画在京郊已有一定的知名度。

2. 农业动漫创意

北京的一些农业节庆与动漫相结合，设计了活泼可爱的农业卡通形象。如大兴的西瓜娃娃、昌平的草莓娃娃、怀柔的人参娃娃、顺义花博会吉祥物等。

（六）现代种业

拓展北京农业的科技示范功能，依托北京科技资源优势，大力发展现代种业。全力打造北京作为全国种业科技创新中心、企业聚集中心、交易交流中心和种业发展综合服务平台的“三中心一平台”地位。

拥有种业研发机构 80 多家，专业育种者 1000 多人；保存的国家级种质资源 40 余万份，列世界第二位；全国种业前 10 强中北京有 4 家，全球 10 强种业巨头有 8 家在首都建立研发或分支机构。拥有农作物“育繁推一体化”企业 7 家，占全国的 7%。通州国际种业科技园区已吸引国内外知名企业及科研单位 50 余家，企业总投入超过 30 亿元，成为种业企业研发、试验基地；在全国率先建设北京农科城种业科技成果托管平台，加快种业科技成果产业化，吸引了 250 余家国内外科研单位和企业入驻。成功举办 2014 年世界种子大会，实现种子贸易签约金额 1500 万美元，为北京“种业之都”建设增添了新的动力。2014 年，北京种业销售额达 116.7 亿元，销往外地收入超过 60%。2014 年种业销售额较 2010 年的 64 亿元增长 82.3%。

依托丰富的科技、人才和种质资源优势，发挥首都现代农业育种平台、籽种产业协同创新服务平台和首都籽种产业科技创新服务联盟的协同创新合力，创制了世界首个水稻全基因组芯片、绘制了世界首张西瓜全基因组序列图谱，建成了全球最大玉米标准 DNA 指纹库，农作物“隐形核不育”技术取得突破。房山窦店的牛肉、平谷峪口的京白 1 号等良繁体系建设以及良种选育和新品种培育，标志着本市畜牧业良种产业正在从“北京制造”走向“北京创造”。全市共建成 20 多个国家、市、区县、企业和科研机构四级农作物新品种试验展示基地，初步搭建了“10+1+5”农作物品种试验展示网络框架基地；作物、畜禽、水产和林果花卉四大种业展示与繁育基地呈现出郊区联动化、全国网络化的发展布局，推动了品种试验示范，加快了优良新品种筛选和推广进程。

（七）现代生物农业

以峪口禽业、伟嘉人生物科技公司、大北农集团、嘉博文公司为代表，涉及生物育种、生物疫苗、生物饲料、生物化肥、生物农药等共同构成的现代农业生物产业发展迅速，市场影响力、品牌知名度全国领先，总体规模近百亿元，占全国生物农业产业的20%左右，北京已经成为农业生物技术科技创新的源泉和科技成果高端辐射的中心。

在育种领域，峪口禽业培育的“京红”“京粉”蛋鸡品种成为具有自主知识产权的优秀蛋鸡品种，入选农业部主导品种名单；在生物疫苗领域，伟嘉人生物科技公司从药用植物中提取免疫增强剂和抗病毒新药研究被市经委认定为技术创新项目，被评为中国兽用制剂生产企业30强；在生物饲料领域，大北农集团的福建漳州基地成为亚洲生产能力最大、技术水平最先进的预混合饲料生产基地；在生物肥料领域，嘉博文公司开展餐厨废弃物资源化研发利用，并参与创制国家标准1项、行业标准2项、地方标准1项，创制企业标准5项，农产品生产技术操作规程多项。

（八）互联网+农业

近年来，应用大数据、云平台、物联网、移动端等互联网技术工具，在精准农业、智慧农业、农业物联网、农产品电子商务等方面取得一定成效。

1. 大力推进农业物联网示范应用

以物联网技术为代表的现代农业信息技术产业在北京农业领域得到了快速发展。通过农业信息平台——“221信息平台”，建立起生产者与消费者沟通的桥梁，让基地与市场间建立起动态对接的网络体系，从而使郊区的农业生产、农产品加工、流通和消费步入现代信息化管理轨道。北京农科城网络中心聚集各类信息资源100多万条，为20多个省市提供冷链物流、农情监测、物联网技术等服务，与67个国家农业科技园区实现网联。

2. 以信息进村入户工作为抓手，提升城乡信息服务均等化水平

已实现村村通光纤，农民百户计算机拥有台数达到93台，建成并运行一批村级信息服务站，政企、企企合作的市场化运行机制基本建立。特别是依托专业合作社建设的14个专业型村级信息服务站，利用“云农场”生产管理系统和电子商务平台，为社员免费提供全产业链服务，促进了地产农产品优质优价。

3. 强化电子政务建设，提升农业农村管理和服务水平

从2003年起，持续推进“221行动计划”，实现了15个涉农部门、13个郊区县“三农”信息共享，80%的农业行政许可事项实现网上办理，农村经管系统建立了市、区（县）、乡（镇）、村四级网络体系，实现全市2400多名工作人员一网办公，工作效率明显提高。农村“三资”监管平台集成了全部行政村的集体经济组织成员、劳动力、农村土地承包合同等信息，对近5000亿的农村集体资产进行实时运营监管。

4. 探索农产品电子商务，提升经营网络化水平

阿里研究院《2014年中国电子商务示范城市发展指数报告》显示，北京在电商发展指数、电商网购指数、电商服务指数上分列全国第9位、第6位和第4位，处于网商网购领先型、网络化和本地化电商服务领先型城市行列。

电子商务在北京市农村也呈现方兴未艾的发展态势，大北农、天安、沱沱工社、任我在线、阿卡农庄等一批农产品电商企业异军突起。新发地农产品批发市场建设第三方电子商务服务平台，2013年实现挂牌交易量31.7万吨，总交易额为8.9亿元，2014年实现了翻一番。平谷大桃约有20%的产量实现网络销售；昌平40个苹果专业合作社的果品采用电子商务销售；延庆区北菜园农产品产销专业合作社已实现电商销售额500多万元，占全部销售收入的近60%。

（九）植物工厂

植物工厂是世界上公认的设施农业最高端发展阶段，是一种采用类似工厂的生产方法、组织和安排农产品生产的农业经营方式和新型农业业态。其综合运用现代工程技术、生物技术、信息技术等技术成果，最大限

度地摆脱自然条件对农业生产经营活动的束缚，在相对可控的环境条件下，实现农业的周年性、全天候、反季节的企业化生产。位于通州区的北京市植物工厂工程技术研究中心，建有国内首个拥有自主知识产权的智慧温室，应用多学科技术，将再生能源、现代农业装备以及物联网技术有机融合，实现从育苗、移栽、生产、收获、采摘、包装、储藏全程自动化，是目前我国配套生产设备最为齐全的低耗高效、生态环保的智慧植物工厂。北京京鹏科技公司设计承建的高科技温室装备已出口 40 个国家，创造产值 2 亿元。北京农众物联科技有限公司以北京平谷植物工厂为中心，采用总部基地的模式进行运营，陆续在全国进行推广。

三、北京农业新业态发展面临的问题

1. 乡村旅游接待户趋于老龄化，产品同质化程度高，缺少深度整合开发

乡村旅游接待特色是吸引力、竞争力。目前大多数的民俗户仍然是一家一户的分散经营，规模小、档次低、雷同性强，推出的乡村旅游产品基本都是农家院吃住、采摘、赏花踏青、垂钓、景区浏览等，民俗接待户基本维持原状，仍停留在农家乐的初级层次，内容不够丰富，生态、文化内涵不高，知名度不大，知识性和趣味性不足。此外，在乡村旅游中，住宿消费提升空间较大，但目前精品民宿尚少，一晚上 1000 多元的精品民宿产品供不应求。北京现有民俗户共有 9000 多家，基本属于一星到三星的，四星到五星的特别少，大家都是低水准的进入，再往高发展又遇到很多困难。且大多数民宿依据传统民居院落改造而成，呈现出高度同质化趋势，与市民多样化、个性化需求不相适应。

2. 参与性、体验性项目开发不够，游客停留时间较短，配套产业消费带动力不足

休闲农业中，参与性、体验性项目开发不够，难以满足游客对“娱”的需求，致使停留时间短，农民增收有限。按照中国台湾地区的经验，发展文化旅游产业需要三大支柱：体验民宿、观光工厂和伴手礼产业。观光工厂可以是传统产业升级，可以是非遗项目转型等。伴手礼可以是精细、精美，具有文化内涵的农产品，以便为住宿客人提供更加丰富的体验和产

品。但目前上述配套产业链尚不完善，配套产业消费带动力不足，受季节差异影响大，淡季旅游产品开发不足。北京四季分明既是优势，也是问题。北京地区冬季寒冷干燥，夏季炎热多雨，春秋短促等自然气候特征，使得乡村旅游呈现明显的季节性特征，每年的4—10月多为旅游旺季，11月至次年1月多为旅游淡季，旅游旺季人满为患，淡季则门可罗雀，乡村旅游受旅游客流波动困扰，更应将产品做到位，挖掘淡季市场潜力，重点是淡季旅游产品的开发。附加值较低，产业链整体开发水平有待提高。以门头沟区妙峰山镇涧沟村为例，该村毗邻著名的金顶妙峰山风景区，妙峰山被誉为“中国的玫瑰之乡”。村内主要种植高山玫瑰面积近5000亩。每年5月底到6月的玫瑰繁花季节，游人可在景区内赏花、采摘。但在调研中发现食用玫瑰花生产仍停留在初级生产阶段，产品附加值低，深加工能力不强，相关特色产品少，产品单一，无法满足目前多元化的市场需求，从而导致产品的滞销。

3. 新业态发展过程中农民的参与度有待提升

目前，大多数农民以土地流转、提供产品和作为产业工人等形式参与到新业态中，新业态经营参与度不高。以“公司+农户”“公司+合作社+农户”“合作社+农户”等建立起入股分红、多次返利等紧密型利益联结机制，带动能力强的经营模式还比较少，利益分配比例不尽合理的现象时有出现。

4. 新业态发展的用地指标紧张，融合存在困境，缺乏用地指标，制约项目开发

当前，旅游项目开发与土地供需矛盾日益突出，用地紧张问题已成为制约旅游业发展的主要“瓶颈”，致使现有高端精品酒店项目，包括乡村旅游改扩建项目，大多因规划用地紧张而不能顺利实施。另外，农业新业态发展的融资存在困境。以乡村旅游为例，整体提升乡村旅游供给档次，需要经营者投入资金进行改造、创新乃至完善，需要各方资金持续性投入建设。但是乡村旅游由于经营规模偏小，经营风险较大，自身信用能力偏低，管理制度不健全，财务信息不透明等原因导致“融资难”现象较为突出，一直以来难以得到政府部门乃至金融机构的有效支持，制约着京郊旅游上档次、上规模、上水平。

5. 新业态的规范化建设需要提升

尤其是民宿行业，其市场准入规范化建设亟须加强。目前利用自有住宅从事住宿等旅游经营的登记管理问题涉及面广，情况复杂。主要问题是住宅作为市场主体的住所（经营场所）与现行住宅禁商规定不符，大多数民宿以农家乐的形式在工商注册。在下一步的民宿立法中，建议明确居民利用自有住宅从事旅游住宿、餐饮业的，由政府结合辖区实际情况统一规划，经营主体在取得住所所在地区政府或其授权的街乡政府、相关行业主管部门同意后依法办理登记审批手续，由工商部门做好市场准入工作。

四、北京农业新业态发展的典型园区或企业

1. 北京天安农业发展有限公司

北京天安农业发展有限公司（以下简称“天安农业”）始建于 1984 年，前身为北京市农业局组建的小汤山特菜基地，2006 年改制成立北京天安农业发展有限公司。主要进行蔬菜及其他特色农产品的生产、初级加工和销售，年生产销售蔬菜 700 万千克。“天安农业”是首批专供 2008 年北京奥运会核心区的蔬菜生产配送企业。“小汤山”商标为北京市著名商标，是北京市商超覆盖率最大的蔬菜品牌，覆盖北京市 140 多家商场超市、政府机关及大型企事业单位。公司在平谷、顺义、昌平、密云、延庆和外埠的河北、山东、云南、内蒙古等地以“公司+合作社+农户”模式，采取订单生产方式，建立蔬菜生产基地。目前蔬菜种植面积 10000 余亩，带动农户 3000 余户；公司采取优质优价，形成产供销的紧密合作，累计带动农户增收 1.5 亿元。

“天安农业”从 2005 年开始推进实施信息化管理，目前已形成生产、加工、配送、销售的全程信息化管理，达到以需定产、全程追溯，形成了“企业+合作社+农户+消费者+互联网”的天安模式。公司建立起生产管理系统、温室管家系统，在整个过程中，合作社、农民作为操作系统的主体，亲身感受到互联网在蔬菜的智能排产、安全管控和采购管理中所发挥的重要作用。在智能排产方面，业务人员根据市场情况和以往经验，将下半年市场需求量录入系统中，并根据市场需求量为合作社签订蔬菜生产合同。合作社收到合同后，为农户签订生产合同。利用大数据技术，结合设

施类型、地域等因素，为农户计算出完成产量合同建议的种植时间和种植面积，通过系统做到了以销定产，以量排产，保证农户产多少卖多少，并且做到优质优价。据测算，天安公司蔬菜收购价格比一般市场收购价格高出 27%。在安全管控方面，利用移动互联网技术，农户在田间记录定植档案、投入品使用情况，对蔬菜生长的全过程进行管理。在采购管理方面，信息系统通过互联网，将农户可采收量、农户合同量、市场需求量结合起来，远程制定农户订单，并通过系统在线验收，自动结算，将企业、合作社、农户串联起来（如图 12-2 所示）。

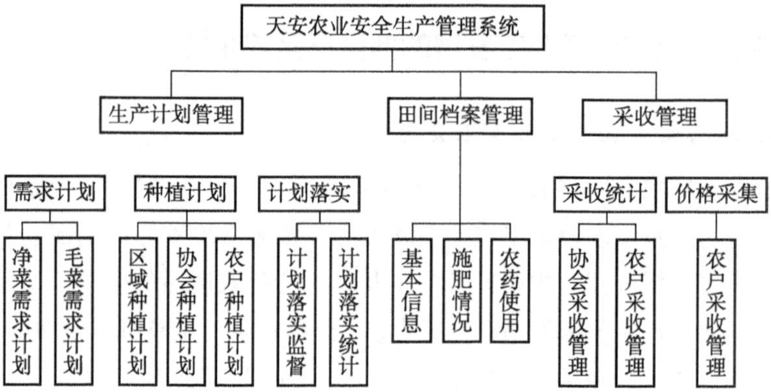

图 12-2　北京天安农业安全生产管理系统

“天安农业”建立了销售管理系统，利用互联网和移动智能设备，实现远程订货；公司自建天安农业电子商务运营系统，以移动互联网为主体，通过微信、手机 App 等公众软件，为消费者提供更广泛、更方便的蔬菜购物体验。建立了质量安全追溯系统，将生产管理系统的定植档案、投入品使用等数据通过二维码和互联网展现给消费者。追溯系统的作用在于将生产者和消费者连接到一起，由生产者对消费者展示生产过程，由消费者对生产者进行监督，促进了蔬菜安全生产，进而刺激了消费，促进了市场发展。

2. 北京张裕爱斐堡国际酒庄

北京张裕爱斐堡国际酒庄，位于北京市密云区巨各庄镇，总占地 1500 余亩，其中建筑面积 400 亩，葡萄园 1100 余亩，为国家 4A 级旅游景区，全国休闲农业与乡村旅游五星级园区、北京市科普教育基地。酒庄设有生态农业开发公司、酒业公司、旅游文化公司和国际会议中心，是一个集葡萄种植及酿酒、葡萄酒主题文化旅游、休闲度假以及葡萄酒知识培训功能为一体的综合性国际酒庄。酒庄由烟台张裕集团有限公司投资兴建。

酒庄位于北纬 37 度，东经 121 度的北京密云生态涵养区，属于典型的温带大陆性季风气候，地理条件堪比波尔多左岸。酒庄种植酿酒葡萄园 1000 多亩，为赤霞珠、梅露辄、蛇龙珠、霞多丽等多种优质酿酒葡萄品种；鲜食葡萄园 100 多亩，种植 40 余种鲜食葡萄品种。酒庄立足独特的自然风景、酿酒优势以及建筑魅力，开发了葡萄主题酒品鉴会、私人酒窖服务、超五星级葡萄酒主题酒店、专业葡萄酒品鉴培训中心、葡萄籽精油 SPA、酒庄式康乐体验中心、酒庄婚礼殿堂、张裕葡萄酒文化博物馆等的特色文化体验活动。

张裕葡萄酒文化博物馆展示了张裕公司的历史、葡萄酒知识及文化。地下酒窖占地 3000 多平方米，常年保持恒温 14 摄氏度左右，湿度 70%～80%，为葡萄酒的陈酿创造了一个良好的环境。酒庄特别为游客提供了有趣的个性化服务，为客人制作个性化葡萄酒和葡萄酒标签。游客可参观张裕酿酒全过程、地下酒窖，品尝到酒庄的葡萄酒，参与各类主题的葡萄节庆等活动。

酒庄以“葡萄酒文化”为主题，原生态地再现了欧洲葡萄酒文化，通过葡萄种植、葡萄酒酿造工艺展示，推动了葡萄酒文化的大众传播，带动了地方产业发展，推进了农业深加工产业结构调整，实现了工业、农业、旅游业、餐饮住宿业的联动发展。

3. 蓝调薰衣草庄园

蓝调薰衣草庄园（简称“蓝调庄园”），位于朝阳区金盏乡楼梓庄，占地 1200 亩，为芳香农业园区，集特色餐饮、主题温泉、加工体验、节庆活动等功能于一体，属 4A 级休闲农业园区。庄园突出自由，无约束的“蓝调精神”，追求流行时尚中最精华部分，构建一种全心的生活概念，强调原创性。

“蓝调庄园”以农业生产为基础，以田园休闲体验为特色，以农业文化创意为核心竞争力，把农业从物质生产提升到文化创造的层次上进行经营、创造，拓展了农业功能，实现了一产向三产的跨越。庄园内建有四季果庄、薰衣草园、蓝调壹号、蓝调贰号、蓝调温泉会议中心。其中，薰衣草园是蓝调庄园重要板块之一，主要种植了薰衣草、马鞭草、迷迭香、百里香、洋甘菊等百余种香草植物；四季果庄种植有草莓、蓝莓等特色水果。庄园围绕农业基础，进行文化和旅游创造，实现农业与文化旅游融合。品牌化建设中，力求差异，突出文化，把“产区变景区”，把“产品变礼品”。将薰衣草和玉米产区作为供游人观赏的旅游景区，开发了薰衣草、草莓、蓝莓等系列产品，成为旅游商品。产业化开发中，围绕“生态资源化、资源产业化”主线，打造了喜庆文化产业和薰衣草文化产业；在服务上，开发了具有文化内涵的服务，建设有花海木屋、夏日啤酒节、超级小蚂蚁农庄、油菜花田等时尚旅游项目。

4. 金福艺农番茄联合国

金福艺农农业科技集团有限公司（简称“金福艺农”），位于通州区台湖镇，是一家以有机果蔬生产为基础，集高效设施种植、农业休闲观光、采摘垂钓、科技示范、农技科普教育于一体的都市农业生态园区。番茄是企业的主打产品，世界各国种植的番茄精品这里均有栽培，因此被称为“金福艺农番茄联合国”。在番茄生产基础上，引进了军事、艺术、科技、信息化等要素，开发了军事农业、花卉、艺术家工作室、金鹿园和设施农业等项目，丰富了农业观光旅游内容。

“番茄联合国”主题园区引进了国内外 150 多个番茄品种，多种颜色，大小不一，形状各异。与相关农科院校保持合作关系，依靠科技开发新品种、优化种植方式。园区建立了农产品安全的 4S 绿色植保防控体系。除了种植、体验农业生产外，还推出了融番茄元素在内的各类旅游商品、旅游项目和节庆活动。

“金福艺农”是国内首家应用农业物联网技术的企业。园区的日光温室内，装有四合一传感器、电子除雾除湿装置、智能滴灌、风口开关以及音响、摄像头等设备。所有这一切，都以无线方式与中央监控室的电脑相连接。坐在监控室的工作人员，通过大屏幕随时能了解到日光温室内的空气温度、湿度，土壤温度、湿度，光照强度，病虫害，农作物成熟度等。目前，正在建设农业物联网监控中心，届时市民将通过网络视频可以随时点击，查看无公害化生产的全过程。

5. 密云酒乡之路沟域

酒乡之路沟域经济位于密云区巨各庄镇，以新密兴路和久黄路为主线，西起蔡家洼村，东至前厂村，北至查子沟村，两侧为浅山丘陵地带，由西向东延伸，沟域全长约 30 公里，用地面积约 80 平方公里。

酒乡之路沟域打造了“一轴、一带、三区”的发展布局。一轴为由张裕爱斐堡国际酒庄景区入口至镇域最东端，构筑总长 15 公里的景观主轴。一带为沿密兴路两侧，包括大片鲜食或酿酒葡萄种植园、城堡酒庄和主题村落等，形成了“一条龙”的系统化葡萄产业聚集带。三区主要沿新密兴路规划布置了三大重要功能区，作为葡萄产业带不断提升的动力。

经过几年的建设，该镇葡萄种植面积已达到 7000 亩，其中鲜食葡萄 4000 亩，酿酒葡萄 3000 亩，发展葡萄基地 15 个，建设葡萄长廊 1 万米，各项基础设施及旅游设施逐步完善，酿酒、鲜食葡萄也已进入盛果期，打造了张裕爱斐堡国际酒庄、天葡庄园、8 号基地、蔡家洼玫瑰情园等一批精品采摘园和极具特色的旅游观光景点，吸引了巨丰欣悦酒庄及两家精品家庭式酒庄落户该镇，打造了集农业观光、采摘、酿酒、休闲旅游于一体，一二三次产业融合发展的特色精品产业。

6. 延庆百里山水画廊沟域

百里长卷书写山水美景，千家万户写意百态民风。百里山水画廊沟域位于延庆区千家店镇，总面积 371 平方公里，被评为北京市自驾游 10 条最佳线路之一。景区因涉及滨河环线 112 华里，黑白河作为贯穿全镇的天然纽带，两岸生态景观依山带水，春季、夏季、秋季、冬季景色各有魅力，山水如画，“百里山水画廊”因此得名。2010 年 9 月，成为北京市首家涵盖全镇范围，实现“镇景合一”的大型国家 4A 级旅游景区。

为提升山水景观，全镇集成生态搬迁、新农村建设“五项工程”“三起来”工程、小流域治理工程等建设项目，按照“点、线、面”梯次推进，系统建设 12 个节点、观景台 16 个，栽植秋葵、石竹、刺梅等 8.1 万株，以及各类草本花木百万余株。完成村庄外立面改造 11 万平方米，立节点景观标志 62 处，增设环线旅游导示系统，实现了旅游设施标准化和农村环境景观化。

推动传统农业向一二三产深度融合转变。调整农业种植结构 6800 亩，营造大尺度大地景观，开发种植业的复合功能，实现三次产业的完美融合。种植黄芩 1.5 万亩、向日葵 2000 亩，白菜制种 200 亩，荞麦 1600 亩，建成了千亩葵海、万亩茶园，并启动黄芩茶、葵花油等一系列农副产品深加工项目。万亩黄芩成片的紫色花海让人沉醉。千亩葵海成了摄影爱好者的天堂。镇域的乌龙峡谷、滴水壶、硅化木、龙王庙等旅游景点，辐射百里画廊沿线的乡村旅游业，升级换代为“山水人家”乡村旅游品牌，高规格高标准的民俗户达到253户，日接待能力达到6000人。年增加游客12万人，增加旅游收入2000万元，人均增收1818元，带动农民就业200人，有效推动了地区经济发展和农民增收致富。青山无墨水千秋画，流水似弦万古音——游百里山水，品千年文化，观万亩茶园，赏亿年化石，百里山水画廊以其独有的魅力展现在游人面前。

7. 北京农业嘉年华

农业嘉年华是都市农业一种崭新的实践形式，打造了集全市新品种、新技术、新产品、新知识等农业元素，具有鲜明特色的农业会展品牌。北京农业嘉年华充分展示了都市型现代农业的生产功能、生活功能、生态功能、文化功能，完美诠释了“农业用生态方式传递文化、农业用生活方式诠释乡愁、农业用生产方式满足消费”的深刻内涵。农业嘉年华是都市农业的新探索、新体验，正不断地创新、发展，成为一种都市农业新业态。自2013年开始，北京成功举办了三届农业嘉年华。累计接待入园游客319万人次，直接经济收入1.2亿元，带动周边地区接待游客744万人次，实现观光采摘、乡村旅游收入约7.86亿元，展会的经济效益和品牌效应进一步提升（见表12-5）。

表12-5 历届北京农业嘉年华效益

	园区直接经济收入		带动周边情况			总产值（亿元）
	接待游客（万人次）	园区总收入（万元）	带动周边采摘园接待游客（万人次）	带动周边草莓采摘收入（亿元）	带动周边民俗旅游（亿元）	
2013年	101.7	3391	230	1.8	1.17	3.31
2014年	98.5	3510	256	1.63	0.75	2.73
2015年	118.8	5195.7	258	1.58	0.93	3.03
合计	319	12096.7	744	5.01	2.85	9.07

资料来源：北京市农村工作委员会。

2013年，第一届北京农业嘉年华，在昌平区草莓博览园举办。突出了“农味”“趣味”，将展览展示、互动游乐、创意体验、观光采摘、休闲购物融为一体，搭建了城乡居民互助交流和共同娱乐的平台，展示了不同于传统农业的新型农业业态。天安农业的移动蔬菜、绿山谷的“活体”芽苗菜、派得伟业的土培和水培立体菜架等，展示了“自助农业教你把小菜园搬回家”的现代生活理念。屋顶芽苗菜吊篮，美观新颖的鞋架式、折叠式、衣架式芽苗菜等，展示了在家居种植功能性蔬菜、植物这一时尚。为增强参与互动，嘉年华设计了多个农事体验活动。2014 年第二届北京农业嘉年华，以“自然、融合、参与、共享”为主题，坚持农业、科技、创意相结合，实现了“多彩农业，点亮生活”。设置了全国休闲农业创意精品展、农业艺术体验区、草莓科技博览区、农事体验乐园、拓展休闲乐园、主题狂欢乐园六大功能板块。广泛应用现代科技和文化元素，精心布置“瓜样年华”“紫蔬探秘”“幽兰奇境”“五谷道场”“奇妙乐园”“草莓隧道”“草莓天瀑”“蜂彩世界”“蘑幻王国”9 大主题展区，实现了处处皆风景、步步有惊喜。为突出市民参与体验，共策划安排了 70 余个拓展休闲娱乐项目、30 余个农业互动体验项目。2015 年第三届农业嘉年华，突出创新融合，强化科技支撑，展示了 400 多个农业优新特品种和 60 多项先进农业技术。本届嘉年华共设置全国休闲农业创意精品展；农业艺术体验区、草莓科技博览区和主题狂欢乐园、拓展休闲乐园、采摘互动乐园。游客在参观游园的同时，亲身感受、体验都市现代农业的魅力。

8. 大北农猪联网+

大北农集团创建于 1993 年，致力于成为具有全球影响力的农业高科技企业，服务以养猪为主的养殖业产业链和以玉米水稻种子为主的种植业产业链。2014 年营业额 184 亿元，净资产 63 亿元，利税总额 10 亿元。在全国 25 个省份的养殖密集区建有 120 多个生产基地，2000 多个养猪服务中心。15000 名技术人员为 80000 多养猪户提供综合服务，年服务出栏生猪约 5000 万头。

大北农利用其 20 多年来所积累的经验和数据，引入“互联网+农业”，2014 年提出“智慧养猪解决方案”，开发推广“猪联网+”，取得了显著进展。截至目前，“猪联网+”已集聚中等规模养猪户 3400 多户，服务母猪 80 多万头，可出栏生猪 1600 多万头。通过猪友圈服务养猪人群 28 万，已成为国内服务养猪农户最多、生猪出栏规模最大的“互联网+”养猪平台。

“猪联网+”，以猪为核心，将养猪人、屠宰场、饲料兽药厂商、中间商、金融机构等资源，通过互联网连接形成闭环，变外部产业链为内部生态链，形成猪友圈，构建智慧养猪生态圈，开创“互联网+”时代的智慧养猪新模式。

猪管理：通过全程记录生猪养殖过程数据，实时预警母猪生产状态；多个指标评估猪场绩效；分析预测生猪出栏和疫情趋势。

猪交易：为养猪户提供一站式投入品的网上采购及生猪交易。国家生猪市场是农业部按照国家“十二五”规划纲要建设的唯一一个和生猪相关的国家级大市场，目前由北京农信互联科技有限公司旗下重庆农信生猪交易公司作为运营主体。

猪金融：利用猪管理积累的生产经营数据及猪交易形成的交易数据，为养猪户提供准确的征信报告，利用互联网金融平台提供低成本、无抵押、快速简捷的信贷资金。

9. 中粮智慧农场

中粮智慧农场由中粮集团全力打造，坐落于北京市房山区琉璃河镇。中粮智慧农场于2015年10月正式启用，是国内首个世界级都市农场。

中粮智慧农场贯彻“自然、生态、健康、绿色”的开发理念，致力于打造“中国第一个世界级都市农场”，在为中国农业高精尖技术的展示与交流提供国际窗口之余，也为广大市民提供一个具备世界级品质的绿色生态体验目的地。

中粮智慧农场由“一心六园”七大核心区域组成，分别为智慧农业中心，以及花田漫步、牧场悠歌、乡野记忆、田园拾萃、林间采薇、伊甸寻芳六大室外主题园区。其中智慧农业中心共设有七大温室，以现代化垂直农业为载体，以智能农业技术为核心，应用7项世界领先技术、11项国内领先技术以及9项中国农科院专利技术，建设成全球第一个高度集成人工光植物工厂、食用菌工厂、多层叶菜工厂、新能源、节水农业、循环农业、智能化等技术的农业综合体。“六园”则充分融入原生态的自然田园风光，描绘大自然的至美画卷，营造出“久在樊笼里，复得返自然”的脱离尘世之美。各区域相对独立又相互关联，充满浪漫气息又不失淳朴自然。漫步其间，带给每一个游客前所未有的美妙享受。

为了给游客提供最为真实的互动农业科普体验，中粮智慧农场还开设了国内首家自然学校。通过引人入胜的休闲体验教育、趣味盎然的自然科学教育和生动活泼的农业科普体验，让游客充分感受到农业科技的力量及奥秘所在。此外，农场更提供了可供亲自体验种植乐趣的一方田地，人们可以在这里自行承包田地，看着蔬菜瓜果日渐成熟，享受修剪枝叶的快乐，品尝丰收的甘甜与喜悦。

10. 顺义国际鲜花港

北京顺义国际鲜花港始建于2007年7月，是北京市顺义区政府设立的高科技农业产业园区，总体规划4平方公里，一期开发1.8平方公里，总投资约18亿元。2009年9月，鲜花港一期作为花博会第二功能组团投入使用，接待游客30万人次。2010年，鲜花港被纳入北京农科城，成为先行试点建设的特色园区之一。在北京农科城建设的推动下，鲜花港得到了来自科技部、农业部和北京市政府等部市资源的大力支持，逐步发展成为北京市花卉的生产、研发、展示和交易中心以及花卉的休闲观光和文化交流中心，是北京农科城建设驱动一三产融合的典型代表。

通过体制机制创新，为鲜花港推动花卉科技成果转化和产业化发展奠定了基础。北京农科城在土地、人才、金融、科技等方面的优惠政策，加快了鲜花港的企业和科研单位落地，强化了要素聚集。农科城建设促进了鲜花港从以花卉产业为主导向以花卉服务产业为主导的转变，为花卉生产和花卉服务的相互融合提供了制度保障。鲜花港启动建设了生物育种研发技术服务平台，探索了高端花卉营销服务模式，打造了花卉会展品牌，为入园企业和科研院所等提供了研发、生产、销售、会展等服务，促进了花卉科技成果转化和产业化发展，有效提升了园区花卉全产业链先导技术与产业融合示范服务能力。

园区先后实施了“花卉服务产业科技促进项目”“球根花卉新品种选育及花卉产业链科技创新”和“北京农业生物技术种业孵化器”项目，吸引了瑞士先正达、美国先锋、荷兰碧溪、我国上海农青等19家国内外知名企业入驻，引进了欧洲先进的花卉品种和设施生产技术，增强了花卉的观赏效果及生产设施的展示功能，强化了花卉生产与花卉服务之间的融合共生。

花卉的销售是实现其休闲观赏功能的另一条重要途径，同样是促进花卉生产和花卉服务产业相互融合的关键环节。鲜花港建有5000平方米花卉交易中心，用于开展花卉展示和销售。建立了多渠道、广覆盖的销售网络，较好地畅通了花卉生产和花卉服务产业相互融合的渠道。鲜花港在位于国贸商圈的财富购物中心开设全资运营的连锁品牌“芳菲花语”旗舰店。该店总面积达400平方米，是国内首家以产业集群为背景依托的实体花卉连锁店。目前，“芳菲花语”的第二家店也将在北京市的另一个重要商圈——金融街落成。围绕鲜花港在农业信息化方面的科技需求，正在建设鲜花在线交易系统，致力于打造鲜花港在线销售展示平台。届时，鲜花港将形成花卉连锁店、园区特色会展基地和电子商务平台“三位一体”的全新花卉市场营销模式。

自2009年起，鲜花港于每年春秋两季举办以郁金香和菊花为主题的大型花卉文化节，采用室内、室外展示相结合方式，展示花卉新品种、新技术。截至目前，已成功举办“2009北京菊花文化节”“2010北京郁金香文化节”等九次大型市级花事盛会，吸引游客近200万人次，年均实现会展综合收入1000万元，并带动了旅游休闲、文化创意等关联产业发展，地方旅游、餐饮、住宿等服务产业年均收入增加超过4000万元。

11. 通州国际种业科技园区

通州国际种业科技园区位于通州区于家务回族乡，2011年7月正式挂牌。园区总规划面积3万亩，远期规划以于家务乡为中心覆盖通州南部乡镇。园区占地面积1.5万亩，其中核心区面积5000亩。园区先后被科技部、农业部确定为国家级种业科技园区、全国农村农业信息化示范基地、国家国际科技合作基地、国家农业科技园区协调创新联盟常任理事单位、全国“四化同步”综合改革示范区核心区、中关村国家自主创新示范区农业科技特色产业基地、北京国际种业品种权交易创新基地、北京市博士后（青年英才）创新实践基地等。

通过土地流转、公共服务平台建设及政策的聚集，园区筑巢引凤，吸引种业企业入驻，以科技服务为纽带促进企业间的兼并重组做大做强，以政策保障为依托重点支持民族种业企业快速发展，形成大型民族种业企业孵化器。目前，园区引进了科研单位和国内外知名育种企业60余家，包括已上市企业4家，准备上市企业2家，农业部1+8、北京市1+5种业科企联合创新、首都籽种产业科技创新服务联盟理事单位中的企业9家。

园区自身不做育种研发，是通过搭建公共实验中心、种质资源交流中心及品种权交易中心，充分发挥园区的科技服务职能，以科技项目为支撑提高种业企业的科技创新能力、研发水平，缩短育种周期，为种业企业构建新品种研发、成果转化和品种推荐、交易的平台。园区建有物联网技术集成与应用中心，可以实现对育种过程的智能化识别、描述、分析、监控、管理和控制等；建设有现代农作物高通量育种研发服务中心，可以为众多企业、科研单位提供检验、测试服务；建设有作物种质资源共享交流中心，研究制定现代农作物种质资源共享交流技术体系，探索种质资源的协议共享机制模式。建设有作物品种权展示、交易中心。建立有育种材料使用权、品种权的评价、发布、交易体系，建立全国种业交易结算中心。建立知识产权公共服务中心，可以为企业提供种业企业信息及全球种业文献信息的免费检索，品种权法律咨询、培训、维权及专利申报等服务。

人才是产业发展的核心，园区本着“引进与培育有效结合”的宗旨，吸引人才、服务人才、培养人才、推广人才，通过设立企业院士专家工作站、青年英才创新实践基地等方式使高端人才进入园区、服务企业，形成高端科技人才社区。园区坚持“改革与创新联动”，在推动企业集聚与孵化、科研与交易、人才培养与激励、成果评价与转化、知识产权保护等方面不断创新，探索国家种业综合改革的新机制。园区采取公司运营的模式为企业提供科技、农机、劳务派遣等服务将形成园区的社会化效益，通过举办会议会展活动将形成园区的会展效益。

参考文献

[1] Hamel G. Leading the revolution [J]. MA: Harvard Business School Press, 2000.

[2] Middleton C. Marketing intravel and tourism [M]. London: Butterworth Heinemann, 1988.

[3] Porter M. E. Thecompetitive advantage of nation [M]. New York: Free Press, 1990.

[4] Yale P. Fromtourist attractions to heritage tourism [M]. Huntingdon: Elm Publications, 1991.

[5] Swarbrooke J. The development and management of visitor attractions [M]. Oxfrod: John Swarbvooke, 2002.

[6] Karen A., Bruce B. Watch it made in the USA: A visitor's guide to the companies that make your favorite products [M]. NY: Avalon Travel Publishing, 1995.

[7] Schumpeter J. The theory of economic development [M]. MA: Harvard University Press, 1912.

[8] Hjalager A . M. Innovation patterns in sustainable tourism: An analytical typology [J]. Tourism Management, 1997, 18 (1): 35-41.

[9] Hjalager A. M. Repairing innovation defectiveness in tourism [J]. Tourism Management, 2002, 12 (23): 465-474.

[10] Porter M. E. Clusters and new economics of competition [J]. Harvard Business Review, 1998, 76 (6): 77-90.

[11] Jackson J., Murphy P. Clusters in regional tourism: An australian case [J]. Annals of Tourism Research, 2006, 33 (4): 1018-1035.

[12] Dimitrios Bauhalis. Strategic use of information technologies in the tourism industry [J]. Tourism Managent, 2001, 19 (5): 409-421.

［13］Yeoryios S. , kayannis P. Innovation strategies and technology for experience-based tourism［J］. Tourism Management, 2003（24）: 35-43.

［14］Peter Knorringa, Joerg Meyer Stamer. New dimensions in enterprise cooperation and development: From clusters to industrial districts［J］. ATAS Bulletin XI, 1998（10）: 1-25.

［15］Soyez D. Industry tourismus［J］. Erdkunde, 1986, 40（2）: 105-111.

［16］陈晓华．推进龙头企业转型升级，促进农村一二三产业融合发展［J］. 农村经营管理，2015（12）：6-9.

［17］姜长云．推进农村一二三产融合发展新题应有新解法［J］. 中国发展观察，2015（2）：18-22.

［18］国家发展改革委宏观院和农经司课题组．推动我国农村一二三产业融合发展问题研究［J］. 经济研究参考，2016（4）：3-28.

［19］孔祥智，周振．发展第六产业的现实意义及其政策选择［J］. 经济与管理评论，2015（1）：98-103.

［20］范子文．北京休闲农业升级研究［M］. 北京：中国农业科学技术出版社，2014.

［21］谢安世．我国休闲农业发展演进及“互联网+”转型研究［J］. 经济纵横，2017（6）：102-107.

［22］汪旭晖，张其林．电子商务破解生鲜农产品流通困局的内在机理——基于天猫生鲜与沱沱工社的双案例比较研究［J］. 中国软科学，2016（2）：39-55.

［23］孙群花．农产品电子商务物流配送体系优化研究［D］. 成都：成都理工大学，2015.

［24］戴天放．农业业态概念和新业态类型及其形成机制初探［J］. 农业现代化研究，2014，35（2）：200-203.

［25］田伟利，宁碧波，吴冠岑．我国新型业态农业概念及发展路径的探讨［J］. 农业经济，2015（1）：56-58.

［26］赵芝俊，包月红．农业的多业态发展与我国现代农业建设［J］. 农业技术经济，2013（2）：125-129.

［27］苏甦．旅游业态创新体系构成要素及动力机制探析［J］. 时代金融，2012（15）：210-216.

［28］杨玲玲，魏小安．旅游业态的“新”意探析［J］. 资源与产业，

2009（11）：135-138.

［29］俞海滨．旅游业态创新发展研究进展［J］．旅游论坛，2011（6）：7-11.

［30］张威．旅游业态演化与商业模式创新［M］．北京：知识产权出版社，2014.

［31］农业部市场与经济信息司．中国农业展会发展报告［R］．农业部市场与经济司，2015.

［32］中国国际工程咨询公司．种子硅谷建设研究报告［R］．中国国际工程咨询公司，2015.

［33］北京市农林科学院课题组．北京种业发展战略研究［R］．北京市农林科学院，2015.

［34］龚晶，刘娟，张峻峰．北京市农业高端产业发展路径探索［M］．北京：中国农业科技出版社，2014.

［35］马晓河．推进农村一二三产深度融合发展［N］．农民日报，2015-02-10.

［36］赵海．论农村一二三产融合发展［J］．农村经营管理，2015（7）：26-29.

［37］夏春玉．零售业态变迁理论及其新发展［J］．当代经济科学，2002（4）：70-78.

［38］李太光．旅游产业转型升级中的业态创新［N］．中国旅游报，2008-06-25.

［39］张文建．旅游业态创新体系构成要素及动力机制探析［J］．时代金融，2012（15）：210-216.

［40］杨玲玲，魏小安．旅游业态的“新”意探析［J］．资源与产业，2009（11）：135-138.

［41］陈慈，陈俊红，龚晶，孙素芬．农业新产业新业态的特征类型与作用［J］．农业经济，2018（1）：3-5.

［42］陈慈，陈俊红，龚晶，孙素芬．当前农业新业态发展的阶段特征与对策建议［J］．农业现代化研究，2018，39（1）：48-56.

［43］陈慈，陈俊红，龚晶，孙素芬．农业新业态发展的阶段特征［N］．农民日报，2018-05-12.

［44］陈俊红，赵姜，龚晶等．北京都市型现代农业发展现状、经验借鉴与路径探索［M］．北京：中国农业科学技术出版社，2018.

［45］陈俊红，陈慈，李芸等．产业融合发展——转型中的北京农业［M］．北京：中国农业科学技术出版社，2016.

［46］陈秧分，黄修杰，王丽娟．多功能理论视角下的中国乡村振兴与评估［J］．中国农业资源与区划，2018，39（6）：201-209.

［47］郭光磊．北京农村研究报告（2013）［M］．北京：社会科学文献出版社，2014.

［48］郭光磊．北京农村研究报告（2014）［M］．北京：社会科学文献出版社，2015.

［49］郭光磊．北京农村研究报告（2015）［M］．北京：社会科学文献出版社，2016.

［50］郭光磊．北京市城乡发展一体化研究［M］．北京：中国言实出版社，2016.

［51］范小强，王建利．刍议北京乡村文化产业发展路径［J］．农村经济与科技，2013（7）．

［52］赵芝俊，包月红．农业的多业态发展与我国现代农业建设［J］．农业技术经济，2013（2）：125-129.

［53］张丹，闵庆文，孙业红，等．侗族稻田养鱼的历史、现状、机遇与对策［J］．中国农业生态学报，2008，16（4）：987-999.

［54］崔峰．农业文化遗产保护性旅游开发刍议［J］．南京农业大学学报（社会科学版），2008，8（4）：103-109.

［55］陈香玉，龚晶，陈俊红．科研院所视角下农业科技政策改革的若干思考［J］．科技管理研究，2017，37（16）：130-135.

［56］袁俊，吴殿延，肖敏．生态旅游：农业文化遗产地保护与开发的制衡——以浙江青田“稻鱼共生”全球重要农业文化遗产为例［J］．乡镇经济，2008（2）：74-77.

［57］常旭，吴殿延，乔妮．农业文化遗产地生态旅游开发研究［J］．北京林业大学学报（社会科学版），2008，7（4）：33-38.

［58］梁诸英，陈恩虎．传统农业耕作技术保护与生态农业［J］．资源科学，2010，32（6）：1077-1081.

［59］何露，闵庆文，张丹．传统农业地区农业发展模式探讨［J］．资源科学，2009，31（6）：956-961.

［60］苑利．农业文化遗产保护与我们所需注意的几个问题［J］．农业考

古，2006（6）：168-175.

［61］王红谊．新农村建设要重视农业文化遗产保护利用［J］．古今农业，2008（2）：95-103.

［62］闵庆文．哈尼梯田的农业文化遗产特征及其保护［J］．学术探讨，2009（6）：12-14.

［63］常旭，吴殿廷．农业文化遗产地生态旅游开发研究［J］．北京林业大学学报（社会科学版），2008（4）：33-38.

［64］孙业红，成升魁．农业文化遗产地旅游资源潜力评价——以浙江省青田县为例［J］．资源科学，2010（6）：1026-1034.

［65］冯磊，吴郭泉．农业文化遗产的保护性开发——以龙胜龙脊梯田为例［J］．大众科技，2010（2）：144-146.

［66］崔峰．农业文化遗产保护性旅游开发刍议［J］．南京农业大学学报（社会科学版），2008（12）：103-109.

［67］潘鸿雷，张维亚．南京农业文化遗产旅游产品开发思考［J］．商业经济，2008（9）：112-113.

［68］王欣，闵庆文．基于全球重要农业文化遗产的旅游开发研究——以青田稻鱼共生农业系统为例［J］．地域研究与开发，2006，25（5）：63-67.

［69］闵庆文，孙业红．农业文化遗产的概念、特点与保护要求［J］．资源科学，2009（6）：914-918.

［70］杨颖．从业态多样性现象透视旅游业转型发展——以旅游业与创意产业融合为例［J］．旅游论坛，2008，1（3）：379-383.

［71］初晓恒．饭店行业业态内涵及创新路径选择探析［J］．旅游论坛，2009，2（4）：545-549.

［72］李美萍，李东和，年四锋．旅游度假区旅游业态发展研究——以万佛湖旅游度假区为例［J］．皖西学院学报，2010，26（5）：20-24.

［73］贺颖洁，钱莉莉．旅游业态创新与业态结构优化研究［J］．经济研究导刊，2010（5）：69-70.

［74］田青刚．论旅游业态演变中的非物质文化元素［J］．特区经济，2010（9）：153-155.

［75］施紫姣．试论我国旅游业态的创新与发展［J］．旅游研究，2011，3（1）：20-23.

［76］杨海红．试论我国旅游业态的发展阶段和态势［J］．南通纺织职业技

术学院学报，2011，11（2）：59-62.

［77］郭旸，沈涵．基于生态内生化的旅游新业态的体系构建与规制研究［J］．生态经济，2011（4）：120-122，129.

［78］汪燕，李东和．旅游新业态的类型及其形成机制研究［J］．科技和产业，2011（6）：9-12，65.

［79］顾宇．从新兴产业到新型产业——从中外比较的视角看我国旅游业态创新与发展［J］．重庆三峡学院学报，2011，27（6）：57-60.

［80］高丽敏，程伟，史彦军．旅游新业态的产生发展规律研究［J］．中国商贸，2012（12）：196-197.

［81］乔原杰．吉林省旅游新业态人才培养探析［J］．吉林工商学院学报，2012，28（3）：30-32.

［82］陈贵超，瞿亘．基于新业态视角的旅游高等教育专业建设若干问题的思考［J］．旅游论坛，2012，5（5）：110-113.

［83］魏小安．北京旅游新型业态开发建设研究// 北京旅游产业发展研究（2008 年）［M］．北京：中国旅游出版社，2010.

［84］高丽敏，程伟，史彦军．旅游新业态驱动力和产生模式研究［A］．2012 中国旅游科学年会论文集，2012：190-195.

［85］张文建．现代旅游业转型及业态创新［A］．第十四届全国区域旅游开发学术研讨会暨第二届海南国际旅游岛大论坛论文集，2009：175-179.

［86］谢慧颖．福建省滨海休闲旅游新业态研究［D］．福州：福建师范大学，2011.

［87］李太光．上海旅游业转型升级的战略机遇与路径选择［D］．上海：上海师范大学，2009.

［88］杨懿．旅游业态及其演变机理研究［D］．昆明：云南大学，2010.

［89］阙娟．旅游业态创新研究［D］．昆明：云南大学，2010.

［90］张文建，等．上海旅游业态创新与增长潜力研究［R］．上海市旅游委课题研究报告，2008.

［91］张文建，等．旅游市场变局中的旅游业态创新研究［R］．国家旅游局课题研究报告，2010.

［92］上海师范大学旅游规划与发展中心．上海工业旅游发展总体布局（2006—2010）［R］．上海工业旅游促进中心，2005.

［93］台湾工业技术研究院．推动制造业发展观光休闲产业计划［R］．台

湾经济部工业局，2003.

[94] 王桂云．探析网络信息消费热点 [J]. 现代情报，2005 (3)：37-38.

[95] 魏后凯．怎样理解推进城镇化健康发展是结构调整的重要内容 [N]. 人民日报，2005-01-19.

[96] 吴瑾，周博雅．改革开放以来我国居民消费结构的动态分析 [J]. 统计与决策，2011 (11)：132-134.

[97] 肖婷婷．我国城乡居民信息消费比较——基于 2000—2007 年的实证 [J]. 经济问题，2010 (2)：46-48.

[98] 肖艳，马哲明．消费主体对信息消费的影响分析 [J]. 情报科学，2009 (7).

[99] 袁志刚．中国居民消费前沿问题研究 [M]. 上海：复旦大学出版社，2011.

[100] 臧旭恒，等．转型时期消费需求升级与产业发展研究 [M]. 北京：经济科学出版社，2012.

[101] 张彬．新材料：新工业革命的物质基础 [N]. 经济参考报，2012-07-03.

[102] 张雪娇．绿色建筑的绿色需求 [N]. 中国建材报，2013-12-02.

[103] 郑英隆．信息产品消费的运行系统 [J]. 上海社会科学学术季刊，1991 (5)：101-107.

[104] 郑英隆．信息消费论纲 [C]. 信息社会世界峰会论文集，1994.

[105] 郑英隆，王勇．我国城乡居民信息消费的结构差异成长 [J]. 经济管理，2009 (1)：152-159.

[106] 周宏仁．中国信息化形势分析与预测 (2011) [M]. 北京：社会科学文献出版社，2011.

[107] 中国绿色食品发展中心．2012 年绿色食品统计年报 [EB/OL]. http：//www. greenfood. org. cn. /sites/.

[108] 中国社会调查事务所．家庭中儿童消费的调查与分析 [EB/OL]. http：//lib. k618. cn/index. php? doc-view-554.

[109] 中国产业调研网．中国教育培训行业现状调研与未来前景趋势报告 [R]. 2014.

[110] 中国电子商务研究中心．2012 年度中国网络零售市场数据监测报告 [R]. 2013.

[111] 郭君平，沈文华，何忠伟．关于乡村旅游与沟域经济发展的理论思

考及政策建议［J］. 江西农业学报，2010，22（1）：166-168.

［112］郭腾云．北京产业结构演变与发展阶段的灰色关联判断［J］. 地理科学进展，2010（2）：193-198.

［113］哈维·阿姆斯特朗，吉姆·泰勒．区域经济学与区域政策（第三版）［M］. 刘乃全，贾彦利，张学良，等，译．上海：上海人民出版社，2007.

［114］田至美．北京山区产业结构特征及其优化开发模式［J］. 地域研究与开发，1995，14（2）：28-30.

［115］田至美．山地型郊区产业结构演变规律探讨——以北京山区为例［J］. 经济地理，2002，22（2）：218-222.

［116］童江华，等．基于 SSM 的主导产业选择基准——以南京市为例［J］. 经济地理，2007（9）：733-736，740.

［117］王冬梅，李永贵，蒋文琼，等．北京山区小流域经济发展的影响因素分析——以石匣小流域为例［J］. 北京林业大学学报，2002，24（1）：53-58.

［118］刘朋飞，高启杰，徐旺生．农业文化遗产保护与社会经济发展之关系研究［J］. 古今农业，2008（4）：89-98.

［119］闵庆文，孙业红，成升魁，等．全球重要农业文化遗产的旅游资源特征与开发［J］. 经济地理，2007，27（5）：856-859.

重要术语索引

后　记

本书是在农业部软科学课题《农业新产业新业态的培育路径与政策建议》研究报告基础上撰写而成的。感谢农业部软科学委员会对本专著出版的资助。本书能够顺利出版，还得益于北京市农林科学院农业信息与经济研究所领导的大力支持。

为充分了解农业新产业新业态的发展情况，课题组依托农业部都市农业（北方）重点实验室、北京市农林科学院“农业经济与管理研究科技创新团队”平台，充分利用了农业信息与经济研究所多年积累的农业产业融合发展的文献资源，开展了典型调研、数据采集、资料分析等工作，在反复讨论、修改、整理的基础上形成本成果。研究过程中，农业信息与经济研究所陈玛琳博士、周中仁博士、赵姜博士、张慧智博士、陈香玉博士、杜洪燕博士等，对课题设计、内容撰写提供了技术支持、协调帮助以及宝贵建议，在此表示深深感谢！此外，对农业信息与经济研究所其他研究室和办公室的同仁，在课题研究过程中伸出的无私援手，一并表示感谢！

特别感谢中国人民大学孔祥智教授，在百忙中抽出时间给予指导。感谢农业农村部刘建水调研员、国家发改委宏观经济研究院涂圣伟研究员、中国人民大学钟真副教授、北京市统计局郇春仙总经济师、北京市农村经济研究中心张英洪研究员、国家统计局常鹏博士、北京市统计局王艳艳博士、北京市农学院何忠伟教授对课题的指导，他们为本成果的形成提供了宝贵意见和建议。

最后需要指出的是，本书内容只反映课题组成员个人的观点。书中的遗漏与不妥之处难免，欢迎读者朋友提出宝贵意见和建议。